(É ÓTIMO SER)
PÉSSIMO
EM
ALGO

CB014989

A INESPERADA ALEGRIA DE CONCLUIR
PROJETOS E O QUE ISSO PODE NOS ENSINAR
SOBRE PACIÊNCIA, RESILIÊNCIA E TUDO
AQUILO QUE REALMENTE IMPORTA.

(É ÓTIMO SER)
PÉSSIMO
EM
ALGO

KAREN RINALDI

ALTA LIFE
EDITORA

Rio de Janeiro, 2022

É Ótimo Ser Péssimo em Algo

Copyright © 2022 da Starlin Alta Editora e Consultoria Eireli.

ISBN: 978-65-5520-204-5

Translated from original It's Great to Suck at Something. Copyright © 2019 by Karen Rinaldi. ISBN 978-1-5011-9576-1. This translation is published and sold by permission of Atria Book an Imprint of Simon & Schuster, Inc., the owner of all rights to publish and sell the same. PORTUGUESE language edition published by Starlin Alta Editora e Consultoria Eireli, Copyright © 2022 by Starlin Alta Editora e Consultoria Eireli.

Impresso no Brasil — 1ª Edição, 2022 — Edição revisada conforme o Acordo Ortográfico da Língua Portuguesa de 2009.

Dados Internacionais de Catalogação na Publicação (CIP) de acordo com ISBD

R578e   Rinaldi, Karen

É ótimo ser péssimo em algo: a inesperada alegria de concluir projetos e o que isso pode nos ensinar sobre paciência, resiliência e tudo aquilo que realmente importa / Karen Rinaldi ; traduzido por Elisa Ferreira. – Rio de Janeiro : Alta Books, 2022.
256 p. ; 16cm x 23cm.

Tradução de: It's Great to Suck at Something
Inclui bibliografia.
ISBN: 978-65-5520-204-5

1. Autoajuda. 2. Motivacional. 3. Crescimento Pessoal. I. Ferreira, Elisa. II. Título.

CDD 158.1
2022-1264   CDU 159.947

Elaborado por Odílio Hilario Moreira Junior - CRB-8/9949

Índice para catálogo sistemático:
1. Autoajuda 158.1
2. Autoajuda 159.947

Produção Editorial Editora Alta Books	**Coordenação Comercial** Thiago Biaggi	**Produtora da Obra** Illysabelle Trajano	**Equipe Editorial** Beatriz de Assis Betânia Santos
Diretor Editorial Anderson Vieira anderson.vieira@altabooks.com.br	**Coordenação de Eventos** Viviane Paiva comercial@altabooks.com.br	**Produtores Editoriais** Maria de Lourdes Borges Paulo Gomes Thales Silva Thiê Alves	Brenda Rodrigues Caroline David Gabriela Paiva Henrique Waldez Kelry Oliveira
Editor José Ruggeri j.ruggeri@altabooks.com.br	**Coordenação ADM/Finc.** Solange Souza		Marcelli Ferreira Mariana Portugal Matheus Mello
Gerência Comercial Claudio Lima claudio@altabooks.com.br	**Direitos Autorais** Raquel Porto rights@altabooks.com.br	**Equipe Comercial** Adriana Baricelli Daiana Costa Fillipe Amorim Heber Garcia Kaique Luiz Maira Conceição	**Marketing Editorial** Jessica Nogueira Livia Carvalho Marcelo Santos Pedro Guimarães Thiago Brito
Gerência Marketing Andrea Guatiello marketing@altabooks.com.br			

Atuaram na edição desta obra:

Tradução Elisa Ferreira	**Diagramação** Catia Soderi
Copidesque Alessandro Thomé	**Capa** Marcelli Ferreira
Revisão Gramatical Kamila Wozniak Fernanda Lutfi	

Editora
afiliada à:

ASSOCIADO

Rua Viúva Cláudio, 291 — Bairro Industrial do Jacaré
CEP: 20.970-031 — Rio de Janeiro (RJ)
Tels.: (21) 3278-8069 / 3278-8419
www.altabooks.com.br — altabooks@altabooks.com.br
Ouvidoria: ouvidoria@altabooks.com.br

ADVERTÊNCIA: EU PROVAVELMENTE NÃO PODERIA LISTAR TODAS AS COI-
SAS NAS QUAIS VOCÊ DEVE SER PÉSSIMO PORQUE ISSO PODERIA CAUSAR EM
VOCÊ OU EM MAIS ALGUÉM ALGUM PROBLEMA. EM VEZ DISSO, ACONSELHO
QUE VOCÊ PROCEDA COM PRECAUÇÃO SE SUA MANEIRA DE VIVER SENDO PÉS-
SIMO ENVOLVE ALGO PERIGOSO: SURFAR, POR EXEMPLO, OU VOAR DE ASA
DELTA. USE SEU BOM SENSO E TENHA CERTEZA DE PEDIR POR AJUDA. NÃO
CONTINUE SOZINHO A NÃO SER QUE ESTEJA FAZENDO MACRAMÊ, PALAVRAS
CRUZADAS, OU QUALQUER COISA QUE VOCÊ SEJA PÉSSIMO, MAS ESTEJA
TENTANDO DA SEGURANÇA DO SEU SOFÁ.

Para Rocco e Gio

O ESQUEMA DE SER PÉSSIMO

Ser péssimo e saber disso – aqui é onde você quer estar

SER PÉSSIMO EM ALGO

Você está se arriscando pouco

Ser péssimo tentando algo no ponto certo

SEM NOÇÃO

ALERTA

Humildade sendo levada um tanto a sério demais

Especialista no Assunto Importante

MUITO BOM EM ALGO

"Você cresce no dia em que você realmente dá
sua primeira risada de si mesmo."
– ETHEL BARRYMORE

"Sucesso é tropeçar de fracasso em fracasso
sem perder o entusiasmo."
– WINSTON CHURCHILL

"Já tentou. Já falhou. Não importa. Tente outra
vez. Falhe outra vez. Falhe melhor."
– SAMUEL BECKETT

"Tudo o que se precisa é de uma onda. Nem isso, uma virada…
só um momento. Isso se reverte para você em
outro momento, e nunca acaba."
– GERRY LOPEZ (STEP INTO LIQUID)

Agradecimentos

Primeiramente, obrigada a John Adams, que disse palavras mágicas para Rocco, anos atrás, do lado de fora da escola em Greenwich Village. E também para Mike Colombo, da loja de surfe Right Coast em Seaside Park, Nova Jersey, cujo coração e a mente aberta não vacilaram quando eu disse a ele que queria aprender a surfar, mesmo que ele pudesse ter me dito que era tarde demais para se importar com isso. John e Mike abriram portas para dois começos sem os quais este livro não poderia ser escrito.

Obrigada a minha querida amiga e agente, Kim Witherspoon, e a seu parceiro na Inkwell, Richard Pine, por me ouvir e ler muitas vezes os originais antes de chegar a algo que não fosse inteiramente péssimo. Também agradeço sempre a Alexis Hurley e William Calahan, que me emprestaram seu discernimento e sua inestimável assistência quando eu estava sendo péssima na escrita.

Simon Critchley e Peter Catapano generosamente viram o valor de ser péssimo em algo e recolheram meu ensaio original na seção de esportes do *New York Times*. Sou grata a ambos pelo começo de muitos outros começos.

Minha editora, Sarah Pelz, tem sido uma entusiasta e minha melhor advogada desde nossa primeira reunião. Obrigada pelas muitas conversas e pela atenção aos detalhes nesta publicação. Como uma editora que adora ser editada, tive a sorte de trabalhar com uma das melhores. E, mesmo que eu faça isso todos os dias, fico admirada vendo o processo por outro lado. Não tenho palavras para agradecer pelo tempo e trabalho dedicados ao meu livro. Não é algo pequeno. Sei muito bem os esforços e o grande número de profissionais envolvidos para trazer um único livro ao mundo (um dia os contarei!). Sei também que existem aqueles que mexeram no meu livro e que provavelmente nunca conhecerei, mas sou grata a todas as pessoas envolvidas. Especificamente, muito obrigada à assistente de Sarah, Melanie Iglesias Perez; à editora associada, Suzanne Donahue, pelo marketing e pela publicidade; à Ariele Fredman, Bianca Salvant, Dana Trocker e Kristin Fassler, por supervisionarem tudo; e à editora Libby McGuire e à diretora editorial Lindsay Sagnette. Obrigada pela jaqueta inspirada de Jimmy Iacobelli.

Naomi Shihab Nye generosamente concedeu permissão para incluir parte de seu poema "Gentileza". Sinto-me honrada por incluir suas palavras neste livro.

Meus agradecimentos a Niege Borges, cujas maravilhosas ilustrações enfeitam estas páginas.

Agradeço aos meus colegas do surfe pelas horas falando sobre o assunto dentro e fora da água — para o grande aborrecimento de todos os outros ao nosso redor que não compartilham de nossa paixão —, e pelas assistências, pela camaradagem e pelo apoio ao longo do caminho. Há muita gente para que eu consiga mencionar todos, mas aqui vão meus agradecimentos àqueles que não agradeci especificamente em outras partes desta nota: Jay Alders, Erik Antonson, Phil Bacon, Phil Browne, Paul Cassidy, Jimmy e Chris Courtney, Nick Frankfurt, Eric Goodman, Laird Hamilton, Vanessa Purpurri, Mark Lukach, Mike Magers, Garrett McNamara, Michael Scott Moore, Marion Peri, Jim Phillips, Austin Rinaldi, John Sargent, Phil Shinn, Shelby Stanger, Alex Wilkinson, Thad Ziolkowski (que escreveu meu livro de surfe favorito de todos os tempos), e ao generoso surfista local, a quem nunca mais encontrei, por ter empurrado a rabeta de minha prancha até uma onda impressionante. Mais especialmente, obrigado ao meu genro, Christopher Meyer, que me tolerou ao lado dele na água em muito mais ocasiões do que sou capaz de contar. Lembre-se, Chris: "É apenas água; é apenas fria."

Obrigada a todos que tiveram um tempo para falar comigo e abraçaram esta ideia louca sobre ser péssimo: Tony Bourdain, Susannah Cahalan, Rozanne Gold, Matt Hussey, Serene Jones, Katty Kay, Elizabeth Lesser, Julie Lythcott-Haims, Mike Magers, Aubrey Marcus, Andy Martin, Farnoosh Torabi, Jaimal Yogis, Andrew Zolli e muitos outros. Tive o privilégio de ter muitas conversas com amigos, colegas, outros escritores (que sabem desde sempre sobre ser péssimo) e também com conhecidos, conversas sobre ser péssimo. Sou grata pelas conversas decadentes, a todos que me abraçaram e se ferraram comigo, e que me ajudaram a entender por que ser péssimo em algo é tão incrível.

E agradeço também a Ronnie Peters e Susan Sakin, que me ajudaram a aprimorar minha mensagem para além deste livro.

Agradeço a minha amiga Chantal Bacon, que me recebeu, alimentou e me abrigou durante o empurrão final para terminar o livro. Sua casa e companhia são um oásis de calmaria.

Agradeço a Mica Starr por me ajudar em tudo aquilo que eu não sei fazer, mesmo que eu devesse saber.

Obrigada, sempre, àqueles cujo amor e amizade me ajudam a me manter centrada e relativamente sã, lembrando-me todos os dias de que sou a mais sortuda entre os humanos: Colin Dickerman, Joe Dolce, Kassie Evashevski, Rebecca Miller, Chris Padgett, Kristina Rinaldi e Kim Witherspoon (sim, de novo!).

Obrigada a minha equipe na Harper Wave, que mantém a maior parte do meu dia em ação — e tudo com amor, graça e algumas verdadeiras e boas risadas. Sou uma péssima pessoa de sorte.

Um agradecimento especial a Tony Bourdain, meu amigo e autor, cujo falecimento enquanto eu escrevia este livro jogou a mim e a um mundo inteiro em profundo lamento. Sua compreensão sobre ser péssimo em algo era profunda, e, antes de morrer, ele me disse que estava trabalhando em "ser menos péssimo". Espero que, onde quer que você esteja agora, Tony, que seus dias sejam repletos da alegria que há em ser péssimo, e que haja mais daquela paz e daquele amor que todos sempre desejamos a você.

Obrigada ao meu marido, Joel Rose, que não apenas tolerou essa jornada, mas entrou no jogo ao percorrê-la — para melhor e para pior, na riqueza e na pobreza.

Minhas enteadas, Celine e Cloé, agraciaram-me com seu amor e sua aceitação quando havia outras opções. Sou grata por sua tolerância em relação a algumas coisas que foram péssimas ao longo do caminho e por elas, apesar disso, abrirem espaço em suas vidas para me incluir.

Obrigada a Kizi e Vince, simplesmente.

Agradeço aos meus pais, Pete e Roseann, que testemunharam as muitas vezes em que fui péssima ao longo dos anos e mesmo assim continuam me amando.

E, claro, a mais profunda gratidão aos meus filhos, Rocco e Gio, que me ensinaram melhor do ninguém sobre tudo na vida, sem nem tentarem. Espero não ter sido tão péssima como mãe deles até a idade adulta. Eles são o mundo para mim.

Sobre a autora

Photograph © Rocco Rinaldi-Rose

Karen Rinaldi trabalha na indústria editorial há mais de duas décadas. Em 2012, ela fundou a marca *Harper Wave* na *HarperCollins*. O longa-metragem *Maggie's Plan* é baseado em seu romance *The End of Men*. Karen já foi publicada no *New York Times*, no site Oprah.com, na *Time*, no Literary Hub, entre outros. Ela mora em Nova York e Nova Jersey com sua família.

Sumário

Introdução

Digamos que você não seja péssimo em alguma coisa.

Antes de qualquer outra coisa: isso é uma ilusão.

Mas mesmo que, de alguma maneira, isso seja verdade, mostrarei como você está perdendo algo maravilhoso.

Neste livro, vou encorajá-lo a encontrar e acolher algo em que você seja péssimo. Quero dividir com você como é ótimo ser ruim em algo: para que você realmente batalhe por algo bem banal, bem mediano, um trabalho sem muitos frutos para exibir. E para que faça essa coisa bem banal com amor e com esperança no coração, com alegria.

Sei isso porque surfo, e sou muito ruim nisso. Surfar não é uma nova moda, e não é uma fase. Não estou naquela fase de lua de mel quando você está experimentado algo pela primeira vez, vendo se pega o jeito, romanceando isso. Por qualquer medida objetiva, é uma grande parte da minha vida, e tem sido assim faz algum tempo. Nos últimos 17 anos, tenho surfado por 8 meses de cada ano (e sim, você aí, surfista dedicado, tem todo o direito de tirar uma onda comigo). Planejei minha meia-idade com a ideia de passar o maior tempo possível na água. Escolhi ir por uma direção em minha carreira que me permitisse buscar esse caminho. Arrisquei meu dinheiro suado para apoiar esse projeto, e convenci minha família a ter um estilo de vida do qual nem todos gostaram. E eu ainda sou péssima surfando.

Mas eu amo surfar. E acredito que, do seu jeito, o surfe me ame de volta.

Ao longo dos anos, dediquei muito de mim mesma às ondas. E não importa o quanto eu dê, sempre recebo mais de volta. É uma troca injusta — ao meu favor —, e isso não tem nada a ver com minha aptidão.

Você também tem esse poder de ser péssimo tentando fazer algo. Não custa nada mais do que simplesmente ser você mesmo, ter um pouco de coragem, senso de humor e o desejo de começar algo novo, ou de retornar a algo antigo, começar a evoluir de novo, mesmo que o resultado final não o leve a qualquer livro dos recordes.

Este livro não o levará a ser mestre em qualquer coisa. Por outro lado, não arruinará suas tentativas. Um estudo recente, cujos resultados foram publicados no *Periódico de Psicologia da Ciência e Tecnologia*, descobriu que laureados pelo Nobel "eram significativamente mais propensos a se engajar em artes ou artesanatos como passatempo" do que meros membros da Academia Nacional de Ciências — que também se mostraram muito mais propensos a ter hobbies do que o público em geral. Há um pouco de cortesia na frase "artes e artesanatos como passatempo", então me permita traduzir: esses vencedores do Prêmio Nobel gostam de fazer coisas como tocar violoncelo ou fazer macramê quando não estão analisando algo no microscópio. E ninguém está pagando para ouvir a música que eles fazem ou por suas anotações penduradas na parede.

Os muito-super-comprometidamente-bem-sucedidos são péssimos também. Eles simplesmente fazem tudo intuitivamente, enquanto o restante de nós tem que se resolver sozinho.

Então o que nos impede? Nada mais do que o fato de que ser péssimo tem uma má fama. É um caso de reputação. Não há nada mais inerentemente incômodo do que ser subestimado em algo (pense sobre isso: Como nossa espécie teria aprendido qualquer coisa se esse fosse o caso?), porque nossa cultura zomba e vê com maus olhos a inaptidão. Grande parte de nossa vida pública é orientada de modo a esconder nossas fraquezas e até mesmo negar que elas existem. Por estarmos engajados em obter sucesso e conseguir gratificação acima de tudo, falhamos em criar um espaço em nossa vida para cultivar novos talentos e interesses. Esse cultivo inevitavelmente incluirá ajustes e falsos começos. Certamente pareceremos bobos. Falharemos. E, então, muitos de nós deixaremos de fazer praticamente tudo.

Quando abordarmos algo novo, parece que nossa primeira reação é tentar dominar tudo de uma só vez. Se não conseguimos, ignoramos isso. E, ao ignorar isso, resolvemos um problema: não temos de ser inadequados em algo. Mas criamos outro problema: diminuímos nossa própria vida. Acrescentamos outro espaço em branco. A vida adulta se torna um tipo de acúmulo de espaços em branco, um anticrescimento estratégico, cercado por espaços nos quais não entramos por estarmos muito amedrontados, e tudo porque não suportamos saber que não dominamos algo. Mas, se evitarmos a vulnerabilidade de viver em um espaço novo e desafiador, logo vamos envelhecer e ficar estagnados.

Acredito que há um argumento ainda melhor para viver nesse lugar em que você é péssimo com maior frequência, e que a própria felicidade é encontrada na aceitação, e até insistindo nisso, daquilo que nos faz falhar em alcançá-la.

Isso não é fácil. Todos nós já sentimos aquela dor e a infelicidade que nos fazem desconfortáveis na zona entre o que nos encanta e a frustração sobre nós mesmos ao falhar em dominar um assunto. Desconforto é o menor disso tudo. Neste livro, farei caso desse desconforto. Isso pode soar contraintuitivo neste momento, mas é onde muitas coisas boas estão escondidas. A tragédia é desistir antes mesmo de começar. O outro lado da frustração e do desencorajamento são a tenacidade e a esperança. Vamos viver a jornada, porque devemos encontrar a satisfação no processo em si. Sucesso é uma gratificação sobre a qual não devemos criar expectativa, e uma vez que atingirmos o sucesso, se for o caso, devemos ser modestos quanto a isso.

Em nossa vida de meritocracia, de vício em trabalho, guiados por metas, temos ganhado e perdido muito. Paciência, humildade e autoconsciência são sacrificadas por uma vida homogênea de estabelecimento e busca de metas.

O que aconteceria se deixássemos para trás somente um pouco de nossa necessidade de realizar proezas e obter recompensas e encarássemos a verdade de que todos nós somos péssimos ao tentar fazer algo? Se formos honestos com nós mesmos, nunca teremos um dia bom caso isso dependa de nosso ego ser ou não afagado, e isso não significa que tenhamos de negar o prazer de conhecer e apreciar nossos talentos.

Mas isso pode nos levar a um melhor equilíbrio — tenho certeza de que gastamos mais tempo que o necessário atacando nossas fortalezas. As redes sociais são sobre isso, e são uma corrida para o fundo quando se trata de nosso bem-estar. O que acontece é que, com todos compartilhando somente seus melhores momentos, é bem mais difícil nos sentirmos realizados com nossos próprios momentos.

O que aconteceria se, ao contrário, celebrássemos nossos esforços que não deram certo? Ou deixássemos passar inteiramente qualquer comemoração e nos permitíssemos viver com nós mesmos, completos, imperfeitos e sem talentos?

O fato é: há algumas tarefas nas quais realmente qualquer um de nós pode ser bem-sucedido. Ao evitar aquelas em que somos péssimos, estamos desnecessariamente evitando demais grande parte das coisas da vida. Há muito mais do que simplesmente talento. Talento certamente é útil, e para muitos de nós isso ajuda a sustentar nossos meios de vida. Mas há mais na vida do que utilidade. O que o talento pode nos ensinar sobre a determinação? Ou paciência? Ou força de vontade? Ou paz?

Aptidão é fácil.

A verdadeira força de espírito busca algo que não se mantém com uma promessa de recompensa, a não ser pelo fato de passar por aquele processo.

Talvez essa força seja semelhante àquela que Josef Pieper, filósofo alemão escrevendo logo após a Segunda Guerra Mundial, tinha em mente quando lançou seu clássico *Leisure: The Basis of Culture* [*Lazer: A Base da Cultura*, em tradução livre], no qual ele informa que "a ideia de lazer é diametralmente oposta ao conceito totalitário do 'trabalhador'", celebrando a atividade humana desvinculada da tão chamada "utilidade social".

Nada é menos socialmente útil para mim do que surfar. Não sei se minha prancha é a única coisa entre mim e, digamos, o fascismo, mas acredito que entendo o que Pieper diz. Minha prancha de surfe pode ser a sua guitarra, ou a argila para sua cerâmica, um passatempo inútil, ou uma bolsa cheia de balões de látex. O instrumento ou a ação é simplesmente o meio pelo qual praticamos transcender nossa utilidade. Qualquer que seja a ferramenta ou o método que usamos, se nos permitirmos ser péssimos tentando algo, teremos mais paciência com nós mesmos e melhoraremos nas coisas que realmente importam. Por exemplo, sermos humanos melhores.

Essa é uma das missões deste livro. Repensaremos o que acreditávamos saber sobre alguns elementos básicos de nossa vida: nosso tempo livre, nosso tempo a trabalho, e a desproporcional ciência e vocabulário que desenvolvemos para entender essas coisas e falar sobre elas. Romperemos com alguns mitos que nos impedem de tentar coisas novas — o impulso do perfeccionismo, a ilusão da nostalgia, a mentira dos princípios e todos os critérios banalizados aos quais damos significado. "Faça o que você ama e nunca mais terá que trabalhar de novo", "Ganhar não é tudo, é a única coisa".

No entanto, há mais do que isso. Não pretendi escrever este livro porque surfar apelava para algo contrário em mim.

Em 2013, quando voltei a subir na minha prancha depois de ter sido diagnosticada com câncer de mama, eu não estava pensando sobre produtividade ou em como eu poderia voltar a trabalhar com mais energia se eu pegasse algumas ondas. Eu não pensava em qualquer coisa que não fosse estar lá fora. Do mesmo modo, a segunda missão deste livro é a seguinte: celebrar a arte de fazer algo aparentemente irrelevante, especialmente quando o resto de sua vida é atraído a uma retumbante, gratificante, abrangente e sólida relevância. Ser péssimo tentando algo pode nos ajudar a reformular os momentos mais difíceis de nossa vida.

Claro, melhorei no surfe desde então, mas ainda assim — não posso ser mais clara do que isso, e mais uma vez para aqueles que estão nos assentos mais baratos da plateia —, eu sou péssima no surfe. E a alegria que sinto ao tentar fazê-lo não depende dos raros momentos de algumas realizações acidentais. A alegria que recebo é a alegria de tentar. O sucesso, quando acontece, é uma recompensa bem-vinda, mas é o lado errado do funil.

Não acredito que minha experiência seja tão única.

Há pouco tempo, o *New York Times* publicou um artigo que escrevi chamado "É Ótimo Ser Péssimo em Algo" [em tradução livre]. Ao mesmo tempo, publiquei um vídeo de mim mesma surfando — um vídeo que tenho escondido por muitos anos porque é vergonhoso demais. Veja bem, muitas pessoas de minha vida pessoal e profissional sabiam sobre meu passatempo preferido, e, bem, eu os fiz presumir que eu era boa nisso (uma dedução natural baseada no tempo que gasto surfando). Então, o vídeo seria de certa forma uma admissão de que não sou boa nisso.

Alguma vez um amigo foi te visitar e, de repente, você percebeu que talvez tenha o levado a acreditar que você é um pouco mais organizado do que realmente é? E você está se culpando porque ainda não limpou a calha neste verão, ou colocou para fora o reciclável, ou fez uma das milhões de coisas que poderia ter feito se soubesse que estaria sob os holofotes?

Aconteceu mais ou menos assim comigo, exceto pelo fato de que eu basicamente convidei todo mundo, e a porta da frente estava enferrujada.

E foi uma das melhores coisas que fiz em séculos. Já ouvi muitas pessoas, leitores do mundo todo, que ficaram encantadas ao ler minha história. Não porque se interessavam em surfar (e, uau, algumas pessoas têm fortes sentimentos em relação ao surfe!), mas porque era uma história sobre alguém sendo péssimo sem sentir vergonha por isso. Muitos deles secretamente eram péssimos, e foi ótimo saber que há uma tribo aparecendo por aí. Mas também ouvi muitas pessoas que não estavam tentando porque não se sentiam capazes. Agora quero convidar todo mundo a passar por aquela porta enferrujada e para as alegrias às quais ser péssimo pode nos levar, um convite a novas experiências sem a pressão de ter que ser bom nelas. Quem sabe? Você pode tropeçar em algo para o qual tem um talento inato, mas que nunca soube. No entanto, esse não é o objetivo final, porque não há objetivo final, nem mesmo para os especialistas em potencial.

Minha história não é tão única, e por isso recebi tantos feedbacks — e, com este livro, gostaria de torná-la ainda menos exclusiva. Essa é realmente minha maior missão: quero começar a ler uma prateleira completamente nova. Um novo tipo de conversa para a hora do jantar. Uma nova comunidade.

Não contamos histórias sobre o quanto somos péssimos, e acho que é por isso que tantas pessoas ficam comovidas com as minhas. Todas as histórias que contamos, de Hollywood ao salão de cabeleireiro, são histórias de triunfos e superações. Quando compartilhamos histórias de derrotas, contamos para gerar boas risadas: Bem, não farei isso outra vez... Não aceitarei ir a um segundo encontro... Não escolherei aquela música no karaokê outra vez.

O que importa é o quão engraçado foi o fato de que, por um momento, minha vida foi algo menos que perfeita.

Nossa vida está longe de ser perfeita, exceto por momentos casuais em que a onda perfeita surge, e seu corpo e mente estão prontos para isso, e por um momento você pega uma carona no que parece uma ondulação no tecido da própria vida.

O resto é tomar um caldo.

Mas há muito o que comemorar pelo que resta de tudo, aqueles bilhões e trilhões de movimentos em potencial — só precisamos começar a estar dispostos a sermos péssimos.

São três missões:

1. Seja apaixonadamente péssimo: aprenda sobre o verdadeiro poder que nos dá energia na busca por nossas paixões, para ver como nosso cérebro não é construído para a monotonia, mas para uma vida completa em todos os sentidos;

2. Seja improdutivamente péssimo: pesquise uma qualidade especial que a irrelevância tem em nossa vida, especialmente durante momentos em que o mundo todo parece nos sugerir que devemos focar apenas o que está nos tornando infelizes;

3. Seja coletivamente péssimo: escute histórias sobre quem é péssimo em algo, e comece a compartilhar as suas.

Minha condição de ser péssima começou antes que eu aprendesse a surfar e vem com o benefício de um amor ao longo da vida e da devoção profissional em ser uma amadora no esporte. Como escritora, confio na experiência dos outros para fornecer pesquisas em maior profundidade nos assuntos que retrato nos livros. Como editora, lancei esses livros ao mundo. O privilégio de ficar íntima das maiores mentes nunca envelhece. Ao longo do caminho, aprendi um pouco sobre muitos assuntos diferentes. Sou aquela pedrinha saltitante na superfície de um lago dos mistérios da vida. Não seria exagero dizer que ser péssima ao tentar fazer algo é minha profissão.

A curiosidade e a vontade de aprender me mantêm atenta a um novo insight, uma aventura, um momento de descoberta, e porque faço disso meu sustento posso tê-los todos os dias. Este livro é a feliz confusão (espero) do que faço de melhor e do que faço de pior. Nestas páginas, analiso as maravilhas da ciência, filosofia, literatura, história e cultura, e converso com especialistas nessas áreas para me ajudar a descompactar tudo. Surfar e ser péssima é a base que me mantém quando minha mente está confusa. (Qualquer passatempo de sua escolha pode servir de base semelhante.) No final, espero lançar alguma luz sobre nossas experiências e oferecer novas maneiras de encarar desafios. Talvez até possamos dar umas boas risadas de nós mesmos.

Mas, antes de nos jogarmos nas ondas, quero explicar o que me deixou obcecada com essa ideia.

Tudo começou com uma pergunta um tanto inocente. Meu filho, Rocco, tinha 8 anos. Quando fui buscá-lo na escola, conversei com John, um dos pais de outro aluno daquela escola. "Então, como está o Rocco na escola este ano?" — perguntou.

Era um assunto que nunca saía da minha cabeça. No início do ano escolar, nós já havíamos começado a pesquisa anual sobre as dificuldades de Rocco na coordenação motora fina e o que aprenderíamos com sua batalha com as percepções sensoriais. O problema se manifestava de várias maneiras, e uma delas é que ele não sabia escrever com caneta ou lápis — pelo menos, não de uma maneira que ele, muito menos qualquer outra pessoa, pudesse decifrar. Ele tinha idade o suficiente para dominar a escrita legível, no entanto, a habilidade o iludiu. Digitar no teclado não era um problema, mas escrever no papel exigia tanto esforço que tornava o trabalho escolar literalmente doloroso para ele, e os professores tinham dificuldade em avaliar o trabalho de Rocco. Isso lhe causou uma enorme frustração na hora da lição de casa. Uma noite, quando sentamos à mesa na sala de jantar, tentando entender o dever de casa, ele me disse que realmente o machucava tentar escrever, o que, por sua vez, interferia em seu pensamento. Sabíamos que Rocco entendia o que estava sendo pedido, mas colocar pensamentos por meio da caneta no papel interrompia o fluxo. Muitas vezes, a tentativa terminava em lágrimas.

"Ah, ele está tendo muitos problemas com caligrafia", eu disse a John. Rocco estava parado ao meu lado e não estava envergonhado, porque sabia daquilo melhor do que qualquer um. Ele assentiu em concordância. "Ele está tentando", continuei, "mas escrever causa um pouco de estresse, então a tarefa de casa é difícil para ele".

John não perdeu tempo. Sorriu para o meu filho, enfiou as mãos nos bolsos do casaco e olhou para o céu. "Ah, sim, Rocco", ele suspirou. "Tudo bem se você for péssimo em fazer alguma coisa."

A expressão de preocupação de Rocco desapareceu. Ele sorriu. Seu rosto se iluminou com o que eu sabia que era um sentimento de reconhecimento e alívio, do tipo que você sente quando algo antigo e amado, algo que você pensou ter perdido, de repente cai do fundo de seu armário em suas mãos.

Apesar de Rocco não ter mais escolhas a não ser engolir que não tinha a habilidade de coordenação motora fina, foi a aceitação de sua deficiência — e a comemoração momentânea dela — que lhe deram a liberdade de seguir em frente como ele é, não como ele pensava que deveria ser.

Algo benéfico neste livro será aprender a parar de se magoar por ser péssimo em algumas coisas nas quais você não tem como deixar de ser péssimo. Mas esse não é o principal argumento. Quero inspirá-lo a encontrar algo que goste de fazer — mesmo que seja péssimo nisso — e fazer isso, de qualquer jeito, como pura diversão, para comemorar o fato de que não se destacar é um caminho para a liberdade.

Durante a última década, descobri que as pessoas desnudam a alma quando têm a oportunidade de falar sobre fracassar em algo importante para elas. É sempre uma conversa linda. Espero que este livro incentive mais de nós a ter esse tipo de conversa um com o outro, a abrir uma porta de aceitação pela qual todos estamos loucos para entrar. Em última análise, trata-se de conexão um com o outro, o que só pode acontecer se nos conectarmos primeiro.

De volta àquela tarde fatídica, quando eu estava buscando meu filho na escola — acabou que John estava certo. Mas, muito mais importante que isso, Rocco o ouviu. Ele ainda não sabe escrever à mão, mas dez anos depois ele se tornou orador da turma do ensino médio, mesmo sem essa habilidade.

NÃO É sobre PERFEIÇÃO, é SOBRE IMPERFEIÇÃO

ONDA 1

Minha Primeira Onda: Um Convite a Ser Péssimo

Regra #1

Você tem que se importar com aquilo em que
é péssimo, ou isso não conta mais.

Lição #1

As primeiras vezes são superestimadas.

Benefício #1

Você aprecia o quão difícil as coisas são, especialmente
aquelas que os realmente talentosos fazem parecer fáceis.

Vamos esclarecer tudo desde o início. Não comecei a surfar para ser péssima nisso. Eu não era um guru em ser péssima desde o início.

Como todo prego deslumbrado (o termo usado para surfistas iniciantes), pensei, claro, que seria difícil no começo, mas que eu poderia fazer aquilo. Quer dizer, quão difícil aquilo seria realmente? Uma pergunta vencedora do Prêmio Darwin, se houver.

Não tenho vergonha de minha fanfarronice no começo. Francamente, um pouco de ilusão provavelmente é algo bom. É frequentemente a ignição que nos impulsiona a tentar algo novo. Mas o combustível da ilusão queima rapidamente quando começamos a perceber que a atividade em questão não cederá tão facilmente a nossa vontade. É sempre mais difícil do que pensávamos. Quantas vezes você disse exatamente isto: "Uau, isso foi mais difícil do que eu pensava!" Isso, por si só, deveria ser suficiente para nos convencer de que ser péssimo tentando algo é tão inevitável quanto o nascer do sol na costa leste, e faríamos bem ao aceitarmos isso como um fato. Tudo isso para dizer que a ilusão pode nos levar bem longe. Ela me levou até a beira d'água.

Algo mais tinha que me molhar.

A tendência atual de "invadir" nosso cérebro, nossa saúde, nossa vida, a fim de ter um desempenho melhor, alcançar nossos objetivos e ser melhor do que os outros a nossa volta, tem nos feito focar demasiadamente vencer. Mas parece que não estamos chegando a lugar algum. Estamos vivendo uma era de psicose das aspirações, acreditando naquelas vidas perfeitas que vemos nas redes sociais e nos comerciais. Como fica a sua vida ao se comparar? Não parece tão boa, certo? Todos os dias somos bombardeados com imperativos para nos esforçarmos para ter mais, ser mais, ser melhor. É o caminho capitalista. Sem algo pelo qual lutar, em que gastaríamos nosso dinheiro? Mas estamos sendo tomados de nós mesmos. Toda essa pressão leva à paralisia e dificulta o início de algo novo. Uma voz em nossa cabeça nos adverte que podemos falhar, então é melhor não tentar.

O que pode parecer um apelo a uma ação contraintuitiva para ser péssimo em algo é realmente o começo de uma vida mais gratificante. Isso quer empurrá-lo para sua primeira onda e colocá-lo em pé. Mas primeiro você tem de encontrar aquilo em que será péssimo — o que me leva à primeira regra sobre ser péssimo em algo: tem que significar algo para você. Se você não gosta de pão, ser um péssimo padeiro não conta. Se fazer música não toca sua alma, então seu violino estridente será inútil. Tem de ser algo com que você se importe muito para que seu desejo se sobressaia.

Se você não quiser, peça para sair. Simples assim. Há todos os motivos para desistir: você está perdendo, parece bobo ou não está melhorando de uma maneira que possa ser medida. Desejar fazer algo em que você é péssimo é precisa e perfeitamente irracional. É assim que deve ser.

Depois de minha primeira aula de surfe, levei cinco anos para pegar uma onda. Cinco anos é um tempo absurdamente irracional, dada a tarefa em questão. Cinco anos até que eu pudesse remar, me firmar, abrir, virar e deslizar ao longo de uma onda. Ou seja, cinco anos para realmente surfar.

Acontece que surfar era mais difícil do que eu pensava.

Esses cinco anos não foram vazios. Eles estavam cheios de fracassos, realizações e aprendizados. Depois de um tempo, depois que continuei a tentar fazer algo de que eu deveria desistir, comecei a lançar outros lemas de sucesso. Aprendi a reprimir alguns desses mitos irritantes que carregamos e que nos pesam tanto quanto a prancha Olo, de 80kg, feita de madeira *wiliwili*, na qual os reis havaianos se colocaram em pé nos primeiros dias do surfe. Vamos colocar essas pranchas antigas no chão e pegar algo mais leve. A ideia é ficar em pé em uma onda, não ser um rei do Havaí.

AS PRIMEIRAS VEZES SÃO SUPERESTIMADAS

Quando você tenta algo novo, acontece uma inevitável primeira vez. As pessoas tendem a ser nostálgicas em relação às primeiras vezes e guardam muitas lembranças com um foco um tanto suave. Como a educação determina que deixemos que as pessoas participem de suas próprias criações de mitos, geralmente ficamos felizes em permitir reminiscências fabricadas uns aos outros. Ninguém chama um ao outro de bosta quando se trata de suas origens. Primeiros amores, primeiros carros, primeiros empregos. Mas, se formos honestos conosco e pensarmos com lucidez sobre a primeira vez (para qualquer coisa), é provável que ela tenha sido uma porcaria. Prodígios não estão inclusos. Para todo o resto de nós: aquele primeiro amor partiu seu coração, aquele primeiro carro foi um azedume que você precisava esquentar para poder dar a partida, e seu primeiro trabalho foi selecionar a correspondência e servir café para um chefe que você odiava.

Um crime sem vítimas, talvez. Só que, quando somos desonestos conosco sobre as primeiras vezes, tornamos mais difícil enxergar o quão longe conseguimos ir desde então. Estamos desnecessariamente diminuindo nossas próprias realizações. A honestidade, nesse caso, amplia e expande a verdade sobre o que fizemos.

Não importa o quão ruim foi a primeira vez. Um componente-chave para ser péssimo em algo é a aceitação de que as primeiras vezes são superestimadas. Isso é verdade mesmo para o que vem naturalmente. Tente. Você pode fazer isso de maneira particular, agora mesmo, na sua cabeça, enquanto lê. Irei primeiro: se eu catalogar minhas primeiras vezes épicas, não serão muito bonitas. Meu primeiro beijo tinha tanta saliva que me deu ânsia de vômito. A primeira vez que transei, acabei tendo chato nos pelos pubianos. Meu primeiro casamento quase me matou, literalmente. Na primeira vez que dei à luz, quase tive uma hemorragia. Ainda assim, se eu não continuasse tentando, apesar de ter me ferrado em todas essas coisas, eu nunca teria experimentado o sexo mais incrível da minha vida, e um duradouro casamento (ok, foi lá pela terceira vez, mas você já sabe que eu demoro a aprender). Meus filhos são o resultado feliz dessas duas experiências.

Se dar mal pode ser épico e importante em se tratando de sexo, amor, casamento, trabalho, nascimento ou morte. Isso quer dizer que aprender a aceitar que você pode se dar mal quando as apostas são baixas ajuda quando você sabe que é péssimo em algo. A prática dará alguma memória aos músculos para lidar com isso. As apostas nunca são tão baixas quanto na primeira vez.

Aqui estão alguns de meus fracassos épicos de primeiras vezes: a primeira vez que cozinhei um jantar para amigos, a primeira vez que cavalguei sem a guia do cavalo, a primeira vez que pedi uma refeição em francês — era meu primeiro dia em Paris. Eu me mudei para lá depois da faculdade com a fantasia um pouco equivocada de que ali seria meu lar pelo resto da vida. Sou uma francófila, comprometida desde o ensino médio, reforçada pelos meus estudos do idioma e da literatura no ensino médio e na faculdade. Pensei que era fluente até terminar um prato de rins grelhados que pedi por engano no menu e comi enquanto engasgava porque não queria admitir que havia feito uma tradução errada.

Você já experimentou alguma coisa dessas e as aceitou, mesmo não gostando? Por medo de parecer estúpida? Ou por não aceitar não conseguir comer os tais rins grelhados?

A lista de coisas que são mais difíceis do que parecem é infinita, e a primeira vez que você tentar uma delas será péssima. Esteja pronto para isso e não se preocupe em deixar rastros de uma nostalgia gritante sobre como a primeira vez foi alucinante. Não haverá contribuição para esse grande álbum de lembranças da vida, e espero que isso seja um alívio.

Há algumas coisas difíceis de evitar. Você já solicitou aquele orçamento para o financiamento da casa própria? Prepare-se, pois é uma das melhores coisas ruins de todos os tempos.

O oposto da ilusão não é apenas a honestidade. É a autoconfiança. E a autoconfiança é um combustível muito mais confiável e duradouro.

Por sorte, para mim, quando decidi que surfaria, já tinha um pouco dessa autoconfiança guardada.

No universo dos esforços físicos, eu estava na minha zona de conforto. Eu pratiquei exercícios a vida inteira, mas quando se tratava da minha mente, bem, era lá que minhas inseguranças moravam. Elas viviam por lá feito uma poeirinha cintilante atravessada por um raio de sol através da janela da sala, mas, pelo menos, amadureci e aprendi a me afastar dessas inseguranças para resolver um problema.

No entanto, o esporte estava em segundo plano. Admito que nunca consegui arremessar uma bola ou correr uma maratona. E, sim, pratiquei salto ornamental por dois anos — em frente à baía da cidade onde nasci —, e por um espelhinho bem capenga eu podia notar meu progresso — para descobrir como dar aquele salto de águia na ponta dos pés e, assim, fazer parte do time das líderes de torcida. Claro que todos aqueles saltos tornaram minhas pernas muito fortes, o que me deixou à vontade para tentar entrar na equipe de corrida e vencer meninas muito maiores que eu. De líder de torcida a estrela do arremesso: eu arrasei em todas as esferas. Espero que você tenha se ligado na ideia: eu era forte e um tantinho confiante no assunto. Surfar seria só mais um de meus esforços físicos, e logo eu estaria tirando onda.

A iludida, pura e simplesmente.

Ao longo dos anos, pratiquei diversos esportes, entre eles boxe, ciclismo, halterofilismo, corrida, esqui e hipismo. Eu poderia ter escolhido me dedicar com paixão a qualquer um deles, e com o passar do tempo provavelmente eu teria sido melhor neles do que no surfe. E, até mesmo quando escrevo, estou ciente do puxão de orelha que levo da nostalgia em relação a eles. É bem provável que eu tenha sido péssima neles também.

AQUELA IDIOTA, A NOSTALGIA

Apenas recentemente começamos a olhar com certo romantismo para o passado. A nostalgia foi considerada "uma doença neurológica de causa essencialmente demoníaca" no século XVII. Identificada pelo médico suíço Johannes Hofer em 1688, a palavra deriva do grego *nostos*, que significa voltar para casa, e *algos*, que significa doença. O termo era frequentemente usado para descrever o estado de soldados que ansiavam por voltar para casa (quem pode culpá-los?), o que era tratado como uma patologia. Parece que soldados suíços foram diagnosticados com esse mal quando escutavam uma música típica do interior de sua terra natal. A nostalgia que sentiam era tão tocante quando cantavam a música, que isso interferia em sua eficácia como soldados. Logo, quem entoasse o canto era punido com a morte.

A ideia de nostalgia como algo positivo é nova. Estudos provam que atualmente a nostalgia pode nos levar a uma sensação de bem-estar. Foi o que levou Odisseu à Ítaca, é o que faz os londrinos se lembrarem da neblina com carinho e mantém muitos salões de festa lotados em eventos de ex-colegas do ensino médio. Mas acho que isso tem algo que vem dos nossos antepassados. Ainda há quem acredita que a grama do vizinho é sempre mais verde, um verde de um passado bem nostálgico. Será que tudo era sempre tão melhor assim? E, se fosse, o que isso nos ensina agora? A ciência, hoje em dia, também nos alerta contra esse tipo de nostalgia que parece um pensamento em forma de feitiço anulando nossas ferramentas de enfrentamento. E muito de nossa capacidade de continuar a se dar mal depende de permanecermos firmes vivendo o presente.

Mesmo assim, você ainda poderá ter de mergulhar em seu passado para descobrir no que é que você gosta de ser péssimo.

Comecei a surfar porque isso me aterrorizava.

Cresci tendo pesadelos e sonhos muito frequentes sobre o oceano. Eles começaram antes mesmo que eu me desse conta de quantos anos eu tinha, e continuam de um jeito diferente hoje em dia.

Na versão do meu sonho, uma onda gigantesca vem em minha direção, e em vez de querer escapar dela eu mergulho e faço parte de seu movimento, e nos tornamos um só, poderoso. Muitas vezes, eu me deito na areia e deixo que a onda venha me alcançar.

Entendo que, quando estou sonhando, sou capaz de respirar debaixo d'água, se for mantida lá. Não me preocupo com a turbulência ou com o que acontecerá quando a onda quebrar. Assim que a onda se aproxima, estou calma, e quando ela chega tomo seu poder como sendo meu. É um belo sonho.

Na versão do meu pesadelo, uma onda gigante está vindo em minha direção, a mesma do sonho, mas há uma parede ou um penhasco, alguma estrutura limitante atrás de mim. Não tenho para onde fugir, apesar de uma compreensão clara de que se trata de uma visão durante meu sono e que preciso dar o fora dali. Mas parece que estou sem sorte e condenada. Nesse cenário, eu me machucarei e entendo que não consigo respirar debaixo d'água. Consciente disso, também vem a certeza de que morrerei. A redenção e a paz de meu sonho se tornam pânico e terror no meu pesadelo.

Cresci com essas imagens conflitantes dançando em minha cabeça. Elas estavam lá durante toda a minha infância, quando minha família passava férias nas praias de Jersey. Elas estavam lá quando, durante a adolescência, nadei com amigos e entrei em pânico quando meus pés não alcançavam o arenoso fundo do oceano. Elas estavam lá quando me vi caminhando ao longo da costa de Laguna Beach e percebi que, embora a maré estivesse baixa, havia um penhasco atrás de mim, e eu não sabia o quanto a água subiria quando a maré alta chegasse: minha visão do pesadelo em tempo real. Essas imagens conflitantes ainda estão lá, quando uma onda se eleva mais do que eu esperava e perco o fôlego ansiosa pensando no que acontecerá ao mergulhar para evitá-la. Elas estão lá quando sou arrastada pela correnteza e me sinto puxada pelo mar. Elas estão lá quando uma onda se eleva no horizonte e não consigo subir nela, nem pelos lados. Embora esse medo do oceano possa ser instintivo e importante para minha vida como surfista, o medo que escondemos de ser esmagados pode ser aplicado a qualquer coisa desconhecida ou imprevisível. Para muitos de nós, falar em público é tão aterrorizante quanto uma onda crescente em direção à praia.

Levei 30 anos para superar esse medo do oceano, de suas ondas e do que consegue se movimentar pela sua superfície. No entanto, o medo é compensado por uma grande vontade de estar por ali perto, no mar ou por cima de uma onda. Sou atraída em direção a esse imenso azul, apesar de seu poder e do que vive em suas profundezas me assustarem. Passei metade da minha vida sentindo inveja dos surfistas. Não pela sua capacidade de pegar uma onda — admito que já tive um pensamento bobo de que bastaria que eu tentasse e logo conseguiria —, mas sempre me impressionei com a aparente falta de medo deles em estar ali fora, mesmo que aquilo fosse o que eu morria de vontade de fazer.

Isso não é algo particular a mim. Também não é algo especialmente particular a mim chegar à meia-idade e ter aquela vontade avassaladora de se jogar no oceano. Existe até uma justificativa científica para esse desejo, literalmente, rejuvenescedor: ao nascermos, a água compõe aproximadamente 75% de nosso corpo. Isso pode diminuir para algo entre 50% e 60% na velhice. Com certeza, essa caminhada rumo a um "ressecamento" nos chama de volta aos elementos.

Minha paixão em particular por ser péssima começou com algo elementar — no meu caso, minha atração pelo oceano, todo o medo, a luta e o desafio à sobrevivência que isso representava. Mas o modo como assumi essa fraqueza foi menos importante do que minha compulsão em agir remediando o medo. Todos os animais experimentam o medo; agir em forma de desafio é o que nos torna ainda mais humanos. No entanto, a primeira vez que tomamos essa atitude não resulta em triunfo. É mesmo aterrorizante.

Hannah Arendt chama a atenção para a importância do fato de que tomar uma atitude é "a única capacidade do homem que opera milagres". Ela escreve em *A Condição Humana*: "O tempo de vida do homem em direção à morte levaria inevitavelmente tudo o que fosse humano à ruína e à destruição se não fosse pela capacidade de interromper isso e *começar algo novo*, uma capacidade inerente à ação como um lembrete sempre presente de que os homens, embora precisem morrer, não nascem para morrer, mas para começar."

As preocupações de Arendt com a teoria política e social se aplicam ao chamado para fazer algo novo, como ela também escreve: "A capacidade de agir (…) interrompe o inexorável curso automático da vida cotidiana." Com essa automação, surge uma complacência que não nos leva a lugar algum. É melhor agir do que somente desejar ter feito.

O ótimo é inimigo do bom, melhor feito do que perfeito.

Meu primeiro filho, Rocco, chegou tarde na minha vida. Eu já havia casado e me divorciado duas vezes, e inventei de ter um filho sozinha. Como a vida me ensinou repetidas vezes, o que pensei que aconteceria e o que realmente aconteceu são dois lados de uma mesma certeza ilusória de que de alguma forma estamos no controle de tudo. Desse jeito, aos 37 anos, dei à luz meu primeiro filho, e com a nova vida e a placenta que o sustentava, expulsei velhos medos. Fora algumas neuroses bem bobas que mantive a vida inteira… e outras mais profundas: Como proteger essa criança, que já amo tanto, de tudo que pode lhe causar danos ou mágoas? Era uma espécie de inferno na Terra, mas também algo divino. Um misto de sonho e pesadelo.

Esse teorema da convolução em meu sobrecarregado cérebro foi a condição que me levou a ter vontade de surfar. Durante anos, olhei ansiosamente para as pessoas que deslizavam sobre as ondas, mas nem ousava tentar. Agora, meus velhos medos retrocederam como se eu estivesse na beira d'água antes do quebra-mar e apressaram os medos que permeiam a maternidade — com o incômodo de que eu envelheceria sem nunca ter remado ou tentado ao menos uma vez. Perdi o medo de tentar. Para ser sincera, eu tinha medos muito maiores do que esse. De repente, ganhei uma certa atitude de autoconfiança e liguei o foda-se. Os pesadelos com o oceano que se danem.

Eu estava tão comprometida com o oceano e com essa mudança de estilo de vida (e talvez cheia de meus próprios hormônios), que me mudei com minha família de Nova York para a costa de Nova Jersey. Não me importava por não ter pesquisado que eu teria de levar horas para ir até o Seaside Park, Nova Jersey, ou a Manhattan todos os dias para o meu trabalho. Claramente, também sou péssima em avaliar a realidade. Eu ainda nem havia tentado surfar, mas estava firme em meu compromisso de tentar. E porque a vida gosta de mexer com a gente — especialmente quando mostramos que não temos a mínima noção daquilo a que estamos sujeitando a nós mesmos e a nossa família —, na semana em que me inscrevi em minha primeira aula de surfe, descobri que estava grávida de meu segundo bebê. O sonho teve de esperar.

Umas três mil horas contadas no relógio, e eu estava fora de forma, com sobrepeso e completamente fora de mim devido à exaustão. E ainda assim eu queria surfar, caramba? Meus filhos agora tinham 4 e 2 anos. Estava ficando um pouco tarde para essa loucura. Mesmo assim, finalmente, em uma manhã de verão de meu quadragésimo primeiro aniversário, liguei timidamente para um instrutor de surfe local e reservei uma aula. Quando o clima e o mar cooperaram — vento leve e só na marolinha, corrente calma e limpa —, o instrutor me telefonou e disse: "As condições são boas. Você pode me encontrar daqui a 20 minutos na praia na altura da décima terceira avenida?"

Meu marido, Joel, perguntou se poderia me acompanhar, e implorei para que ele ficasse em casa. Ele não poderia ser testemunha da minha auto-humilhação.

Quando cheguei à praia, o instrutor perguntou: "Então, Karen, você já fez snowboard?"

"Não."

"Você anda de skate?"

"Já tentei."

"Você esquia ou já fez windsurfe?"

"Também não."

"Tá okay, então", ele afirmou com convicção. "Nós faremos você ficar de pé na prancha de qualquer jeito."

Mergulhamos no mar com uma prancha amarela de iniciantes número 10 que mais parecia uma canoa do que uma prancha de surfe. Deitei em cima dela, toda desleixada e desajeitada. Havia tanta prancha por baixo de mim, que permaneci firme, mesmo sem que conseguisse sentir alguma coisa.

Naquele estágio daquela manhã fatídica, fui confrontada pela irrefutável e humilhante realidade do que eu era para aquele jovem muito paciente: uma coroa doidona e fora de forma cujo único valor era poder pagar pelas aulas particulares. Tive de lutar contra o impulso de simplesmente desistir antes mesmo de começar, mas, em vez disso, eu me resignei a tentar mais uma vez e só depois disso deixar esse sonho de lado.

Meu instrutor era um homem de palavra: antes que minha hora acabasse, consegui ficar de pé na prancha ao pegar a primeira onda. Estava na altura dos joelhos e lenta, era mais uma marolinha do que uma onda de verdade. Ele me empurrou para dentro e gritou: "De pé, agora!" Levantei-me, peguei a onda direto para a praia e caí quando não sabia mais o que fazer. Tomei um caldo tão forte, que meus seios pularam para fora do biquíni, cujo fecho se quebrou. Eu borbulhava pela superfície com a parte de cima do biquíni pendurada pelo pescoço. Qualquer constrangimento foi imediatamente superado pelo fato de eu ter me tornado aquela *casca grossa*, expressão que no surfe define o cara mais pernicioso — o êxito do insolente e desarticulado. "Que barato, cara..."

Simplesmente arrasei. Desse jeito. Eu era uma *casca grossa* curtindo o maior barato.

Pedi desculpas ao meu instrutor pelo *flash* de meus seios — nada divertido para ele, eu lhe asseguro — e, feliz, paguei pela aula. Marquei outra aula para o mesmo horário no dia seguinte e dei uma corridinha de meio quilômetro voltando para casa. (De repente, meu corpo de atleta recuperou alguma memória muscular.)

Essas duas aulas de surfe mudaram a direção de minha vida.

E se eu nunca tivesse me jogado de cabeça naquela ilusão? Certamente, tudo continuaria em ritmo acelerado — seja para melhor ou para pior, imagino. Serei eternamente grata por ter tentado algo em que eu imaginava não ser boa —, mas eu não havia descoberto isso antes.

O fato é que aquela não era minha primeira onda. Na verdade, não. Tento não perder meu foco devido a lembranças de um passado cintilante ou ser vítima de uma supernostalgia. No dolorosamente belo romance *O Sentido de um Fim*, Julian Barnes escreve: "Aquilo de que você acaba se lembrando não é aquilo que realmente aconteceu."

Aquele primeiro dia foi seguido de outras inúmeras vezes em que tentei pegar uma onda e falhei. Joel me presenteou com uma prancha número 9, laranja e enorme, para o meu quadragésimo primeiro aniversário ao final daquele verão, e passei os dois anos seguintes carregando aquela canoa para a praia e me debatendo sobre ela. O dono da loja de surfe local, Mike Colombo, nem tentava nos vender uma prancha de verdade. Ele me disse: "Você sendo iniciante e também mãe de dois filhos pequenos, eu seria irresponsável se vendesse para você uma placa de fibra de vidro. Aprenda a lidar com essa espuma na água, e depois eu te vendo uma prancha de verdade."

Dois anos depois, comprei uma prancha fun de 7'4", muito estreita e *casca grossa* demais para mim (o grau da curva do nariz da prancha era inadequado). Nunca consegui pegar uma onda nela. Mike pensou que eu estava progredindo mais rápido do que realmente estava. Admito que já tinha pensado em desistir, mas àquela altura eu já entedia sobre algumas coisas: precisava de uma prancha maior. Embora Mike estivesse sendo útil em me orientar de uma prancha para a outra, cabia a mim descobrir qual era a mais apropriada ao meu nível de habilidade.

Como na maioria dos grandes projetos, quase sempre os mais talentosos mal podem esperar para apontar o que você está fazendo de errado ou então oferecer conselhos — mesmo que você não tenha pedido. Estranhamente, no surfe, poucas pessoas vêm lhe apontando dedos. Em geral, deixam que você se ferre sozinho. Isso tem a ver com o fato inegável de que surfistas querem todas as ondas para si (não leve a mal pensando que é uma falha de caráter, mas é um instinto de preservação sobre algo que eles amam demais e têm poucas chances de praticar), portanto, continuar a surfar depende de sua própria força de vontade. Uma bem-sucedida marca de surfe dos anos 1980 tinha como slogan "Se não surfa, nem comece". Isso meio que resume discretamente como é a cultura do surfe.

Portanto, sem ninguém para me dizer por qual prancha eu deveria deslizar, e sem nenhuma onda na minha triste história surreal, comprei uma prancha de epóxi branca de 8' para maior flutuação e estabilidade, o que a transformava numa prancha mais estável nas manobras por causa de minhas oscilações ao pegar onda (ou seja, uma prancha em minha coleção à qual volto várias vezes porque suas qualidades especiais me ajudam a pegar algumas de minhas melhores ondas.)

Minha primeira onda de verdade aconteceu cinco anos depois daquele verão em que tive minha primeira aula. Foram necessários cinco anos para engrossar a casca e dar uma remada sozinha; anos de manobras internas em que a força da rebentação me empurrava para a costa. Esse é o tipo de surfe que você vê pelos acampamentos dos iniciantes. Divertido o bastante para uma primeira vez, mas que acaba se tornando uma chatice depois de um tempo. É cansativo ficar lutando na rebentação, pendurada na prancha, em vez de ficar sentada sobre as águas mais calmas além do horizonte, aproveitando a imensidão do oceano enquanto espera uma onda passar. Além disso, você não está surfando. É outra coisa que não vale a pena nem falar. Por anos minha família só observou, balançando a cabeça. Meu pai — que aos 88 anos ainda vem jantar aos sábados — ficava na praia e testemunhava minha luta. E ele perguntava: "Por que você continua tentando?"

NOVOS ARES

Mas o que foi que me manteve nisso por cinco longos anos?

Eu não tinha uma resposta para meu pai naquela época.

Parte do que me fazia continuar era sentir ter conseguido fazer algo simples, o fato de eu ter superado meu medo do oceano, pelo menos o suficiente para entrar nele muitas vezes sozinha e por horas seguidas. Entrar no oceano e tentar surfar parecia algo heroico. Mas o que acabei de explicar parece agregar um sentimento de realização que eu realmente não senti.

Eu sentia algo mais. Parecia que sempre estava vivendo algo novo. Cada vez que eu remava, sentia um frisson por estar em um lugar em que eu nunca tinha estado antes e fazer algo que eu não deveria estar fazendo.

Isso tinha a ver com a atividade em si, em que as condições nunca eram as mesmas que as de meia hora antes e nem seriam as mesmas 15 minutos depois. O vento mudou ou bateu mais forte, o *swell* cresceu ou desapareceu, a maré estava entrando ou saindo. Existem inúmeros fatores que contribuem para a situação de mudança. A novidade se restabelece repetidamente. As ondas nunca se formam da mesma maneira duas vezes. Essa sensação de novidade é algo que o surfe tem em larga escala.

A novidade é extremamente poderosa e não é tão subjetiva quanto você imagina. Não está apenas nos olhos de quem vê.

O cérebro dos mamíferos trabalha para encontrar novos ambientes — é o que permite às espécies escapar da fome e até mesmo da morte. Pense em levar seu cachorro para passear. Há diferença — ele é diferente — entre quando você o leva àquela típica caminha matinal pelo quarteirão e quando você aproveita para dar uma esticada e corridinha de fim de semana? Ele fica especialmente empolgado ou feliz com essa caminhada? Ele fica tão empolgado que se cansa rápido? Ele foi levado a procurar por algo novo. A única coisa que o impede é a coleira e aquela soneca de que ele tanto precisa.

Já sabemos há muito tempo que, ao aprendermos algo novo, ativamos uma variedade de diferentes respostas neurais, muitas das quais são benéficas, além de nossa bendita memória comportamental. A novidade pode melhorar o cérebro como um todo.

Essa curiosidade, ou busca por novidade, também tem um efeito positivo na longevidade em humanos; ajuda a manter um sistema nervoso central saudável. Estudos mostram que idosos curiosos realmente sobrevivem mais tempo que outros menos curiosos. Novos truques são exatamente o que um cachorro de idade precisa.

Até a antecipação da novidade pode aumentar a dopamina, o poderoso neurotransmissor que nos faz ter aquelas síncopes à medida que nos apaixonamos, alicerça nossos vícios e, segundo a neurocientista comportamental Bethany Brookshire, é o que faz de drogas, sexo e rock'n'roll algo tão radical. Mais que isso, é essencial entender que a dopamina é fundamental em nossas funções motoras, e é por isso que sua diminuição é uma das principais características da doença de Parkinson. A complexidade da dopamina torna impossível qualificá-la como algo necessariamente bom ou ruim — também nos sentimos bem quando produzimos metanfetamina —, mas uma coisa é certa: quando entramos nessa onda, é bom e queremos mais.

Se uma vida mais longa e um alto nível de dopamina não são motivos o suficiente para começar algo novo, há o benefício mais irritante de todos, que é o fato de que, quando você está sendo péssimo, ninguém lhe pede favores naquele momento. As pessoas vão deixá-lo em paz, eu prometo. Ser péssimo não o faz muito popular.

Naqueles anos inebriantes de criar meus filhos e seguir em frente na minha carreira, o surfe era a única coisa que eu fazia regularmente e na qual não precisava ser bem-sucedida. Era o único espaço da minha vida em que as expectativas eram baixas o suficiente a ponto de eu estar no comando. Ninguém se importou em me pedir para melhorar no surfe. Eles sabiam que não ganhariam nada com isso. Em vez disso, consegui controlar meu próprio ritmo. Surfar — ser péssima — era o meu domínio.

MINHA PRIMEIRA ONDA foi uma de uns 1.500 metros. E tem mais: eu nem deveria estar na água. Torci o pulso, e a inflamação foi aguda o suficiente a ponto de eu não conseguir pegar nada com a mão direita. Meu médico disse para que eu ficasse fora d'água e em repouso. Pedi por uma solução alternativa, mas ele apenas balançou a cabeça. (Ignorar recomendações médicas se tornará um refrão nestes capítulos.)

Como ficar de fora d'água realmente não era uma opção — era um dia lindo, as ondas estavam limpas e bem formadas, e meu genro, Christopher, que eu adoro e com quem não consigo surfar o suficiente, estava caindo na água —, um amigo engenhoso me quebrou um galho. Por sua sugestão, enrolei meu pulso e mão em uma gaze e um suporte, e depois cobri tudo com uma fita adesiva, criando um selo a prova d'água. Minha mão direita e meu pulso tornaram-se um taco de fita prateada. Carreguei minha prancha pelo meu lado esquerdo até a praia, e remei por um monte de areia, muita areia, um mundo de areia, arranhando-me até a fila.

Mesmo eu estando disposta a chegar lá, quando me sentei sobre a prancha para além da rebentação, pensei em como doeria muito se eu tentasse surfar. Digo se eu "tentasse" porque, apesar de estar praticando na marolinha e na rebentação por anos, ainda não tinha conseguido cair, virar, e encarar aquela onda de respeito. Como sempre, eu tentaria pra caramba e jamais perderia a esperança.

POR PARTES

Pode ser útil entender os vários aspectos do surfe que tornam tão difícil sua prática. Qualquer esporte ou esforço pode ser dividido em partes para ilustrar o que precisa ser aprendido para alcançar aquela competência, um exercício prático para entender o porquê ser péssimo em algo não é motivo para se envergonhar.

Convido você a também organizar por partes seu passatempo preferido. Este guia é destinado a dois exercícios. Primeiro, divida algo que você faz muito bem por pontos de ação bem detalhados. Isso fará com que você se sinta arrasando. Uma vez ou outra, você fará o que quiser, algo com o qual passe dificuldades ou simplesmente algo que gostaria de experimentar. Minha esperança é a de que esses exercícios práticos não o travem, mas sirvam como uma apreciação de como as coisas são realmente difíceis, porém ainda assim você dará continuidade a elas. Passo a passo.

Eu vou primeiro. Aqui está o que um iniciante precisa saber antes de deslizar sob as águas:

1. Você precisa estar sob o controle de sua prancha, mesmo em dia de mar bravo. Mesmo antes de subir na prancha para remar, você precisa ter o controle sob seu equipamento logo ao entrar no oceano para que ele não seja arrancado de você, ou voe de volta em sua direção ou, pior, para um surfista ou nadador. Muitos acidentes acontecem na costa quando o surfista para de prestar atenção em sua prancha;

2. Uma vez que você esteja em um bom lugar para começar a remar, precisará se deitar de bruços sobre a prancha, na posição exata para que ela não se incline e deslize para os lados e, dessa forma, ajustar-se à posição mais eficiente, da frente para trás, para aproveitar ao máximo a remada. Você deve achar que tudo isso é instintivo, mas garanto que não é;

3. Ao remar em direção ao horizonte, você precisa enfrentar as ondas que estão quebrando à sua frente. Se as ondas são pequenas, você supera a rebentação remando através dela ou levantando o corpo da prancha para que a espuma das águas escorra entre você e a prancha. Quando as ondas atingirem determinado tamanho, o poder da rebentação o levará de volta à praia, em um ciclo de esforços dignos da paciência de Jó, e assim seguir em frente resiliente, o que resulta em se mover para lugar nenhum. Para evitar essa inutilidade, você deve mergulhar sob a onda, se estiver usando uma prancha shortboard. Ou, se você estiver usando uma longboard, você fará a rolagem de tartaruga, para deixar a onda rolar por baixo da prancha com você embaixo dela. Não deixe que nomezinhos fofos como pato e tartaruga traiam seu bom senso em discernir o quanto é difícil aprender essas manobras básicas, especialmente quando são grandes ondas. Você mergulha no estilo pato com uma shortboard com a quilha da prancha para baixo e sob a onda que se aproxima, então você pressiona a parte de trás da prancha com o joelho ou o pé no momento oportuno, para ganhar impulso para mergulhar sob o quebra-mar e subir do outro lado, onde a água é calma. Para um rolo de tartaruga — realizado em pranchas de maior volume e com as quais é impossível mergulhar —, você agarra nos trilhos e rola lateralmente para ficar debaixo d'água e a prancha ficar em cima de você. Você se segura com as mãos e as pernas ao quadro enquanto o ataque da rebentação cai sobre você. Depois que passa, você vira novamente e continua remando. A chave aqui é não deixar que a força da água puxe a prancha para longe de você;

4. Uma vez que você ultrapassou a rebentação, já pode recuperar o fôlego e se sentar na prancha de frente para o horizonte. Sentar-se na prancha também é uma habilidade a ser aprendida. Há água em movimento ao seu redor, então você está sempre respondendo ao meio ambiente. Se a água estiver agitada ou houver *swell* vindo de direções diferentes, você pode se movimentar como se fosse uma rolha. Aprender a se equilibrar sentado não é difícil, mas requer alguma prática. Algumas pessoas sentam-se bem de frente e deixam a rabeta sair da água. Outras se sentam e deixam

a quilha sair. Os surfistas maneiros, de habilidades felinas, ajoelham-se enquanto remam e esperam — ainda não consigo fazer isso depois desse tempo todo. (Embora eu continue tentando.);

5. Agora que você já passou da rebentação sem se matar ou acabar com algum banhista ao seu redor, precisa aprender a escolher uma onda sob a qual remar, para mim, essa é a parte mais difícil do surfe. Saber ler as linhas do *swell* é fundamental no surfe, e o nível de habilidade varia baseado em saber quais ondas buscar e quais deixar passar, mesmo entre os profissionais. Eu: sim, sou péssima nisso. Surfo bem melhor quando alguém mais hábil em ler as linhas me avisa quais ondas pegar. Meu genro diz que apenas sente isso. Meu filho é quase um cego (ele apanha horrores para conseguir colocar suas lentes de contato), no entanto, consegue me indicar corretamente uma onda vindo em minha direção. Ainda não consigo entender como ele faz isso sem enxergar;

6. Uma vez que você escolha em que onda irá, deve se certificar de que a prioridade é sua. Isso significa verificar se não há outro surfista por perto do pico da onda, e aí ter o direito de ir antes dele. Aprender a respeitar a vez do outro é um dos grandes valores do surfe. Você nunca deve pegar uma onda que já foi reivindicada por outra pessoa. Se você não conseguiu aprender nada com essa liçãozinha sobre o surfe, esse foi o recado dado. O décimo mandamento, com certeza, é respeitado pelo surfe. A cobiça pode fazer com que você seja expulso da fila de espera para pegar sua onda, ou até pior;

7. Okay, agora que você escolheu uma onda e a tomou como sua prioridade (lembre-se de que tudo isso acontece em 15 segundos ou menos), precisa remar feito um louco para pegar essa onda. Os fatores envolvidos para se pegar uma onda dependem da velocidade e da direção do *swell*, velocidade e direção do vento, batimetria (fundo do oceano), altura e inclinação da onda, entre outros fatores. O truque é cronometrar sua remada para que você alcance a velocidade da onda que se aproxima e se prenda à energia dela enquanto, em sincronia, vocês avançam juntos. Pegar uma onda

é uma das melhores sensações do mundo. É como uma conexão direta com o Universo. Não consigo aguentar muito, mas essa sensação é uma das razões pelas quais esse terrível esporte impossível dominou minha vida e a vida de milhões de outras pessoas, mesmo sendo tão difícil de se praticar;

8. Depois que você pegou a onda, deve ficar logo de pé enquanto decide em que direção apontar a prancha; direita ou esquerda, isso vai depender de como a onda está quebrando. Destacar-se também requer muita prática. Uma das razões pelas quais a barreira da entrada no surfe é tão alta é porque você precisa alinhar perfeitamente muitos fatores antes mesmo de ter a oportunidade de realizar o que se propôs a fazer, que é pegar uma onda de pé. O tempo gasto surfando é uma fração minúscula do tempo gasto configurando tudo até chegar ao momento de pegar a onda. Estudos mostram que surfistas profissionais gastam 8% do tempo na água surfando. Na maior parte das vezes, esse tempo é gasto remando, cerca de 54%. Para mim, esse número é mais como 0,004% de surfe (durante uma sessão bem-sucedida), com 80% de remada. Não existe outro esporte no mundo em que, no final das contas, o saldo fique devedor no quesito maestria e favoreça a desistência;

9. Depois de subir na prancha e seguir na direção certa, você faz as manobras ao longo da superfície da onda e se desvia das pessoas que possam estar pelo caminho. Você pode ver em vídeos surfistas fazendo isso o tempo todo, com uma precisão que faz parecer mentira o quanto é difícil não passar por cima das pessoas. Com frequência até demais, é preciso cair fora de outros surfistas (como quem faz bodyboard) que estão no caminho ou sobre os quais a onda se fechou (trava e não tem como nem dar de ombros). Ter que desviar desses surfistas menos habilidosos toma um tempo que nos tira a satisfação de conclusão da manobra. Imagine só quantas vezes eu tenho que dar o fora desses caras!

10. Quando você consegue ficar sem ter de fazer desvios ou tomar uma fechada etc., você tenta se manter naquele percurso o

máximo de tempo possível, em sintonia com a onda naquele momento exato. Contrabalancear seu peso e virar seu corpo é fundamental por aqui — ainda mais quando você está fazendo isso em uma prancha que se move sobre a água, que também se move e muda a cada instante. Dividir por seções (dividir as diferentes partes da onda à medida que ela muda ao longo do caminho) é o que você deseja aqui. Nunca haverá uma onda ou uma situação que se repita, portanto, toda vez que você chegar a esse ponto, é preciso dar uma resposta diferente. Também varia muito dependendo da prancha em que você estiver surfando;

11. Depois de chegar até a onda, há o pontapé inicial. O que mais adoro assistir é a maneira como surfistas profissionais ficam de pé na onda. Alguns surgem com ar majestoso, outros são engraçados, e há os agressivos. Você pode flutuar com frieza por trás enquanto ainda está de pé, ou mergulhar com a prancha, ou ceder à rebentação. Você pode rolar pela superfície da onda e voltar para o outro lado. Você pode se atirar de vez ou chutar a prancha para a frente enquanto cai estrategicamente para trás, afastando-se da onda quebrando. A ideia é sair da onda antes de chegar à costa, a menos que a viagem o leve até lá, porque, quanto mais perto você estiver da costa, mais tempo você levará remando de volta à fila. Para alguém boba como eu, um chute nunca é aquela tentativa impensada, mas uma tentativa de não bater na prancha ou em outro surfista;

12. Qualquer que seja o resultado, do 1 ao 11, você ergue a cabeça, dirige-se rumo ao horizonte e tenta tudo de novo.

POIS É. Isso é o básico.

Dominar essas habilidades básicas não fará de você um surfista perfeito. Não fará de você nem mesmo um bom surfista. É apenas aquele pontapé inicial. Um ponto de partida que, pelo menos, para mim, nunca acaba.

Daí o princípio número um em ser péssimo em algo: você precisa querer. Você precisa desejar algo mais além da perfeição.

Agora: anote o básico de algo que você tenha encarado. Talvez seja tão simples quanto fazer ovos mexidos para o café da manhã, fazer a maquiagem ou fazer a barba antes do trabalho. Talvez seja como nadar crawl no seu treino matinal, completar uma série de exercícios com pesos na academia ou aquela série de ioga antes de dormir. Talvez seja algo necessário, como dirigir durante a hora do rush ou tomar o transporte público. Divida tudo por partes como se você fosse um completo iniciante. Faça isso com o máximo de etapas possível: seja abrangente, deliberado e claro.

Você tinha ideia do quanto tudo isso era loucamente complexo?

Apreciar o quanto tudo pode ser difícil é o primeiro passo para se libertar daquelas pequenas expectativas. Ser livre para ser péssimo.

SINTONIZE NA SUA VIBE

Agora que você já provou ser especialista em alguma área, já pode se sentir menos constrangido ao buscar uma atividade nova em que possa se interessar. Você poderá falhar algumas vezes até descobrir o que o manterá trabalhando duro, apesar dos fracassos. Mas prometo: quando você se encontrar, sua vida mudará para melhor. Foram anos até que eu me achasse no surfe, e com certeza o que torna tudo tão atraente para mim é a minha história de vida pessoal com as ondas ou com aquela baleia-branca e gigante de *Moby Dick*. Medo e obsessão concomitantes soaram um alarme que eu finalmente não pude ignorar. Em sua jornada para caçar sua baleia-branca e gigante, talvez seja necessário nadar antes com peixes pequenos.

Antes de surfar, eu já tinha tentado outras atividades que amava, mas acabei me afastando. Houve uma época em que eu me encontrava ao andar a cavalo, e essa se tornou minha atividade preferida. Não preciso mencionar que eu era péssima nisso. Eu só não sabia sobre isso até que fosse tarde demais.

Em 1992, eu me mudei para Los Angeles. Durante minha breve temporada naquela cidade, toda semana eu ia de carro para uma fazenda nas colinas acima de Malibu para escapar da rotina urbana e montar um demoníaco garanhão chamado Tempestade. Minha instrutora era uma cowgirl loira, montada no couro e armada. Um dia, ela me conduziu no garanhão sem sela só para vê-lo me dar um fora. Agarrei-me ferozmente a sua crina e consegui me erguer para trotar mesmo assim. Foi assim que a vaqueira pensou que se tratava de um motim.

"Ah, sim", pensei feito uma imbecil. "Entendi."

Depois de oito meses montando o Tempestade, pensei que entendia algo sobre cavalos. Quando voltei para Nova York, senti falta de montar. Em uma nítida manhã de outono, aventurei-me pelos velhos estábulos de Claremont, em Upper West Side, garantindo a toda equipe que era experiente o suficiente para montar sozinha e dar uma voltinha em Bridle Path no Central Park.

Estávamos fora do celeiro por um minuto quando tudo começou a dar errado. De algum jeito, tomei o caminho errado pela Amsterdam Avenue. Daisy, empolgada com a percepção de nos desviarmos do caminho em direção ao Central Park, e sem dúvida confusa pelo sinal errado que dei a ela, começou a galopar pelas ruas da cidade. Logo nos confrontamos com um monstro azul e branco sem pelos vindo em nossa direção. Era um ônibus indo para a avenida Amsterdam em sua obrigatória rota para a cidade alta. Com o ônibus vindo para cima de nós, deixei cair as rédeas, girei as mãos por cima da cabeça e gritei, pedindo para que o coletivo parasse antes que carne de cavalo e humana se espalhassem pela oitava e sétima avenida, com a Amsterdam. Com as mãos livres, meu corpo balançou perigosamente para a direita, e quase caí da sela. Se isso tivesse acontecido, eu teria tragicamente sido arrastada pela calçada e até minha morte. Foi muita sorte eu conseguir me erguer sobre aquela pobre égua.

Daisy teve a decência de perceber que eu não sabia o que fazer ao montar nela e se dirigiu sozinha de volta ao estábulo.

A equipe de Claremont perguntou: "O que aconteceu?"

"Ah, não estou me sentindo muito bem", e menti para explicar a palidez em meu rosto. "Decidi que cavalgar não é para mim... O que é isso? Um reembolso? Oh, não! Obrigada, tudo bem."

Eu não consegui me esquecer logo de toda aquela humilhação. Aquele foi o fim de minha curta carreira na montaria.

Meu passado é repleto de tentativas, erros e falhas. Tenho ido à lona como em uma luta de boxe até o *countdown* por algumas vezès. Um absorvente interno saiu de meu corpo enquanto estava no esqui aquático quando minhas pernas, em vez de ficarem paralelas, espalharam-se pelas águas, fazendo com que o plugue do algodão se prendesse ao meu maiô. Desci montanhas cobertas pela neve sem saber como parar, tomei várias fechadas ao andar de patins, ou bicicleta, ou skate. Apesar de várias contusões e momentos de pura vergonha, não me arrependo de nenhum de meus esforços. E, como ninguém me obrigou a continuar sendo péssima, acho que ganhei algum condicionamento até sintonizar minha verdadeira vibe.

O mais importante: eu não *precisava* me comprometer com tudo pelo qual me aventurei. Você também não. Colocar pressão em si mesmo por meio de um comprometimento é apenas mais uma obrigação que o afasta da liberdade que ser péssimo pode lhe proporcionar. O objetivo é começar algo novo de coração aberto. O compromisso virá ou não. A beleza disso é que, quando você deixa que a curiosidade o guie até uma paixão desconhecida, você se sente aliviado por se integrar a uma comunidade acolhedora que você nem sabia que existia.

Aqui estão algumas dicas de como começar:

1. O que você gostaria de ter feito quando criança, mas teve receio ou alguém o desmotivou dizendo: "Ih... duvido que você consiga ser bom nisso."?

2. O que você observa algumas pessoas fazendo e pensa: "Se ao menos eu conseguisse fazer isso."?

3. O que te assusta? Você tem vontade de superar esse medo?

4. Responda a esta pergunta: Se eu pudesse largar meu emprego agora, aonde eu iria e o que eu faria? (Não estou incentivando qualquer ato de irresponsabilidade; longe disso. É porque o emprego deixar de ser uma obrigação, nem que seja por um momento, pode liberar sua mente para andar por territórios desconhecidos.)

5. Quando você está olhando o mostruário de revistas no aeroporto ou na rodoviária, quais revistas você secretamente gostaria de comprar e ler, mas acredita que não deveria, porque não faz nada daquilo na realidade?

Alguns avisos para sua cautela: evite que isso se torne recorrente. Se você vai começar a trabalhar com cerâmica ou aprender as técnicas de nós em macramê, não se prenda ao investimento que as pequenas e atrativas lojas querem vender. Se você quiser escrever poesia, não pense — pelo menos, por enquanto — em ser publicado. Se você quer cantar, não comece indo a audições. Se você gosta de palavras cruzadas, os desafios nacionais não são por onde começar, mas concentre-se em acertar aquelas palavras especiais com precisão ao competir com aquela não tão brilhante tia ou aquele sobrinho sabe-tudo.

Uma coisa que é a mais absoluta verdade: você nunca será o melhor nessas coisas, então é melhor superar isso agora. Deixe-me ajudar.

Seja como um mapa para verificação — ou por pura diversão —, siga a árvore da decisão na próxima página para guiá-lo ao longo do caminho.

MAUS HÁBITOS

Estamos chegando a 8 bilhões de pessoas no mundo. Quantos "melhores" pode haver? E onde isso deixa o resto de nós? Admito ter uma forte aversão à ideia do perfeccionismo. Minha aversão a isso tem um valor emocional, porque sei que posso me entregar quando o alarme soar. Perfeccionismo é tão, tão confortável! É uma desculpa comum. Sempre encontro isso em alguém quando falo como é maravilhoso ser péssimo ao tentar alguma coisa. Buscar a perfeição é uma maneira brilhante de dizer: tenho medo. Medo de parecer um bobo. Medo de ter que começar por algum lugar. Medo de não dar certo.

Aprendi cedo que parte do problema é o perfeccionismo ser considerado uma virtude, quando na verdade é apenas mais uma defesa contra estar vulnerável, uma inspiração copiada de um anúncio. Uma certa empresa de carro de luxo da Europa publicou recentemente um comercial em que o mais novo e atraente modelo estava cantando os pneus ao fazer uma curva em alta velocidade, uma música ao fundo, e uma voz dizendo: "Meu pai sempre me dizia que 'não importa o que você faz na vida… apenas… seja o melhor nisso.'" Ah, claro que isso significa ter de comprar aquele carro de US$60 mil, eu acho.

Como eu e você estamos sendo péssimos juntos, teremos de arrombar essa porta do mito do perfeccionismo. Vamos chamá-lo pelo nome verdadeiro: medo. E também teremos de fazer uma distinção entre buscar a excelência e manter a perfeição. Um deles nos leva adiante, o outro nos impede.

A ÁRVORE DE DECISÃO DE SER PÉSSIMO (SP)

Descubra se você já está em um estilo de ser péssimo

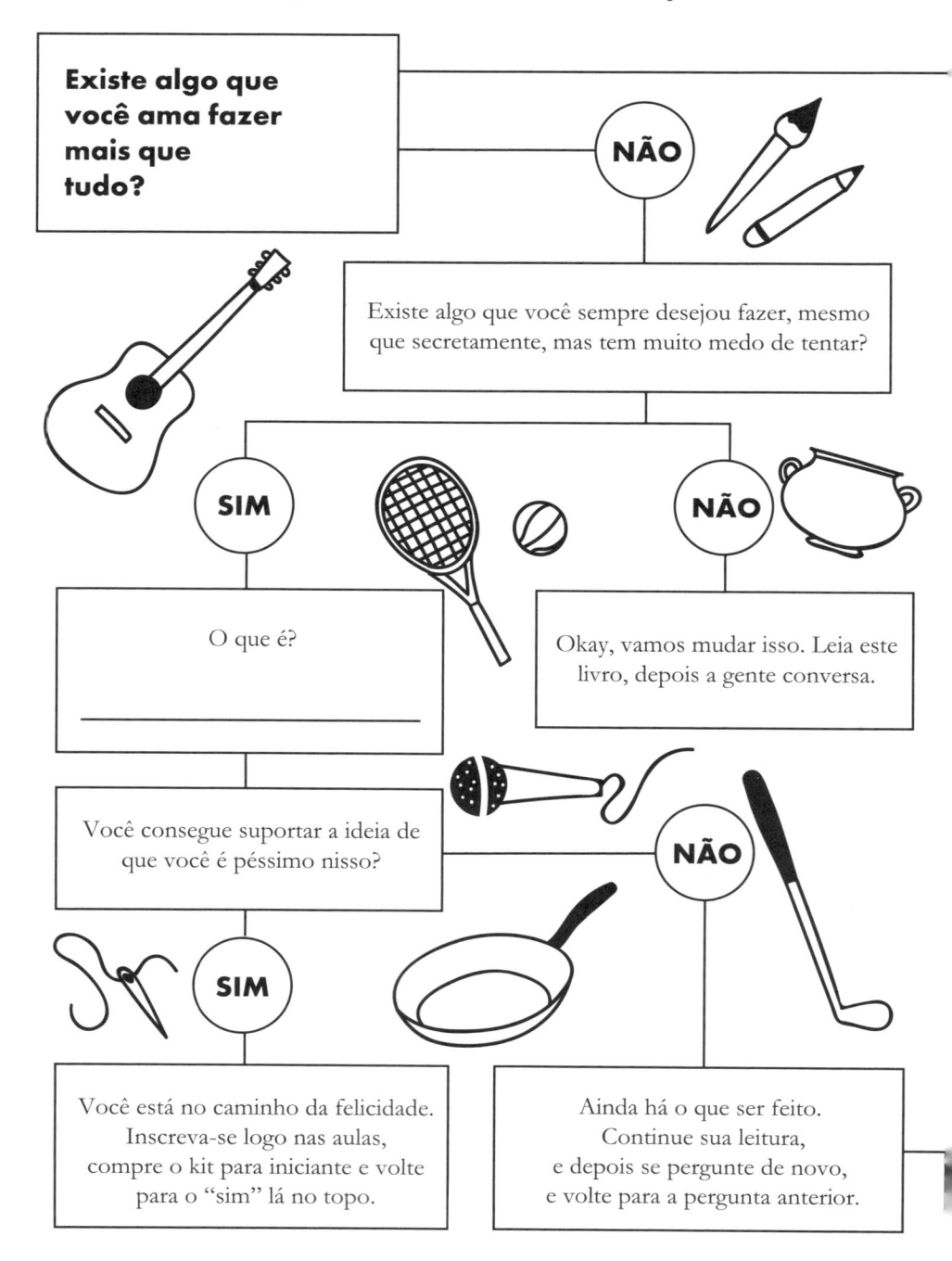

Existe algo que você ama fazer mais que tudo?

NÃO

Existe algo que você sempre desejou fazer, mesmo que secretamente, mas tem muito medo de tentar?

SIM

NÃO

O que é?

_____

Okay, vamos mudar isso. Leia este livro, depois a gente conversa.

Você consegue suportar a ideia de que você é péssimo nisso?

NÃO

SIM

Você está no caminho da felicidade. Inscreva-se logo nas aulas, compre o kit para iniciante e volte para o "sim" lá no topo.

Ainda há o que ser feito. Continue sua leitura, e depois se pergunte de novo, e volte para a pergunta anterior.

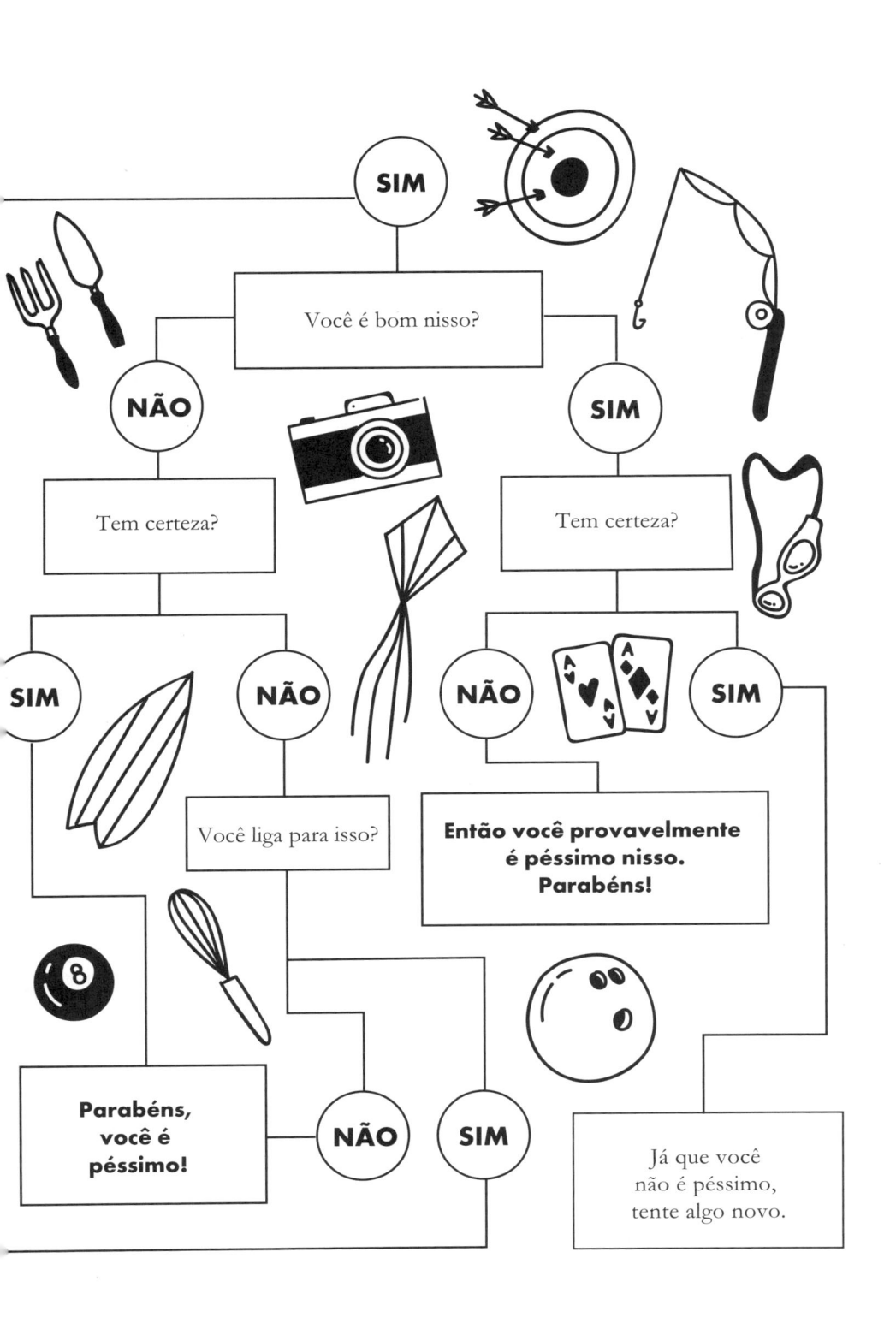

Isso não será tão fácil. Nosso sofisticado complexo de ideias em torno da perfeição está bastante arraigado.

Para entender as origens de nossa busca pela perfeição, podemos procurar o pai da psicologia e psicoterapia individual, o médico vienense Alfred Adler, do século XX, cujo trabalho era centrado na ideia de que o esforço humano da inferioridade para a superioridade conduz todas nossas ações. Ele chamou esse esforço de "O desejo de baixo para cima que nunca cessa".

A força motriz por trás de todos os esforços humanos, essa busca pela perfeição, é inata, "algo sem o qual a vida seria impensável", escreve Adler. Sem esse esforço, a humanidade nunca teria sobrevivido.

Adler explica que esse impulso começa em nós ainda enquanto bebês, quando temos um sentimento de impotência e inferioridade, e continua por toda nossa vida, fornecendo a motivação necessária para avançarmos constantemente e para cima, mesmo que nunca alcancemos o que buscamos. Em termos práticos, isso tem um sentido lógico. Uma criança que não se esforçasse não aprenderia a andar, ou a se comunicar, ou a ler. De fato, bebês, crianças e adolescentes são ótimos em ser péssimos. Eles continuam tentando até acertar, mais ou menos. Adler chama isso de "a busca incansável pela verdade" e vincula à ideia de perfeição: "A sempre insatisfeita busca de solução dos problemas da vida pertence a esse desejo de perfeição." Desde crianças descobrindo como amarrar um sapato, até cientistas vencedores do prêmio Nobel e pesquisadores das origens do Universo, todos estamos procurando por algum tipo de verdade, buscando resolver um problema.

Até mesmo Adler via a perfeição como um ideal que nunca pode realmente ser alcançado. Ele defendia a distinção entre o que ele chama de anormal ao se esforçar para a perfeição e o esforço normal. Na neurótica ou anormal manifestação desse impulso humano básico, o foco é autocentrado e apenas diz respeito ao indivíduo (pode-se chamar também de ego). O esforço normal para a perfeição é motivado pelo senso comum e trabalha em direção ao que Adler chama de "uma comunidade ideal de toda a humanidade, a última realização da evolução na sociedade". Talvez Adler fosse um otimista convencido a ousar ter esperança na evolução social, mas é animador pensar que ele viu o esforço de um homem normal como uma força em prol do bem.

Para aqueles de nós que estamos na batalha pelo perfeccionismo, é daquele tipo neurótico mencionado anteriormente que precisamos nos libertar. Posso já ter remado uma vez tendo aquela onda perfeita em mente. Hoje tenho remado por remar. E, se uma onda gigante vier, não me importarei em pegá-la.

A psicóloga adleriana Sophie Lazarsfeld explica a diferença entre "parecer alguém que busca a perfeição e o neurótico querendo ser perfeito". Ela afirma que, na psicoterapia, pessoas "aprendem a enfrentar sua própria imperfeição... Elas adquirem a coragem de serem imperfeitas". Estudos recentes mostram que depressão e baixa autoestima podem ser resultado da não aceitação da própria imperfeição. E os sentimentos de deficiência de "não sou perfeito" engendrados em nós não têm nada a ver com ser péssimo ao tentar fazer alguma coisa. A deficiência requer se medir em uma régua tão alta, que nem vale a pena se apegar a ela.

Perfeccionistas sempre estarão decepcionados. Eles constroem em torno de si uma barreira de defesa que os impede de curtir suas atividades, estejam elas ligadas ao trabalho ou à diversão. Como algo pode ser satisfatório e divertido se o objetivo final é a perfeição? Estão fadados ao fracasso. Não há maneira de contornar isso. Uma das maiores atrizes de todos os tempos não consegue assistir aos filmes que ela mesma interpreta, porque tudo que ela consegue ver são seus próprios erros. É dolorosa essa recusa em aceitarmos a nós mesmos por nossos esforços, diante da impossibilidade de perfeição.

Se compreendermos o perfeccionismo da maneira que Adler postulou, é possível começar a entender que esse esforço é inato — um impulso natural para se desenvolver. Contanto que aceitemos que nunca chegaremos à perfeição ou nos tornaremos os "melhores", talvez possamos ficar mais satisfeitos ao sermos péssimos pelo caminho. No mínimo, podemos aprender a não inventar desculpas para nunca tentar algo novo. Na realidade, também é difícil não melhorar um pouco.

Há uma forte conexão entre nos mantermos em um padrão de impossibilidade (mas com isso nos libertar do esforço de tentar) e o julgamento injusto sobre outras pessoas. Rudolf Dreikurs, outro psiquiatra austríaco que trabalhou nos EUA e desenvolveu um sistema para trabalhar com crianças problemáticas, advertiu, em um discurso em 1957 na Universidade de Oregon, sobre o que estávamos nos tornando:

[Na sociedade] centrada no erro, essa ideia equivocada de dar importância aos erros nos leva a um conceito incorreto sobre nós mesmos. Ficamos muito impressionados com tudo o que há de errado em nós e ao nosso redor. Porque, se eu sou crítico em relação a mim mesmo, naturalmente serei crítico em relação a todos ao meu redor. Se estou certo de que não sou bom, tenho ao menos que fazer valer que o outro é pior... Quem é crítico de si mesmo é sempre crítico dos outros. E, enquanto estivermos preocupados com as falácias da suposição de importância dos erros, não poderemos cometer erros durante nossa jornada.

Dreikurs estava apontando para nosso foco patológico no que fazemos de errado, em vez de naquilo que acertamos. E isso foi décadas antes de a internet se tornar o passatempo nacional favorito.

A nuance à qual me referi anteriormente neste capítulo está contida nesta dificuldade: tudo bem se você for péssimo, desde que aceite, acolha isso e o veja como uma parte da equação, em vez de um erro. Você não pode querer se sentir frustrado (demais) depois de ser péssimo. Da mesma maneira que corredores iniciantes sentirão algumas dores musculares depois de alguns quilômetros, você deve sentir como se buscasse aquele "estresse" do bem, do tipo que nos acompanha por alguns quarteirões a mais. Caso contrário, abandonaremos ou atacaremos (ou ambos) os outros devido às deficiências que percebermos em nós mesmos.

Dreikurs não ficou desanimado, acreditando que, "se aprendermos a trabalhar, a fazer o nosso melhor, independentemente do que seja, pelo prazer de fazer, podemos evoluir muito bem, ainda melhor do que se quiséssemos ser perfeitos". Em outras palavras, seja feliz fazendo, e não necessariamente só pelo sucesso. Precisamos permitir que ser péssimo em algo seja uma maneira de trabalhar a cura para a ferida em nossa alma perfeccionista, como Lazarsfeld disse, ajudando-nos a encontrar "a coragem de ser imperfeito".

Nas raras ocasiões em que não estamos atacando aqueles que são piores do que nós, existem aqueles a quem atribuímos papéis de perfeição, colocando-os em um pedestal que não pediram. Fazer isso atrai aspirações que também contribuem para que duvidemos de nós mesmos. Acreditamos que os incrivelmente talentosos têm graus de perfeição que eles podem curtir, enquanto só podemos sonhar em ser elogiados como eles.

Muitos anos atrás, tive o privilégio de trabalhar com um de meus heróis da aparente perfeição: Mikhail Baryshnikov, sem dúvida o maior dançarino de balé masculino que o mundo já viu. Cresci hipnotizada pelo seu poder, graça, beleza e talento. Nosso primeiro encontro foi em um restaurante no Lincoln Center. Eu estava grávida de oito meses e mal cabia entre a cadeira e a mesa. Nosso tempo juntos foi curto, porque ele tinha um compromisso diário que não podia perder, o que era algo bom, porque, quando saí do táxi para nosso compromisso, fui tomada por uma contração terrível. Para confirmar minha opinião sobre Baryshnikov como um mestre do universo, no momento em que ele me viu, notou que eu entrara em trabalho de parto. Pensei que estava disfarçando muito bem. (Também sou péssima em gestar meus filhos até o momento previsto — eles sempre nascem quatro semanas antes.)

Menti e disse para ele: "Não, não, estou bem. Sou meio desajeitada mesmo. Tô de boa."

Baryshnikov não estava muito convencido. "Já vi isso quando cada um dos meus quatro filhos nasceram; sei como é, ou, pelo menos, acho que sei o que é um trabalho de parto." (Seu agente depois me disse: "Misha tem esse efeito nas pessoas.")

Acontece que Baryshnikov estava certo.

"Deixe-me dizer uma coisa", disse a ele. "Podemos conversar agora, e logo depois vou ao hospital. Combinado?"

"Combinado."

Já que agora estávamos íntimos, considerando que ele era testemunha de um dos momentos primordiais de minha vida, fiz uma pergunta ao mestre. "Agora que você sabe o que farei depois da nossa reunião, me diga o que fará."

Para minha grande surpresa, ele respondeu: "Aulas de dança."

Acho que respondi de uma maneira nada legal, como: "O quê?"

O maior dançarino do mundo ainda fazia aulas de dança. Não era sobre buscar a perfeição (embora ele chegue bem perto). Em vez disso, ele me disse que nunca parou de aprender. Isso me deu muito o que pensar durante minhas duas semanas de repouso até que eu desse à luz meu segundo filho.

UM BENEFÍCIO DE DESISTIR DA PERFEIÇÃO é que isso significa que você não é obrigado a pensar muito. Já que a perfeição é inerentemente uma medida (o quão perto devo ir para chegar até lá?), você sempre estará julgando o aqui e o agora em relação ao que poderia ser. São simplesmente coisas demais em que pensar.

Naquele dia da minha primeira onda, eu me atrapalhei tentando pegar uma onda aberta para a esquerda. Remei e senti o impulso da onda me levantar, e, focada em tentar não machucar ainda mais meu pulso, apoiei-me desajeitadamente sobre a prancha com a mão direita. Antes que eu soubesse o que estava acontecendo, deslizei sem esforço pela superfície da onda de um metro e virei instintivamente para a esquerda (preferência da maior parte dos patetas — considerando que meu pé direito estava à frente) para entrar naquela onda e passar por outros surfistas, e segui até perto da costa. Eu não tinha noção de que sabia fazer isso. E, então, de repente eu fiz. Surfei! Aqueles cinco anos de tentativas só se tornaram úteis quando parei de pensar.

Quando estávamos voltando para casa, perguntei ao meu genro: "Você viu aquela onda que eu peguei?"

Esse negócio de ter uma testemunha é uma merda séria. No surfe, isso é especialmente uma verdade. Surfistas gostam de observar as pessoas, e foi isso que transformou a câmera GoPro em uma empresa de bilhões de dólares.

"Vi que você conseguiu", ele disse friamente, nada impressionado.

"Você sabe que demorei cinco anos para pegar essa onda?"

"Sim, eu sei. Como você se sentiu?", perguntou.

"Foi bom", disse a ele. "Foi muito bom."

Foi isso. Uma das melhores conversas da minha vida.

Tennō Dōgo, mestre Zen do século VIII, disse a um monge iniciante: "Se você quer ver, veja logo de uma vez. Quando você começar a pensar, perderá o sentido."

Pensar, comecei a entender, pode ser algo muito superestimado.

O CAMINHO PARA SER PÉSSIMO EM ALGO

(folha de dicas)

1

Aquilo em que você é péssimo tem de ter um significado para você.

2

Não se compare aos outros.

3

Faça o que ama sem criar expectativas de recompensa ou satisfação.

4

Encontre prazer ao buscar sua própria maneira de ser péssimo, não no modo como os outros fazem isso.

5

Silencie sua crítica interna ao eliminar a pergunta "Por que simplesmente não _____? Não há simplesmente. Tudo é bem mais difícil do que parece.

6

Você não deve ser péssimo em esportes coletivos (a não ser que tenha sido convidado) ou ao fazer tatuagens nos outros (a não ser que seja de graça).

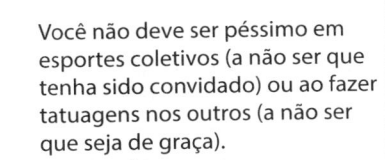

7

Não machuque ninguém ao ser péssimo.

ONDA 2

Minha Onda Pura Vida:
Buscando o Sonho e Afastando Demônios

Regra #2

Faça o que ama sem criar expectativas de recompensas
ou satisfação. Você não é seu trabalho.

Lição #2

Se você lutar contra a onda, ela sempre vencerá.

Benefício #2

Diversão é o que faz bem.

Comprei uma propriedade que nunca vi, de um homem que não conhecia, em um país que visitei apenas uma vez. Foi o maior ato de fé que já tive na vida. Nenhum de meus três casamentos tinha sido tão arriscado. Assim como nenhuma mudança de emprego, mesmo que retrocedendo ou que me colocasse ainda mais em dificuldades financeiras.

Eu estava ciente de tudo isso. E, ainda assim, em 24 de maio de 2010, não pensei duas vezes enquanto eu transferia cada último dólar de minha conta poupança para um banco na Costa Rica. De fato, em um lampejo de racionalidade, mostrei que havia limpado a minha conta como um argumento para a negociação: "Isso é tudo", disse ao vendedor. "Não há mais nada onde este estava guardado. É tudo seu, se quiser."

Três semanas depois, apor meio de e-mails e ligações, estava tudo pronto. Eu tinha fechado negócio com uma propriedade de um terço de acre na costa do Pacífico, na Península de Nicoya, na pequena comunidade de surfe de Guiones. Quase que imediatamente, recebi uma carta da Receita Federal.

"Mandando um bocado de dinheiro para a América Central", meu contador disse, "você será logo auditada pela Receita Federal". Por sorte, minha compra não era ilegal, só descomunalmente irracional. A auditoria me deu esse parecer, e me senti um tanto ridícula. Fico ainda pensando se os auditores da Receita Federal sentiram pena de mim.

A Receita Federal não foi a única voz da razão. Meu marido se preocupou também, o que é compreensível.

Joel e eu estávamos juntos há 15 anos, e, juntos, compramos e reformamos duas casas. Em uma dessas transações, nosso casamento quase terminou. Nós nos envolvemos em ações judiciais contra construtoras e arquitetos. O primeiro romance de Joel foi sobre ser um invasor em um apartamento de East Village, uma saga que mais tarde chegou a se transformar em um longa-metragem. Essa história de transações imobiliárias nunca termina bem.

Por que entraríamos em outro empreendimento imobiliário no momento mais precário de nossa vida, com quatro filhos para criar, era o mistério para qualquer um que nos conhecesse.

Um fator secreto é que minha facilidade com números supera muito minha arte em ser péssima pegando onda. (É bom ser péssimo em algumas coisas, mas não é bom que seja em tudo.) Em suma, consegui descobrir com uma precisão confiável até onde poderíamos ir antes de arruinarmos tudo, e quando, se fosse o caso, ser sábios e nos retirar. Contamos com meu senso de risco do passado e de cada vez que conseguimos escapar por pouco sem perder tudo.

Além do mais, eu confiava no corretor imobiliário, Erik. Eu e ele passamos umas três horas conversando ao telefone. Eu sabia o quanto ele estava exausto e exaltado devido aos dois filhos pequenos, sabia sobre seus problemas nas costas, e sobre como ele foi viver o sonho de sua vida surfando e trabalhando na Costa Rica — porque ele imaginou que um emprego formal de escritório em seu estado natal, Flórida, poderia tê-lo matado. Nós éramos novos velhos amigos.

Joel era mais cético, e estava no direito dele. Como qualquer adulto, já tivemos experiências com pessoas que mentem, trapaceiam e roubam porque podem. Sim, conhecemos alguns terríveis canalhas; não que a gente se sentisse pessoalmente machucados por isso. Tomamos algumas pancadas, aprendemos nossas lições (mais ou menos) e seguimos adiante. Riscos não seriam riscos se as coisas às vezes não fossem um pouco mais embaixo.

RISCOS SÃO SUBESTIMADOS

Um anexo natural ao princípio de ser péssimo é o seguinte: como inevitavelmente o mundo se revela um lugar perigoso, vá mais adiante. Vá mais fundo, mergulhe de cabeça. Proteja-se, mas não permita que o mundo o afaste de sua prosperidade apenas por causa das armadilhas.

Como qualquer um, houve momentos em que confiei na pessoa errada e entrei em algumas roubadas. Quando me casei com um homem que me traía de uma maneira que ameaçava minha vida, e me casei novamente, agora com outro homem depois de somente um encontro. Quando um chefe me colocou em uma posição profissionalmente comprometedora e chamei a atenção dele, o que resultou em eu ir para a rua. Não tinha um contrato ou um sindicato que me protegesse. As apostas haviam se aprofundado agora que minha família e seu sustento poderiam estar em risco. Minha resposta talvez imprudente para cada trauma foi a mesma: em vez de recuar e me comportar com maior cautela, coloquei-me em uma situação ainda mais arriscada. Era minha maneira de testar o Universo. Um desafio cósmico.

Não estou falando de imprudência. Em tempos de grande angústia, ou da mais temida amargura, manifestar-me com base em desconfiança poderia prender minha alma em um ciclo interminável de reviver aquele acontecimento terrível. A única maneira de lutar e fazer o medo bater em retirada era acreditar na bondade básica do mundo. Então decidi confiar novamente, não importando que tipo de porcaria eu já tivesse encontrado. Alguns chamam isso de ingenuidade, mas olho para isso como se fosse um mecanismo de sobrevivência.

A monja budista e professora de meditação Pema Chödrön, em seu inestimável livro *When Things Fall Apart* [*Quando as Coisas Desmoronam*, em tradução livre], ensina: "Atingir nosso limite é como encontrar uma porta para a sanidade e a bondade incondicional da humanidade, em vez encontrar um obstáculo ou um castigo."

Chödrön relata a história sobre o momento em que Buda estava prestes a alcançar a iluminação e foi confrontado com as forças maléficas de Mara ou obstáculos para a iluminação. Esses Maras atacaram Buda com espadas e flechas, mas em vez de fazerem mal, suas armas se tornaram flores. "Encarar o que acontece conosco como obstáculo e inimigo ou como aprendizado e amigo depende inteiramente da nossa percepção da realidade e do relacionamento que temos com nós mesmos."

Estou pronta para transformar espadas em flores.

Meu marido tinha preocupações mais prosaicas.

"Você quer me dizer que vai transferir todo nosso dinheiro para a América Central sem nem mesmo checar as credenciais desse cara?", perguntou, referindo-se à transação absurda que eu estava prestes a fazer.

"Ele parece um cara do bem", disse a Joel. "Confio nele."

"Você nem o conhece", ele argumentou racionalmente.

"Pois é, eu sei. Mas não consigo imaginar por que ele mentiria para mim."

"Essa não é a questão."

"Então… você acha que eu não deveria fazer isso?"

Silêncio. Joel amarrou seu argumento.

"Tá bom, tá bom. Vou verificar as referências dele."

Meu aborrecimento foi uma resposta infantil ao montão de alfinetadas na minha ingênua bolha da fantasia de que havia um anjo corretor imobiliário apenas à espera de me ajudar a ganhar meu dia oferecendo-me um lote na selva em liquidação. Quando pedi a Erik alguns nomes para referência, ele disse: "Aqui é uma comunidade pequena. Eu não conseguiria me esconder mesmo se quisesse."

Mais tarde eu descobriria que aquela comunidade era formada por expatriados fora da lei —, mas isso foi nos anos 1970, quando a única maneira de entrar ou sair da cidade era a cavalo. Quarenta anos atrás, o surfe e o uso de drogas eram estilos de vida simbióticos e alternativos, algo completamente distante da vida orgânica da comunidade praticante de ioga que dorme cedo para madrugar e pegar onda, dominante na área agora.

Às vezes, ser péssimo em algo significa deixar a realidade de lado para obter uma perspectiva diferente. Tudo começou um ano antes, quando toda a família viajou para um pequeno enclave de surfe na Costa Rica chamado Playa Guiones. No final das férias, começamos a brincar que compraríamos uma casa por lá, mas era apenas uma bobeira decorrente das férias. A vida interfere nos sonhos, é claro que sim.

Três semanas depois de perguntar sobre uma casa pronta para morar, recebi uma ligação inesperada de Erik.

"E aí, Karen? Não sei se você planeja voltar aqui tão cedo, mas aconteceu algo que eu gostaria de lhe contar…" Ele continuou explicando como teríamos de fechar negócio em até um mês. Eu estaria interessada? Em caso afirmativo, eu teria de fazer uma oferta naquele final de semana.

Joel não gostou disso nem um pouco, e eu estava completamente curiosa.

"Eu ligo de volta para você daqui a pouco", disse Erik.

Quando desliguei o telefone, cheguei a ficar ruborizada de tanta empolgação. Sempre quis construir uma casa do zero. Joel sabia dessa minha necessidade, e aquele foi o momento para provocá-lo, mas eu não queria cutucar a onça com uma vara curta.

"Você está doida", disse Joel.

Mas nenhuma palavra dele conseguiria me ofender naquele momento. Eu estava na terra encantada de um conto de fadas celebrando e cantando empolgada. Chamo isso de "ajustar as contas". Existe uma qualidade meditativa na constatação de cenários financeiros: financiamento, fluxo de caixa, risco de investimento. Como se eu descobrisse uma matemática mágica que compensará nunca ter dinheiro, tempo ou capital de giro o suficiente. Nós ainda vivíamos de salário em salário, sem nenhuma "gordurinha" na poupança, exceto pelo que estávamos prestes a gastar nessa empreitada. Aquela poupança tinha apenas um ano, e eu estava prestes a acabar com tudo de uma só vez.

"Acho que podemos fazer isso", falei alto sem que ninguém ouvisse.

Mas Joel estava ouvindo. Ele sempre está ouvindo quando acho que não está, e raramente me escuta quando me dirijo diretamente a ele. Se essa não é a melhor definição de casamento, não sei o que é.

"Fazer o quê?"

"Comprar esse terreno, construir uma casa. Pedirei ao Erik um vídeo da propriedade para darmos uma olhada. Não é uma boa ideia?"

Genial.

No dia seguinte, Erik enviou uma gravação trêmula em vídeo. Ele estava caminhando lentamente entre as árvores daquela floresta tropical, e na parte de trás dos limites da propriedade, ele focou a floresta mais densa abaixo de uma pequena colina. Então a câmera se moveu até a frente da propriedade e pausou na imagem de uma placa de "Vende-se" pregada em uma árvore. Eu já queria aquela placa posta abaixo.

A primeira coisa que me perguntei ao assistir ao vídeo foi: Como é que o Erik andava por aquela floresta fechada calçando somente chinelos? Não há aranhas, cobras e escorpiões mortais escondidos sob cada folha e cada galho caído? Quer dizer, eu sei que existem, porque nós os vimos todos os dias enquanto caminhávamos para a praia quando estivemos lá um ano antes.

A perspectiva de insetos e cobras venenosas foi a razão pela qual decidi contra uma viagem à Costa Rica 15 anos antes. O país possui uma das maiores biodiversidades do mundo, com muitas espécies endêmicas graças aos variados tipos de solo e ao fato de ser banhado por dois oceanos — o Pacífico na costa oeste, e o mar do Caribe (parte do Atlântico) a leste. Meu cérebro medroso entendeu isso como: são muitos animais, alguns que você nunca vai querer conhecer. Isso foi antes de ter filhos e surfar, quando acreditava ser assustadora a natureza rastejante. Mas as coisas mudam. Ah, como mudam!

O vídeo de Erik estava funcionando, para dizer o mínimo, porque liguei para ele e disse: "Vamos nessa." E, antes que eu pudesse dizer "um por todos e todos por um!", já estávamos em contato com um advogado em San José para comprar um pedaço de terra sobre o qual nunca andei e o qual apenas vi virtualmente pelo YouTube.

Nós até tentamos comprar a propriedade pessoalmente, mas fui abençoada com o único surfista de 11 anos que prefere a escola ao surfe simplesmente porque é o certo a ser feito. Conversamos sobre isso em uma manhã a caminho da escola. Uma conversa que diz muito sobre como eu às vezes também sou péssima como mãe mais do que posso admitir.

"E aí, Rocco? Temos que ir até Nosara para comprar uma propriedade, mas isso só deve acontecer daqui a algumas semanas." Eu sabia que estava pisando em areia movediça, mas valia tentar.

"E a escola?", ele perguntou bem consciente de onde eu queria chegar, e nada feliz com isso.

"O que tem a escola?", tentei fingir. Impossível. Rocco sabia no que eu estava pensando antes que eu soubesse no que eu estava pensando.

"Não terei que faltar às aulas por alguns dias? Não quero perder a escola."

"Você só vai perder três ou quatro dias— vamos encontrar uma maneira de resolver isso. Além do mais, você faltará às aulas para surfar. Quem não preferiria isso?" Eu disse isso com uma falsa empolgação. É cruel e egoísta, por mais que ele ame a Costa Rica, seu senso inabalável de certo e errado estão sendo desafiados pela — quem pior? — a própria mãe. Ele leva a escola a sério. Na maioria das vezes, fico satisfeita com esse fato. Agora, em uma patética inversão de papéis, tento convencê-lo a fazer uma viagem.

Ele olha para mim e, teimoso, recusa. "Eu não vou. Por que não podemos esperar as aulas acabarem?"

"Não podemos esperar. Mas se você não for, vovó e vovô podem ficar com você e seu irmão, enquanto papai e eu viajamos." Foi um golpe baixo, eu sei. Os olhos de Rocco logo se encheram de lágrimas. Ele ama os avós e não gostaria de perder uma viagem importante, mas esses não eram os problemas. Essas minhas prioridades ridículas e a consciência repentina delas é que são a questão. Nesse ponto, sou péssima em ser mãe, mas algo em mim está gritando "você não sabe o quanto isso é importante para mim?"

Mas como poderia ser? Como essa transação maluca — essa garantia de um lugar que mal conheço, mas o qual me permitiria surfar com maior frequência — pode ser mais importante do que as prioridades de meu amado filho?

Rocco me deixou completamente entregue no momento em que nasceu. Até então, eu nunca soube de verdade o que era me entregar e amar — mesmo que eu já tivesse amado bastante, não era desse jeito. Nada era como o amor que eu sentia pelo meu menininho. As pessoas falam em mudança de prioridades depois que se tem filhos, mas não mencionam que é uma mudança em cada molécula de seu ser. Foi assim que me senti quando Rocco e Gio nasceram. Pensei que meu coração fosse explodir de amor por eles. O que veio antes é irreconhecível. Por meio dos meus meninos, conheci o maior amor, e tudo o mais é resto.

A determinação feroz de Rocco em não perder as aulas e desafiar sua mãe infantil, que só buscava prazer, colocou-me em meu devido lugar. Prioridades realinhadas, decidi que todos viajaríamos juntos depois que a escola estivesse em período de férias de verão. Mas já era tarde demais para voltar atrás. Minhas economias já tinham mudado de dono, eu tinha uma escritura em mãos, e um pedaço de floresta tropical da Costa Rica já era nosso. Então, enquanto Rocco e Gio continuaram a estudar a terceira e a quarta série sem interrupção, fechei negócio.

No dia 15 de junho de 2010, recebi um e-mail de meu advogado em San Jose avisando que tínhamos comprado a propriedade e que documentos importantes estavam a caminho de minha casa. Quando chegaram, abri um pacote e encontrei uma escritura escrita à mão em caneta esferográfica azul. Sou péssima também em falar espanhol, mas imagino que aquilo confirmava que agora nós éramos os orgulhosos donos do lote K17 em Guiones. A escritura foi logo para o arquivo no dia em que chegou, e confiei que ela era segura.

UMA ESTRELA CADENTE, UMA LIGAÇÃO, SINCRONICIDADE

O ato impulsivo de construir uma casa em Nosara faz um pouco mais de sentido se visto pelas lentes cor-de-rosa das férias de surfe que tiramos em família uns 18 meses antes. Eu não fazia uma viagem não relacionada ao trabalho há mais de uma década, desde antes de os meninos nascerem.

Ainda sou péssima no surfe, mas uma vez que você passa muito tempo sendo péssima em alguma coisa, você começa a procurar condições mais propícias para fazer essa coisa. Depois de me convencer de que eu realmente conseguia surfar, comecei a sonhar em surfar em algum lugar além de Nova Jersey. Não sou forte o suficiente, ou habilidosa o suficiente, para entrar nas águas do Atlântico Norte entre os meses antes de maio ou depois de dezembro. Frio, escuro e pesado, o oceano do Atlântico Norte é ótimo para os jovens e para os talentosos, mas para mim eram águas turbulentas. Se eu quisesse realmente ir rumo ao sonho, precisaria de águas mais acolhedoras. Isso significava me aproximar mais do equador do que Ocean County, Nova Jersey.

Embora a avaliação de riscos ainda domine minha vida profissional, aprendi a relaxar um pouco e me entregar ao acaso — ou, para dizer um pouco mais poeticamente, à serendipidade —, o que me levou até Nosara.

Percebi que a serendipidade é a pedra fundamental para quando você decide ser péssimo em algo. Em outras circunstâncias, você será direcionado a outros marcos do domínio daquela nova atividade. O caminho é óbvio: primeiro você começa com um triciclo, depois passa para uma bicicleta de verdade, e então se livra das rodinhas. A pergunta "O que vem a seguir?" é respondida implicitamente pelo seu propósito. Quando você não é péssimo fazendo algo, seu caminho é claro.

E muito entediante.

Parte da vida de ser péssimo fazendo algo é deixar o caminho aberto para a chegada da serendipidade. Chame isso de efeito colateral de ter o universo reiterando o que há de ótimo em você. Deixar a vida o levar é viciante.

Tentei desembaraçar a rede de pequenas ações que levaram à improvável possibilidade de que eu construiria uma casa em um lugar que uma vez recusei devido ao tamanho de seus insetos. Se eu não tivesse ligado para Erik em um raro momento livre de um sábado à tarde — e conversado com ele sobre sua família, o que me fez confiar nele —, teria ficado tão inclinada a escolher aquele lugar em particular? As inexplicáveis coincidências que ocorreram desde o início dessa nossa aventura, que continua até hoje, fazem parecer que, se não for pelo destino, de alguma forma tudo está conectado a algo maior que a mera coincidência.

O pensamento e-se-fosse-daquele-jeito é um exercício sem o menor sentido, mas é difícil não ficar nesse pensamento. Tentamos dar sentido aos acontecimentos para que os entendamos melhor. Mas não é nas relações causais que encontramos sentido.

Nossa aceitação da beleza da sincronia dá sentido a nossa vida de maneiras muito místicas para que sejam compreendidas com a razão. Procuramos por sinais que nos guiem, embora eles possam ser tão fugazes quanto estrelas cadentes que você apenas vê pelos cantos dos olhos no horizonte de um céu noturno. Somos céticos — *era um meteoro ou eu imaginei isso?* —, então deixamos de lado isso para favorecer um lado mais racional, pois acreditamos que isso nos protege e nos mantém no controle.

A habilidade de ser péssimo em algo consiste em deixar para lá essa mentira de controle. Meu mantra favorito do surfe é Relaxe-Controle--Relaxe, belamente retratado na hipnotizante foto do lendário Midget Farrelly, o primeiro surfista campeão mundial. Na foto feita por LeRoy Grannis em 1968, Farrelly estava apoiado na ponta da prancha. Pés paralelos, joelhos levemente dobrados, os braços relaxados a sua frente, com as mãos pressionadas juntas e a cabeça inclinada, como se estivesse em oração. A foto capturou o controle extremo que Farrelly deve ter para assumir a posição de súplica na onda em movimento. Uma imagem do que é relaxamento e controle.

Tenho cópias dessa foto feita por Grannis em casa, no escritório, no celular. Mantenho essa imagem na minha cabeça e a revisito todos os dias.

Não é algo do surfe. Esse módulo de entrega e serendipidade, e seu significado (ser péssimo), foi profundamente pesquisado sob vários nomes ao longo dos anos. Estou aqui para promover esse potencial e melhorar sua vida, mas os fundamentos teóricos do assunto já foram mapeados.

Carl Jung ficou muito impressionado com a ideia de "sincronicidade" e a vinculou à noção de *unus mundus* — literalmente, "um mundo" —, o que expressa o conceito de unidade. Seu trabalho com o físico Wolfgang Pauli, que ganhou o Nobel por seus estudos sobre a teoria quântica, reverbera para o misticismo, mas busca por provas científicas de que a coincidência significativa dos acontecimentos ocorre por causa de uma conexão de espaço-tempo entre eventos psicológicos e físicos. Inspirado por conversas anteriores com Albert Einstein, Jung ficou interessado pela condicionalidade psíquica do tempo e do espaço. Como eventos aleatórios podem acontecer fora da percepção imediata de alguém, mas simultaneamente com sua experiência psicológica e emocional, Jung acreditava que esses eventos em sincronicidade provavam que "a psiquê não pode ser localizada no espaço, ou que o espaço é relativo à psiquê". Em outras palavras, há acontecimentos que carregam significado, mas neles há uma conexão sem causa. Jung passou anos trabalhando com Pauli para encontrar bases científicas para vincular esses fenômenos à nossa consciência e mente inconsciente, admitindo que a sincronicidade permaneceu misteriosa. Jung acreditava que esses acontecimentos conectados que estão além da mera coincidência ou de circunstâncias causais "são tão improváveis, que devemos assumir que sejam baseados em algum tipo de princípio ou em uma propriedade do mundo empírico".

Jung e Pauli não chegaram a uma equação para a sincronicidade de eventos. Mesmo assim, os esforços ao longo da vida desses mestres da ciência, incluindo Einstein, em entender o significado, prova sua convicção de que a ciência sustenta o significado; eles passaram uma boa parte da vida trabalhando para provar e medir isso. Não é de se admirar que a ciência e a filosofia tenham se desenvolvido juntas desde a Antiguidade. O empirismo é necessário para os avanços da ciência, no entanto, é onde a ciência e o significado se encontram que a humanidade realmente avança.

Aqueles que seguiram os passos e a disciplina de Jung, como o autor Remo Roth, foram ainda mais longe na pesquisa de uma maneira de pensar que não dependa do modo de ver as causas e os efeitos por trás de tudo, essa nossa mentalidade contemporânea de dualidade. Roth sugere que, quando podemos deixar de lado essa necessidade de estar em contato com essa cadeia de causalidade, tornamo-nos receptivos a oportunidades que, de outro modo, não estariam disponíveis para nós. Estando receptivos, começamos a perceber coisas que não teríamos notado antes. E quem sabe o que mais uma percepção mais abrangente pode trazer? Ser péssimo nos ajuda a nos manter receptivos.

Acho que a parte que falta na equação é o controle. A necessidade de ver uma causa deve implicitamente ser a mesma para que vejamos a maneira como podemos controlar o que vem adiante. Afinal, uma causa é algo que pode dominar nossa mente. Então, vivemos sob o pretexto de que podemos controlar tudo e ajustamos nossa visão da maneira que acreditamos que as coisas devem ser. A vida não rola desse jeito. Em vez disso, abandonar esse nosso senso errôneo de controle — a ideia de que, se há um desejo, há um caminho, e a aceitação de que merdas acontecem, portanto, o melhor é seguir em frente — é o caminho para a felicidade. Ser péssimo o coloca nesse caminho. É sendo péssimo que flechas se tornam flores.

NAQUELA NOSSA PRIMEIRA viagem para a Costa Rica, o trajeto entre a cidade de Libéria e nosso enclave em Guiones foi uma grande aventura. Tivemos instruções bem rudimentares e poucas pistas sobre quanto tempo levaria nossa viagem de carro. Estávamos em oito pessoas, e nos amontoamos na maior SUV que pudemos alugar, mas que foi ainda pequena demais para nos comportar confortavelmente com nossa bagagem. Estava quente, 38°C de um sol equatorial. Estávamos com sede e cansados. Meu filho mais novo, Gio — de uma voz estridente de 8 anos que geralmente representava o coro do desconforto para todos nós — reclamou o caminho inteiro, e por boas razões. Como o integrante menor de nossa tribo, ele estava preso no banco de atrás, entre seus irmãos e um primo.

Não havia direções de verdade. Eram poucas placas pela estrada, e não estávamos preparados para uma hora e meia ao volante *off-road* até chegar a Nosara. Merecidamente, paramos em um posto de beira de estrada em que pequenas e perfeitas melancias estavam à venda. Pegamos três pequenas *sandias* e as entregamos à *chica* que atendia na banca e que logo as cortou com seu curto facão. Parados ao longo da estrada poeirenta, engolimos o doce avermelhado, inclinando-nos para a frente para evitar que respingos de suco caíssem sobre as roupas.

Todas as estradas da Libéria são de mão única, e havia uma equipe de trabalhadores fazendo a pavimentação da estrada estreita até a montanha do outro lado de Nicoya, a única cidade entre o aeroporto e Nosara. Fomos parados por um trabalhador, que entregou a Joel uma bandeira vermelha, que ele entendeu que deveria segurar até chegarmos à outra equipe, cerca de um quilômetro adiante, onde ele devolveu a bandeira. A equipe da estrada então liberou o tráfego no sentido oposto, até que, suponho, a mesma bandeira vermelha foi dada ao último carro, e o processo se repetiria.

Ter sido escolhido como portador da bandeira vermelha até o outro lado foi visto por toda a família como uma grande recepção de boas-vindas. Todos no carro aplaudiram o modo como Joel orgulhosamente segurou a bandeira pela janela do nosso carro até o outro lado da estrada em obras, onde ele a entregou para a outra equipe de trabalhadores, que nos saudou com o que parecia uma bênção: *"Pura vida!"*

"Pura vida" é a expressão viríamos a usar entre nós mesmos, significando o espírito daquele belo e acolhedor país. Pura vida é dito como um olá e um adeus, um bem-vindo, um tudo-de-bom, um bom-dia e tudo de adorável no meio. Essa nossa primeira troca naquele que se tornaria nosso primeiro lar adotivo parecia um sentimento tácito de pertencimento, uma bandeira vermelha de boas-vindas que duraria por toda a viagem.

Eu tinha feito online uma reserva de aluguel e esperava que ela se transformasse em um desastre. Assim que chegamos à Playa Guiones, placas pintadas à mão fixadas em árvores deram orientações gerais, e com facilidade encontramos o Harbour Reef Hotel, que gerenciava muitos dos locais para locação na cidade. Tico, o senhor por trás da mesa do escritório principal, deu-nos as chaves da Villa Belitza e indicou uma estrada empoeirada. E, depois de 15 minutos andando em círculos por uma estrada de terra toda esburacada, chegamos ao nosso destino, que mais tarde descobrimos estar a 100 metros do escritório principal. A casa de estuque pintada de amarelo-açafrão e com telhas de barro fazia divisa com a rua por meio de um portão de ferro, e era maior do que eu esperava. O interior era limpo, espaçoso e acolhedor. Pisos de terracota, móveis pesados de teca e construções sólidas eram o estilo típico da região. Não conseguíamos ver o quebra-mar através da selva, mas era possível ouvir o seu bater suave, mais alto que o canto dos pássaros.

A noite logo chegou e, com ela, o estridente canto das cigarras. Do lusco-fusco ao crepúsculo, no ar reverberava um grito agudo e penetrante, o som de um único organismo gigante que permeava a selva. Uma vez escuro, os insetos silenciaram.

"Escuro" não é a descrição apropriada. Às 7h da noite, estávamos famintos e completamente exaustos pela viagem que começara às 4h da manhã. Mas a adrenalina deu lugar a uma necessidade básica: comida. Sono. Fomos caminhando até o restaurante de Reef Harbor, pois era o único lugar que podíamos ver. Fomos literalmente como cegos guiando cegos. Não conseguíamos ver nossas mãos estendidas a nossa frente, muito menos a estrada de volta ao edifício central da cidade. O céu estava claro, mas a Lua se escondia por trás do dossel da selva. Tropeçávamos e éramos estúpidos demais para ter medo de qualquer coisa em que pudéssemos pisar pelo caminho. Uma das regras para viajar para um local não badalado é: leve lanternas.

Christopher acordou primeiro no dia seguinte, e às 6h da manhã já era o primeiro no horizonte à espera de uma onda. As ondas eram consideráveis naqueles primeiros dias: alguns metros acima da média e chegando definidas. A água estava quente, as ondas estavam vazias, e o Sol apenas começava a surgir detrás das montanhas. E Christopher voltou de seu primeiro passeio imensamente feliz. Mas admitiu: "Foi um pouco assustador estar lá sozinho."

Na época não entendi o que ele quis dizer, mas eu teria aquela mesma sensação anos depois, quando estávamos em guarda — só eu e Rocco nas ondas. É tudo que se deseja, pois não há competição para pegar ondas, mas também não há competição pelas quedas. Você está presente em ambos os casos, e é aí que fica ciente da ordem do Universo.

Rapidamente entramos em uma rotina de acordar antes que o Sol nascesse. Surfar durante toda a manhã, almoçar, jogar cartas e jogos de adivinhação de palavras, uma sesta, observar o pôr do Sol, jantar vorazmente e dormir antes das 9h da noite. Éramos despertados todas as manhãs pelos ruídos e canto dos pássaros, por insetos e por macacos bugios, que, ensurdecedores, reivindicavam seus territórios, pelo menos duas vezes por dia: ao amanhecer e ao entardecer. Uma tarde, Joel entrou no jogo dos gritos — uma verdadeira luta de grunhidos estridentes — como o alfa de nossa tropa no local.

Chris e eu estávamos voltando de um passeio ao pôr do sol quando ouvimos, ou melhor, sentimos em nosso peito insondáveis grunhidos, rosnados e berros. Esses pequenos primatas têm os chamados mais altos da natureza, aguentam gritar por mais tempo que qualquer animal terrestre e podem ser ouvidos a mais de 3km de distância. De perto, é como um estrondo aterrorizante quando você ouve pela primeira vez, como se a própria selva tivesse disparado um alarme. Encontramos o pessoal atrás da casa, observando outra família de primatas se movendo através da mata. Joel estava provocando o macho alfa — são eles que produzem o gutural e destruidor barulho das florestas — como se quisesse entrar em uma luta territorial. O pescoço do bugio era grosso, e seus olhos negros estavam focados em Joel devido aos sons estranhos que ele estava fazendo. O macaco respondeu de volta, mais forte e alto do que seu diminuto tamanho nos daria uma ideia. Seus grandes *cojones* balançavam sobre a brisa, e a discussão continuou até que os adolescentes e as mães com os bebês agarrados às costas se afastaram em segurança dos grandes macacos brancos e sem pelos no chão.

Quando os animais selvagens não estavam nos divertindo, havia bastantes animais domésticos para nos entreter. Uma tarde, quando estávamos dirigindo pela estrada principal, fomos interrompidos por um rebanho de vacas. Um touro particularmente agressivo, com seus chifres longos, pareceu querer nos atacar pela frente, mas no último segundo ele se virou para a direita e não nos atingiu. Cavalos seguiam pela lateral da estrada, sem direção ou um aparente líder. De onde vinham e para onde iam? E a praia estava repleta de cachorros barulhentos, felizes correndo pela areia, perseguindo peixes e brincando com cocos. Um deles adotou nossa família como se fosse sua. De pelo curto e castanho, o vira-lata de focinho curto e orelhas pontudas nos seguiu até em casa e decidiu ficar. Nós o chamamos de Hector. Ele foi nosso durante a semana, e nós o amamos.

Até então, todos os conselhos que recebemos sobre crimes na América Central pareciam infundados. Perdemos nossa Flip Cam na praia, uma câmera do tamanho de um palmo que se tornou superpopular antes que os iPhones e as GoPros a tornassem obsoleta. Havíamos gravado a semana inteira com ela e ainda não tínhamos transferido os vídeos para o computador. Joel achou que a câmera tinha caído atrás de um tronco perto do qual acampávamos na praia, mas não conseguiu encontrá-la quando procurou por lá mais tarde naquele dia. Eu apenas assumi que tinha sido roubada. Joel era mais otimista e colocou uma placa em um poste na entrada da praia principal:

PERDIDA NA PRAIA: CÂMERA DE VÍDEO FLIP
DEIXE O SEU CONTATO PARA JOEL NO JUNGLE JAVÉ CAFÉ

No dia seguinte, Christopher estava voltando da praia e avistou no mesmo poste:

CÂMERA ENCONTRADA NA PRAIA
STEVE @ NOSARA PARADISE RENTAL. CASA DO CAPITÃO

Quando batemos à porta da Casa do Capitão, um adorável casal nos entregou a câmera que estava a prêmio. E eles não cobraram nem um centavo sequer por isso.

Seis dias depois que chegamos, um caminhão parou em frente a nossa moradia e buzinou. Quando as crianças e eu abrimos a porta da frente, encontramos um caminhão de entrega com o baú aberto para mostrar um pacote de pães alemães, bolos e doces. Ninguém perguntou o que os doces alemães estavam fazendo ali em um enclave no meio da selva. Estávamos famintos, e o caminhão era bem-vindo, embora um tanto inesperado.

A melhor parte da viagem foi quando me acostumei à energia e às atitudes da Idade Média de minha ninhada. Com crianças com idades entre 8 e 28 anos, eu me tornei um meio-termo entre todos eles, o que me deixou com 19 anos. Exceto por Christopher, estávamos todos em um estágio diferente de ser péssimos no surfe. Todos os dias levávamos para a praia sete pranchas, e juntos passeávamos pela praia e surfávamos horas a fio. Em Nova Jersey, eu era frequentemente interrompida por obrigações de um tipo ou outro. Na Costa Rica, minha única obrigação era me divertir.

JOGUE PARA VALER

Nunca mais tive uma semana inteira de diversão e nenhum trabalho desde então. Não verifiquei nenhuma questão de trabalho a semana inteira, um exercício libertador e que ainda tenho que repetir. A brincadeira das crianças era contagiante, e me deixei levar por isso no minuto em que saímos do avião.

No meio da semana, visitei um tatuador local, e depois tentei convencer a todos a fazer a mesma tatuagem antes de irmos embora. Até meu filho de 8 anos, Gio. (Parece que no meio da selva as regras eram bem poucas.) Talvez eu estivesse me empolgando um pouco demais, e Joel acrescentou um pouco de combustível ao meu comportamento adolescente vivendo um sonho de verão. Esse clima de brincadeiras parecia novo. Fui mais feliz naquele momento do que em anos. E daí se eu tivesse perdido qualquer bom senso de um adulto? Lembrei-me daquela antiga fala de *O Iluminado*: "Muito trabalho e nenhuma diversão faz de Jack um bobão." Preciso de alguma diversão, ou tudo se torna muito chato.

Quando você começa realmente a ser péssimo em algo, grande parte do resto do mundo insistirá — por hábito e por educação — em dizer que você faz isso por lazer. Isso é bom. Estão perto o suficiente. E, enquanto muitas vezes nossa sociedade coloca algumas de nossas atividades mais significativas em uma caixinha chamando-as de "lazer", há algo além da brincadeira que podemos usar para nossos propósitos.

Stephen King não foi o primeiro a fazer ressoar o velho provérbio, que entrou no léxico moderno no século XVII como o mais popular do historiador galês James Howell. A distinção entre trabalho e lazer remonta aos antigos filósofos gregos, que dividiram os dois com a finalidade de louvar as virtudes do lazer. Surfar claramente não era considerado assim por Homero, ou ele teria descrito Odisseu se desviando para surfar um pouco em meio a sua jornada de volta para casa.

A busca pela diversão não terminou com os gregos. O século XVIII viu o grande Friedrich Schiller, poeta e filósofo, em seu livro *A Educação Estética do Homem*, advertir sobre ser movido unicamente pelo trabalho. Ele escreveu: "O homem só se diverte quando alcança o sentido mais amplo da palavra ser humano, e ele só é totalmente humano quando se diverte." Eu estava sendo completamente humana naquela semana na selva, e gostei.

É difícil ser péssimo em alguma coisa se você não tem um senso do que é se divertir, e se você não sabe como se divertir nunca será ruim em nada. Mas o que exatamente queremos dizer com "se divertir"? Coisas do tipo "saberei quando vir". A diversão de um é a tortura de outro (frisbee e surfe, por sinal.)

Antropologicamente, animais e humanos experimentam a diversão como preparação para alcançar certas habilidades que serão úteis mais tarde na vida. Certamente, os desafios de espadas entre os jovens nobres do século XIV influenciaram profundamente a expectativa de vida. Aprenda a boa luta ou morra. Grande parte dos jogos dos animais envolvem habilidades de sobrevivência. Filhotes de leão caçam as caudas e penduricalhos de suas mães e perseguem seus irmãos para aprender a caçar para se alimentar quando tiverem de se virar sozinhos. O jogo é considerado um instinto, mas, sendo instinto, não tem que servir para algum propósito evolutivo? Determinar o que é uma brincadeira e o que é uma prática prazerosa em relação a uma meta tem sido objeto de estudos por eras.

No fim do século XIX, o tema do jogo se tornou profissional. O filósofo Karl Groos escreveu o que se tornou o guia essencial sobre jogar e se divertir como um campo de estudos. Ele primeiro escreveu sobre animais e brincadeiras e, por extensão, aplicou seu trabalho ao alto escalão do reino animal. Em *The Play of Man* [*O Jogo do Homem*, em tradução livre], Groos empresta bases científicas às máximas de Schiller. Depois de escrever seu primeiro estudo, *The Play of Animals* [*O Jogo dos Animais*, em tradução livre], ele concluiu que "entre os animais superiores, certos instintos, que estão presentes especialmente na juventude, mas também na maturidade, produzem atividades sem intenção séria, e assim dão origem aos vários fenômenos que incluímos na palavra 'jogar'... [Além do mais], quando um ato é realizado apenas por causa do prazer que proporciona, aí está a brincadeira". Parece óbvio o suficiente, mas por baixo daquela rigidez alemã está uma ideia maravilhosa: a diversão existe para você e para mim sem motivo algum, e está disponível para nós até o dia em que morrermos.

Sobre esse instinto ou impulso pela diversão, Groos e seu contemporâneo teólogo Max Reischle acreditavam que o jogo contribuía para o desenvolvimento ético dos indivíduos e que "a sociedade humana atinge sua plenitude apenas entre individualidades bem formadas, uma vez que somente elas estão adequadamente disponíveis para servir ao todo". A questão de um imperativo evolutivo para jogar, para nós como sociedade, melhora se estendermos nossas experiências. Monoculturas estão esgotadas — tanto no ambiente natural quanto no núcleo de nosso ser, que, por sua vez, afeta a sociedade como um todo.

Em um de meus filmes sobre surfe favoritos, *Step Into Liquid*, o surfista profissional e escritor Sam George, quando perguntado sobre qual o objetivo do surfe, responde: "Se eu sair da água com um humor bem diferente e melhor do que quando entro na água, e que de alguma forma se traduz na minha vida, como resultado, acabo sendo uma pessoa mais feliz e agradável, então acho que é possível argumentar que o surfe é bom para a sociedade." E a melhora no humor é a menor parte disso.

Konrad Lange, outro contemporâneo de Groos, escreve: "Nas várias ocupações da humanidade, como regra, um número limitado de poderes mentais é empregado, e isso não é tudo. Inúmeras fontes de sentimentos estão escondidas no peito humano, não testadas e nunca experimentadas." E ele continua a explicar como isso tem um efeito desastroso na raça humana. Mas por que devemos continuar sem testar ou sem experimentar? Devemos ir lá e fazer alguma coisa. Alguma coisa definitivamente ligada ao trabalho. Algo em que provavelmente seremos péssimos tentando fazer.

Seguindo a ampla definição de diversão dada por Groos, podemos ver também que não significa apenar correr em volta do parquinho, e não implica necessariamente ter uma loja de artigos esportivos. Sim, este é um livro em que surfe parece algo descontrolado; e sim, etimologicamente, jogar conota atividade (no inglês antigo, *plega* significa "movimento rápido"), mas, se incluirmos algo que fazemos apenas pelo "prazer que proporciona", então certamente podemos incluir atividades mais reflexivas ou estacionárias. Melhor ainda, encontre algo que possa ser as duas coisas. Mesmo as partes mais contemplativas ou passivas do surfe proporcionam tanto prazer quanto a própria atividade. Quando flutuo na minha prancha, paralela ao horizonte, olho para os sinais de uma onda que vem, e escuto e sinto o vento e o movimento da água ao meu redor. Eu e o oceano passamos a existir como um só, e entro em um tipo de meditação.

E O QUE ISSO tem a ver com serendipidade? A se entregar a algo maior, mais misterioso?

Muito mesmo. Porque, por mais que pareça um oximoro, divertir-se é difícil. Para todos nós. Poucos de nós realmente se permitem. Se isso fosse tão fácil, não teríamos debates intermináveis sobre o equilíbrio entre vida profissional e pessoal. Se todos nós fossemos grandes jogadores, todos teríamos casas e apartamentos ao lado de parques, logo, teríamos dez vezes mais parques.

O compromisso do jogo é difícil, não apenas porque todos temos muitas responsabilidades. O jogo é difícil porque jogar, assim como ser péssimo, significa desistir de ser o mestre. Quando você entra no jogo, você se entrega à espontaneidade. Isso requer humildade. Assista a algumas crianças brincando de algum jogo obscuro no parquinho por um momento. Se elas tivessem nossos problemas, não poderiam se entregar às constantes risadas caóticas ao fim de cada brincadeira. Divertir-se é difícil porque significa ter de desistir. Você não pode se levar a sério quando se diverte.

Nossa cultura não ajuda quando tem ideias completamente confusas sobre trabalho e lazer e a interseção mítica dos dois.

O estudo de trabalho versus lazer preocupa grande pensadores há anos, no entanto, parece que estamos longe, muito longe, de uma vida equilibrada. Em algum lugar ao longo do caminho, como informava um outdoor recente, abraçamos a ideia de que "somos o que fazemos". Isso visa que nos identifiquemos orgulhosamente pelo que fazemos profissionalmente, e propaga que trabalhar por trabalhar é o suficiente. Uma armadilha perigosa.

O TRABALHO É SOBRESTIMADO

Em todos os lugares a nossa volta há sinais que apoiam uma vida dedicada ao trabalho. Um quadro de avisos faz ecoar um ditado popular imbecil, porém difundido: "Faça o que ama e não terá que trabalhar um dia sequer em sua vida." Eu já disse isso. Amo o que faço, e minha vida profissional está intimamente ligada a minha vida pessoal. Serei eternamente grata por ter encontrado um trabalho significativo que também sustenta minha família. Mas vamos deixar claro: quando estou trabalhando, eu trabalho. Não é o mesmo que se divertir. Parte do apelo que o surfe tem para mim é que ele pouco tem a ver com meu trabalho. (Eu digo pouco porque sempre haverá aquelas inúmeras boas-vindas, reunindo o mundo das águas e das ondas para o mundo das palavras e da sabedoria. Mas essas raras intersecções diagramáticas de Venn não são o que me mantém centrada.) Afastar-se do trabalho é essencial, não apenas pela individualidade, mas para a cultura em geral. Não seria ótimo se as conversas de coquetel mudassem do padrão de "Oi, o que você faz?" para "Oi, no que você é péssimo?"

Frequentemente penso sobre a capa da revista *Surfer* com o Andy Irons, um dos maiores surfistas de todos os tempos. A manchete dizia: "Quero me apaixonar de novo pelo esporte que me deu tudo." Andy Irons era um surfista campeão do mundo cujos ganhos nunca foram garantidos, mesmo que tivesse passado a vida inteira surfando as maiores ondas do mundo, e foi inquestionavelmente escolhido um dos melhores de todos os tempos no esporte. Lembro-me de ter pensado, no momento em que li a manchete, que até o surfe é trabalho para alguns. Isso não significa que surfar não seja algo incrível, mas reforça o fato de que, onde existem expectativas de desempenho, a dinâmica muda. Nenhuma atividade é inerentemente um jogo ou inerentemente um trabalho.

Se isso lhe soa um tanto existencialista, você não errou. Acho que o que você pensa sobre a diversão e o trabalho são mentalidades que você traz para uma atividade, tornando-a sua, em vez da essência das atividades que você descobre. Não pude resistir a falar sobre essa ideia para meu amigo Andy Martin, um acadêmico de Cambridge em literatura francesa e, é claro, um surfista. Ele já surfou no mundo todo, embora seja capaz de falar sobre Sartre em termos íntimos — e isso não é pouca coisa. Quando perguntei o que Sartre acharia de ser péssimo em algo como uma maneira de combater a angústia existencial, Andy citou

O Ser e O Nada, onde Sartre fala principalmente de esqui, e então se volta a uma consideração em especial sobre o deslizar sobre a água.

"O que Sartre diz é que todos — quando surfam, esquiam ou seja, lá o que for — estão tentando ser um filósofo socrático, ou seja, morrer, transcender e tornar-se divino. Superar a falibilidade humana. Então, quando estou esquiando, quero ser nada menos que o esquiador — de uma maneira semialegórica. Perfeito. Impecável. A maneira técnica de Sartre falar sobre isso é 'o por si só'. Todo mundo quer ser um deus. Mas aqui chegamos a um senso de fracasso dentro da própria consciência. Há uma inevitável assimetria entre o sonho e a experiência."

Esse mito ou desejo de se chegar à perfeição está incorporado, diz Sartre. E, é claro, nunca alcançaremos a perfeição plena. É por isso que ser péssimo não é tão ruim assim. Sempre haverá um senso de incompletude.

Sartre tenta reconhecer e enfrentar o desafio. Como Martin explica, "o derreter da neve proporciona a Sartre uma metáfora de todo o fenômeno. De fato, filosoficamente, ele está dizendo, eu sou falho, mas com absurdas aspirações ao sublime. A curva maníaco-depressiva está ali. A sensação de depressão. A dissonância cognitiva. De vez em quando os dois coincidem brevemente e, nesse momento, experimenta-se a imortalidade".

Você pode pensar que isso significa que temos de alcançar algum tipo de perfeição para experimentar a imortalidade, mas acredito que, como não conseguiremos chegar lá, podemos encontrar e desfrutar de momentos menores, chegando a momentos sublimes por meio da aceitação de nosso status falho. E fazemos isso dando a nós mesmos a liberdade para entrar no jogo e sermos péssimos.

Mas não podemos chegar lá se nosso único objetivo for, bem, proposital. Se tivermos um propósito em primeiro lugar. A obsessão por resultados é algo dos utilitaristas. Mas você, como um idiota honorário ao ler este livro, é um bom existencialista. Eu também. Como diz Sartre, divertir-se é libertador. Uma pessoa cujo único foco e propósito é a "seriedade", na definição sartreana, carece de tempo e espaço para a contemplação e o crescimento intelectual ou espiritual. O hoje é particularmente relevante à luz das maneiras pelas quais glorificamos os workaholics com um distintivo de honra. O viciado em trabalho usa sua vida profissional como uma maneira de afastar outros aspectos gratificantes da vida — seja por medo, competitividade mal direcionada, falta de imaginação ou apenas "seriedade". Todos nós reconhecemos os viciados em trabalho que o usam para não viver plenamente ou curtir a vida: porque eles não são um pai ou parceiro mais presente, porque não podem ir à academia com mais frequência. Porque a roupa não está lavada ou porque não podem mais visitar os pais idosos. Porque não temos mais tempo para aprender coisas novas, mesmo que sejamos péssimos nisso.

O que nos deixa ainda mais perplexos é nossa tendência a nos gabar do quão duro trabalhamos ou do quanto trabalhamos. É como se gabar de não dormir o necessário. Não sei sobre todo mundo, mas amo trabalhar menos e dormir o suficiente. Isso me faz pensar que estou fazendo o certo. Mas, por sua vez, eu estaria me vangloriando, e mentindo, ao dizer que não caio na armadilha do trabalho como minha identidade.

O que mais me abriu os olhos foi quando Gio me perguntou: "Mamãe, por que eles fazem você trabalhar tanto?"

Parei por um instante antes de responder, porque havia uma vergonhosa resposta a essa pergunta suficientemente inocente.

"Eles? Não há 'eles'", respondi a ele, ciente da minha inaptidão e disfuncional habilidade de gerenciamento do tempo.

"Então por que você trabalha tanto e depois reclama?"

Outro tiro certeiro em meu coração vindo de meu filho agora com 9 anos de idade.

Esse impulso em direção ao trabalho é uma espécie de falso hino em homenagem ao senso de propósito e parte do que torna difícil sentir-se à vontade em ser péssimo. No entanto, há uma diferença profunda entre dedicação ao trabalho e a imersão completa que cega o trabalhador para todas as outras experiências. Por fim, essa obstinação pelo trabalho pode fechar nossa mente para o que nos torna humanos. Isso reforça a verdade para qualquer pessoa no cenário socioeconômico — desde que a energia permita, é claro — de que aquilo em que escolhemos ser péssimos nada tem a ver com os custos para entrar no jogo; é mais sobre uma mentalidade.

O que importa não é muito o que fazemos em nossos jogos ou lazer. Josef Pieper nos lembra que é mais que isso. Ele escreve: "Lazer, isso deve ser claramente entendido, é uma atitude mental e espiritual — não é simplesmente o resultado de fatores externos, não é o inevitável resultado do tempo livre, férias, fim de semana ou feriados prolongados. É, em primeiro lugar, uma atitude da mente, uma condição da alma…"

A perspectiva de lazer preocupa filósofos e cientistas de diversas disciplinas. A consideração sobre o tema chega até a alçada de economistas, já que o tempo gasto no lazer afeta diretamente o trabalho e, portanto, a produtividade.

O influente economista britânico John Maynard Keynes, em seu ensaio de 1931 "Possibilidades econômicas para nossos netos", previu que até 2028 a economia global seria tão ampla e eficiente, que a semana de trabalho diminuiria para 15 horas. O problema, como ele previu, seria como as pessoas preencheriam o seu tempo livre quando o tivessem. "Não devemos esperar… um colapso nervoso geral?", ele pergunta em seu ensaio. Keynes trai a falta de confiança na força de nossa atitude mental e espiritual à qual Pieper se refere quando escreve: "Fomos treinados por muito tempo para nos esforçar e não curtir."

Keynes acertou em cheio sobre o crescimento da economia global, e, apesar de ter errado sobre a previsão de encurtamento da semana de trabalho, ele estava certo em se preocupar com a capacidade do homem de desfrutar o tempo de lazer. Não só as pessoas trabalham tanto quanto no começo do século XX, como a distribuição das horas trabalhadas se reverteu: pessoas que galgaram boas posições nas empresas trabalham mais do que quando tinham cargos menores, e todo mundo parece ter menos tempo livre. E a crescente lacuna na distribuição de riqueza significa que a força de trabalho também não está aproveitando seu tempo para o lazer. Então, aonde é que isso nos leva?

Em 2008, com a marca do século chegando à previsão de Keynes, um grupo de economistas de renome mundial considerou o porquê de trabalharmos tanto. Com as contribuições desses 16 principais pensadores, as análises representadas no livro *Revisitando Keynes* variavam entre os benefícios sociais do trabalho até o aumento do consumismo. Temos de trabalhar mais para poder nos manter no mesmo nível que os vizinhos. O que piora é que, com o aumento do salário, vem o aumento do custo do lazer.

A desigualdade de rendas também é culpada. Estudos mostram que, quanto maior a desigualdade de renda em um ambiente de trabalho, mais horas são trabalhadas por todos naquele ambiente. Esse efeito é incentivado pela disputa existente no sistema econômico e relacionado à performance e remuneração que dizem respeito ao desempenho, o que, como explica o economista Richard B. Freeman, de Harvard, "dá à pessoa que trabalha uma hora a mais um retorno potencialmente alto". Aquele que trabalha mais é o vencedor!

Os norte-americanos são os piores transgressores, o que não é surpresa. Freeman escreve: "Os Estados Unidos são o contraexemplo mais impressionante para a previsão de Keynes de que o aumento da riqueza proporcionaria mais lazer." Ele continua explicando que "os norte-americanos estão tão comprometidos com o trabalho, que só tiram quatro dias de férias das duas semanas que normalmente recebem, enquanto os europeus tiram quase todas as suas férias de quatro a cinco semanas". O argumento rotineiro é o de que os norte-americanos trabalham mais, e, portanto, a correlação entre as horas trabalhadas e alta produção justifica a cultura do viciado em trabalho que os Estados Unidos fomentam. Mas isso os torna mais produtivos? E, o mais importante, isso os torna mais felizes?

No que diz respeito à produtividade, estudos mostram repetidas vezes que em certo ponto há a possibilidade de queda quando as horas trabalhadas excedem um certo limite. Trabalhar mais horas não beneficia a ninguém. Nem ao empregado, nem ao empregador.

Em janeiro de 2017, a França implementou uma lei estabelecendo que os empregadores devem conceder o direito para os funcionários ignorarem os e-mails relacionados ao trabalho durante as horas de folga. O que as pessoas fazem com o tempo livre vai depender delas, mas a lei reconhece que os deveres profissionais estão violando a vida pessoal. Institucionalizar os limites pode ajudar bastante a criar uma cultura em que a folga é valorizada. Essa política francesa parece algo extremamente antiamericano, mas as estatísticas mostram que os franceses trabalham 15% menos que os norte-americanos e que são igualmente produtivos.

Quem ganha com isso?

Quanto à felicidade, acredito que depende de quais são as suas fontes de felicidade. Segundo Freeman, "muitas pessoas trabalharão por razões que vão além do dinheiro… Os locais de trabalho são configurações sociais nas quais as pessoas se encontram e interagem. De 40% a 60% dos trabalhadores norte-americanos já namoraram alguém do escritório em que trabalham". Mas isso é porque as pessoas estão sempre no trabalho

— onde mais eles podem encontrar alguém para amar? Mas por que não na aula de ioga, de cerâmica ou nò surfe? Além disso, o romance no trabalho está prestes a ficar bem difícil na era pós-escândalos de assédio sexual de Harvey Weinstein. Talvez todos nós faríamos melhor se procurássemos o amor em outro lugar.

Outro colaborador de *Revisitando Keynes*, Edmund S. Phelps, economista da Universidade de Columbia, argumenta que o trabalho oferece positivamente um lugar para as pessoas exercitarem a mente e desenvolverem novos talentos. Em um período de constante progresso técnico, ele postula, "um número crescente de empregos oferecerá a mudança e o desafio que apenas predominantemente as economias capitalistas, graças ao seu dinamismo, podem gerar".

É claro que o trabalho pode ser agradável. Não vou discutir esse ponto. Aqueles de nós que têm a sorte de trabalhar em ambientes dinâmicos podem encontrar benefícios sociais e intelectuais em como ganham o pão diário. Mas não importa como você vê, o trabalho deve ser sobre a realização de alguma maneira material, e um afastamento desse imperativo nos ajuda a crescer de incontáveis e importantes maneiras.

A ciência recentemente tem reforçado um argumento a favor de minha recente propensão a voltar à infância (tatuagens para toda a família!), a filosofia de dois séculos e meio de idade, o argumento antitotalitário de Pieper, o existencialismo de Sartre, o que mantinha Keynes acordado à noite — tudo isso apoiado pela atenção aos estudos relativamente recentes de Alison Gopnik, professora de psicologia em Berkeley e líder em desenvolvimento e aprendizado infantil.

Como veremos repetidamente, as crianças parecem ter uma inata e especial sabedoria em ser péssimo. Na popular TED Talk de Gopnik *O que os bebês pensam?*, ela compara o processo de pensamento dos bebês ao dos adultos. Ela explica como adultos se destacam no que prestamos atenção a fim de colher adequadamente os benefícios da parte executiva que funciona no cérebro, onde são tomadas decisões calculadas (se eu trabalhar mais, ganho mais!). Indiscutivelmente a função executiva é necessária para nos manter seguros, empregados, produtivos e socialmente aptos. Os bebês, por outro lado, têm mais uma "lanterna da consciência". Eles não são bons em se concentrar, porque as partes inibitórias do cérebro ainda não começaram a funcionar para abafar outros estímulos. Tudo ao seu redor é interessante, e eles absorvem tudo isso. É também assim que acontece com a aprendizagem criativa, imaginativa e inovadora. Enquanto estaríamos ferrados se não aprendêssemos a focar tarefas específicas para conseguir executar as tarefas que nos manteriam funcionando e vivos, poderíamos nos beneficiar pensando como bebês e como crianças de tempos em tempos, a fim de estar abertos ao aprendizado.

Você poderia atrelar tudo isso a Platão e Aristóteles, que deixaram claro que lazer e diversão são a maneira pela qual abrimos nossa mente e obtemos crescimento espiritual. Elementar para nossa vida como seres civilizados é a capacidade de se afastar responsavelmente de nosso objetivo — e nossos impulsos dirigidos pela nossa necessidade de recompensa —, abrir caminho para algo em que possamos ser péssimos e desfrutar sem ter de ser produtivo.

Em algum lugar ao longo da progressão ao passar da tolice infantil à vida adulta de jogar-para-ganhar, perdemos algo. Nossa mente é anulada pelo objetivo de configurarmos uma estratégia para a obtenção de recompensas. Nossa cultura se tornou tão orientada para o sucesso, que nem mais as crianças brincam para se divertir. Quando eles jogam, todo mundo recebe uma estrela dourada ou um troféu simplesmente por participar. Crianças de 4 anos já são testadas para entrar em certas creches. Os alunos de ensino médio são levados a ter verdadeiros colapsos à medida que se esforçam para serem aceitos nas mais prestigiadas universidades. Essas universidades são como panelas de pressão da concorrência e da alta performance.

Todo esse sucesso como um símbolo de valor não está funcionando para nossos filhos. Crianças estão sendo medicadas mais que nunca. O Centro de Controle e Prevenção de Doenças registra um aumento de 5 vezes no uso de remédios psicológicos para menores entre 1994 e 2010. O mundo em que vivemos agora, focado em objetivos, é a antifórmula para criar crianças e jovens adultos resilientes. Como pais, podemos remediar essa infeliz tendência definindo melhores exemplos.

Neste caso, "ser o melhor exemplo" pode ser não tentar parecer sobre-humano na frente das crianças. Pode significar, em vez disso, se parecer mais com eles. Deixar acontecer naturalmente. Entregar-se à serendipidade.

RENDA-SE AO PARAÍSO, ENTREGUE-SE AO INFERNO

Nossa segunda viagem à Costa Rica foi como proprietários de terras. Estávamos tinindo de animação, o que deve ter nos deixado confusos na execução da tarefa em questão. Encontrar os 1.242 metros quadrados de selva poderia ser difícil. Mas, quando chegamos à comunidade de Playa Guiones, que logo chamaríamos de lar, perambulamos por um quilômetro e meio, indo de um lado para outro como se soubéssemos para onde estávamos indo.

"Como você sabe para onde virar?", Joel perguntou.

"Não sei, mas estou me guiando em minha mente pelo vídeo que Erik mandou. Acho que estamos perto."

Algumas dessas curvas nos levaram a becos sem saída, mas finalmente subimos uma colina íngreme e lamacenta como se estivéssemos sendo puxados por um cabo invisível. Meu cérebro continuava mudando de "Onde diabos estamos?" para "Esse é o nosso novo lar!" E lá, quando nos aproximamos do fim da estrada, reconheci a placa de "vende-se" em uma árvore em particular. "Ei," pensei, "por que isso ainda está aí?"

Bem alto gritei: "É isso aí! Nossas terras!"

Joel disse: "Tem certeza?"

Toda antecipação e emoção que eu sentia diminuíram de repente e deram lugar a uma calma incomum. "Ah, sim, é isso."

O lote estava à nossa esquerda, a penúltima propriedade na estrada. À nossa direita estava um emaranhado de floresta densa, através do qual podíamos vislumbrar o enorme Pacífico azul ao longe, suas linhas ondulantes pulsando em direção à costa. Ouvimos suas ondas e o barulho da rebentação subindo a colina, e estávamos inebriados pelo cheiro da maresia, da terra rica em carbono, e pelo doce aroma das árvores floridas.

Pulei do carro, fui direto para a árvore em que estava pregada a placa de "vende-se" e a arranquei. Usando apenas chinelos, entrei no lote coberto pela flora local, e entendi imediatamente que o medo acontece principalmente no abstrato.

O que conhecíamos somente como seção K de Guiones ainda estava apenas na teoria. Claro, tivemos o vídeo de Erik ao longo da estrada de terra que levava até nosso lote. Mas, durante nossa primeira viagem a Nosara, nunca nos aventuramos a mais que um raio de 800 metros da casa que alugamos. Foi como se nos apaixonássemos. O resto do mundo desaparece, e você só tem olhos para o que está bem a sua frente. Não era algo qualquer essa nossa primeira experiência na Costa Rica; foi mágico para todos nós. Se a viagem tivesse sido decepcionante, estaríamos com dinheiro em segurança o suficiente, e tínhamos a possibilidade de uma significativa penhora menor de nosso apartamento. Em vez disso, éramos pobres em dinheiro e tínhamos todo esse potencial de uma vida feliz na selva.

Agora, à construção.

E como começar se não com nosso novo (e único) amigo em Nosara? Erik era um tipo de viking de olhos azuis do surfe, com um 1,83 de altura, não do tipo atarracado, de cabelos escuros e mais bronzeado que eu imaginava por nossas conversas. Eu deveria ter visto isso como um sinal — não miraculoso, mas como a oportunidade de criar a humildade corretiva de admitir que não tínhamos a mínima ideia do empreendimento maluco em que estávamos nos aventurando. Mais tarde, ouviríamos histórias de terror sobre pessoas tentando construir na Costa Rica. Aqueles ingênuos e otimistas norte-americanos, canadenses e europeus que entraram neste país amigo apenas para passar anos lutando para ver a casa completa ou nunca nem chegar a isso. Pessoas perderam suas economias de uma vida e ficaram cheias de pendências legais. Mas tive a sensação de que tudo ficaria bem.

Uma história melhor pode ser a de que todos foram para o inferno no momento em que cegamente entraram no processo de construção de sua casa no paraíso, a 6.500 quilômetros do nosso lar em Nova York. Mas não foi isso que aconteceu. Erik não se tornou apenas um guarda-costas, mas um grande amigo até os dias de hoje. Conhecemos arquitetos locais que entendiam exatamente o que queríamos. Apesar da barreira do idioma, eles ouviram nossas ideias e criaram um design moderno de inspiração japonesa com a ideia que tive da casa. Acontece que nossa casa estimulou uma linguagem arquitetônica para a comunidade, e sua influência pode ser vista na arquitetura nativa por todo o lugar.

Quando contratamos o empreiteiro, nunca antes tínhamos o encontrado, e nossa comunicação havia sido toda por e-mail. Eu tinha visto algum de seus trabalhos quando nos encontramos com Erik, que nos mostrou casas de diferentes grupos de pessoas. Gostamos do trabalho daquela construtora porque ela entendia de acabamentos modernos. Nós aceitamos e assinamos o contrato, e a empresa começou a trabalhar.

Enviei um e-mail para Marion Peri, da empresa que concordamos em contratar. Quando ele me disse que o trabalho de preparação de terreno já estava iniciado, perguntei: "Você não quer ser pago antes de começar?"

"Tudo bem", ele respondeu. "Não estou preocupado com isso. Você é boa com o dinheiro."

Como ele poderia saber disso?

Durante o próximo ano e meio, nas férias dos meninos, planejamos viajar para Nosara e ter todas as chances de supervisionar o projeto. O construtor acabou não sendo Tico, aquele senhor de meia-idade, mas um jovem israelense lindo e efervescente que se casou com uma mulher local e estava constituindo família em Nosara. A primeira coisa que ele disse a Joel quando nos apresentamos ao atravessar nossa propriedade durante a nossa primeira visita ao canteiro de obra foi: "Você é judeu, certo? Venha para a comemoração que antecede a Páscoa hoje à noite em nossa casa! Meus pais vieram de Tel Aviv para nos visitar."

Comemos porco assado (sim, *porco*) em sua casa no Rio Nosara, que aprendemos que todos os anos inundaria durante a estação das chuvas, enchendo os arredores da casa com água barrenta e trazendo com ela o jacaré conhecido por atacar os cães da família. Marion e sua família se tornaram uma extensão de nossa família em Nosara.

Apesar dos avisos — principalmente de nossos amigos que nos consideravam loucos — construir nossa casa dos sonhos na América Central não se parecia em nada com o pesadelo caótico de projetos de construção em todo o mundo. Os sinais de confiabilidade de meus companheiros humanos estavam por toda parte. Dei atenção às placas pintadas à mão pregadas em todo o Nosara guiando visitantes para as maravilhas inesperadas daquele lugar fantástico. Isso aprofundou a minha fé de que o mundo pode ser um lugar benéfico e que aqueles momentos que provam o contrário são exceção. Pelo menos, naquele momento, era onde residia a maior parte de minha ilusão, e fiquei feliz por viver lá.

FOI A ONDA de Guiones que me levou a Nosara em primeiro lugar. Essa onda me ensinaria mais sobre se entregar e surfar do que qualquer outra coisa. Aquela pausa de um dia na praia também pode ser a perfeita onda suave da altura da cintura que me faria me levantar e andar. Aquela onda estimulou em mim o conhecimento visceral de deixar pra lá a tentativa de controle como um caminho para o que eu realmente queria — pegar onda. Até surfar em Guiones, eu usava muitos músculos para pegar uma onda. Remando e propulsionando com todas as minhas forças, aquilo, para mim, exigia um esforço hercúleo. Nunca me senti forte o suficiente, ágil o suficiente e jovem o suficiente para conseguir ter abertura e entrar sob a superfície da onda. Gastei uma energia preciosa lutando contra o oceano, e não preciso de muitas palavras para explicar até onde isso me levou. Lugar nenhum.

Havia inúmeras razões pelas quais eu me ferrava em minha amada obsessão, mas o pior é que havia um mal-entendido fundamental sobre como lidar com a onda, como se fosse uma oposição. E, como na maioria das vezes, o fracasso foi o que me fez perceber e mudar isso.

Exausta e derrotada após adoecer em uma de nossas viagens, eu não conseguia reunir forças para pegar uma onda. Meus braços desabavam pela prancha. Eu tinha a sensação de um corpo pesado demais contra a lei da gravidade, que não era minha amiga naquele dia. Para compensar as forças que eu não tinha naquela hora, entreguei-me a minha fraqueza e deixei que a onda fizesse seu trabalho de colocar a prancha embaixo de mim para que eu pudesse puxar meus pés para baixo e me levantar. Em vez de treinar a subida, eu me submeti à física da situação. Embora parecesse mágico fazer a subida sem esforço excessivo, foi uma aula de surfe baseada em uma ciência relativamente simples que nunca havia me ocorrido até aquele momento. Como um fluido newtoniano que se torna mais resistente quanto mais forte batemos, o ato de ir contra a onda a tornava mais difícil de se guiar e me levava a… lugar nenhum.

Se você lutar contra a água, ela ganha.

Ao me libertar de minhas estratégias fracassadas e apenas sentir a onda, finalmente entendi que grande parte da dificuldade que eu tinha surfando não era devido ao esporte em si (o que é importante o suficiente), mas ao excesso de esforço que desperdicei enquanto lutava contra o ambiente ao meu redor, em vez de aceitar seu convite.

Era como se eu estivesse por cima da onda, ou bem abaixo, onde surfistas perdem uma onda ou caem dela.

Quanto melhor eu conseguia surfar (no sentido relativo — sempre serei péssima nisso), maiores eram as ondas que eu queria pegar. Não estou falando sobre ir de ondas de um metro e meio para aquelas de mais de dois metros, mas, sim, de ir das ondas um pouco acima da cintura para aquelas acima de minha cabeça. Faço essa distinção porque todo surfista iniciante exagera no tamanho das ondas, e os especialistas sempre fazem o contrário. É o oposto daquelas histórias de pescador em que o peixe vai ficando maior a cada vez que a história é contada. Na cultura do surfe, os surfistas darão de ombros para aquele tsunami e só dirão: "Ah, é. Isso daí tem um ou dois metros no máximo." No Havaí, essa regra mais do que dobra na direção oposta. Então, uma onda californiana de uns três metros, para um havaiano, não passa de um metro e meio. Isso tem a ver com a forma como a onda é medida — se pela parte de trás da onda (método havaiano de medição) ou pela crista da calha (como todo o resto do mundo). Isso também tem a ver com o machismo.

O que é o oposto de macho? Eu mesma. A menos que seja uma onda acima da cintura, ela será gigantesca. E as ondas sempre parecem menores para quem as vê da costa. Sempre.

Quanto maior a onda, maior a perda. Propositalmente, eu não havia procurado por ondas maiores antes de Guiones, e isso significou muitas perdas. As primeiras ondas me fizeram arrepiar dos pés à cabeça de tanto medo. Elas me assustaram tanto, que eu dava a volta por dentro ou era arrastada de volta para a costa. Até que eu aplicasse aquele pensamento sobre o fracasso e me deixasse levar pelas ondas. Se eu deixasse as ondas seguirem seu natural percurso — o que nessas circunstâncias significava levar uma baita surra (chamada também de ser trabalhada ou virar uma marionete) — e apenas deixasse acontecer sem tentar controlar a situação, eventualmente a onda me permitiria ir com ela, e eu poderia pegá-la. Lutar contra a força da água seria inútil. Quando passei a relaxar em relação a como uma onda vinha, passei a ficar mais calma, gastar menos do precioso oxigênio e me lesionar menos. Você e a onda são um só. Não lute contra a onda. Torne-se uma.

E essa é uma lição que tento levar comigo para qualquer situação.

Andy Martin e eu especulamos que Sartre entendia algo sobre o surfe, mesmo que não soubesse de sua existência. Sartre escreveu longamente sobre esqui, e ele acreditava que o ideal de deslizar (que é um termo usado regularmente no surfe) "é deslizar sem deixar vestígios", ou seja, deslizar sobre a água. Sartre estava se referindo à recente invenção do esqui aquático — era 1943, os surfistas no mundo não passavam de mil, portanto, era bem provável que Sartre jamais tivesse visto um deles. Até porque, o existencialista não era um cara praiano. Aquele era o território de seu arqui-inimigo, Camus. Como Martin diz, "Sartre acumulou desprezo por todo aquele encantamento da praia". Ainda assim, Sartre sustenta que, em relação à água, "deslizar parece idêntico a uma criação contínua". Contínua, isto é, até a eliminação. E, então, voltamos a ser humanos demais.

Esse ato de criação também inclui um ato de conquista, uma vez que o homem deve escalar a montanha para deslizar por ela — ou ele deve remar e pegar uma onda para surfar nela. A montanha e o oceano, sendo ambos indomáveis, levam o homem a sua natureza intrínseca da busca pelo ser. Para Sartre e seus companheiros existencialistas, é uma luta constante, em que se deseja ser o objeto que ele também quer dominar. No fim, sua frustração em harmonia é o que mantém o homem em guerra com sua angústia existencial. Se pudesse, eu diria a ele: não lute contra a onda. Torne-se uma.

NOSSA AVENTURA NA COSTA RICA se transformou em um novo modo de vida para nossa família. Fizemos amigos e experimentamos estranhas — e significativas — coincidências a cada nova visita. Aquele tornou-se o único lugar onde eu deixaria de ser produtiva para permitir que a vida me levasse. Meu surfe melhorou. Após uma ida à praia, adquiri o hábito de me sentar no quintal nos fundos da casa e observar as árvores, os macacos e os lagartos que por ali vivem, além dos beija-flores e das borboletas que flutuam ao redor das plantas por horas a fio. É onde menos faço e mais me sinto viva.

Mas aquilo que é um paraíso é também um inferno.

Quando a vida me deu limões, fiz limonada, mas depois derramei o açúcar, e isso atraiu formigas. Muitas delas, aliás: uma biomassa!

Construímos uma casa sem portas, em uma selva que não dorme. Onde os animais se movem, e muitos não são bem-vindos (com exceção do cão do vizinho, que passamos a chamar de Jungle Pug). Fomos acordados por terremotos, e um deles rachou a fundação de nossa casa. Passamos dias sem água, e a luz faltava várias vezes ao dia. Fomos atacados por agressivas abelhas e formigas minúsculas. É… as coisas não deram certo todos os dias que passamos por lá.

Gostamos de acreditar que existe um lugar onde câmeras são perdidas e encontram seu caminho de volta para seus legítimos donos e cães amigáveis se mudam para nossa casa temporariamente e você não precisa se responsabilizar inteiramente por eles. Onde caminhões da padaria aparecem simplesmente porque você está com fome. Mas esse é apenas um lado do paraíso.

O outro lado é uma bagunça e pode ser péssimo. Isso não significa que você deva se afastar disso. Vá direto para a aventura sem criar expectativas sobre o que isso pode lhe proporcionar, e você não encontrará o que procura, mas algo muito mais importante.

Não É SOBRE JULGAR A SI MESMO; É SOBRE AUTO-compaixão.

ONDA 3

Minha Pior Onda: Me Fazendo em Pedaços para Outra Pessoa

Regra #3

Não se compare aos outros.

Lição #3

Vai ficar feio.

Benefício #3

Você se descobre — provavelmente a tarefa mais difícil na vida.

Ser cobrado faz parte do surfe. Quem surfa eventualmente acabará fazendo uma viagem para a sala de emergência — se você tiver sorte o suficiente para ter acesso a uma — para levar pontos, colocar o osso fraturado de volta no lugar, ou, nos casos mais extremos, ser ressuscitado. As ondas são mais fortes do que nós, e as pranchas de surfe podem se tornar armas de destruição individual. As quilhas das pranchas são feitas de diferentes e variados materiais bem duros, a maior parte compostos moldados ou fibra de vidro em camadas, finamente afiada para cortar a água. Elas funcionam da mesma forma que as barbatanas dos golfinhos ou tubarões, fornecendo resistência e equilíbrio para atravessar a água com a maior velocidade, eficiência e controle, dependendo do tipo de quilha e de quantas existem na prancha de surfe. Como os seres humanos são biologicamente prejudicados por não serem equipados com suas próprias barbatanas, temos de confiar em versões artificiais anexadas à nossa prancha.

Ao longo dos anos, ouvi histórias de horror sobre orelhas decepadas, um testículo perdido e uma pessoa que literalmente se rasgou. Um menino foi escalpelado, e um tendão de Aquiles foi rasgado. Uma das histórias de sobrevivência mais brutais é aquela contada no livro de Susan Casey, *A Onda*, sobre a experiência de quase morte de Brett Lickle em uma onda de 30 metros quando a quilha afiada de sua prancha reboque esfolou e abriu a parte de trás de sua panturrilha. Se ele não estivesse surfando com alguém como seu parceiro Laird Hamilton, que tirou seu traje de mergulho para usá-lo como torniquete até colocar Lickle em segurança, certamente teria sangrado até a morte no tempestuoso mar do Havaí. A história diz que Laird nadou até a praia e correu pelado pedindo por ajuda: um Netuno nu salvando a vida de seu amigo.

Sempre que se ouvem histórias de acidentes no surfe, geralmente há uma nobre sensação de coragem ligada a elas. No caso de Brett Lickle, ele e Laird estavam tentando surfar a maior onda de todos os tempos. Dois dos maiores surfistas, os reis do esporte, já haviam tentado a escalada reversa de uma montanha d'água, homem versus natureza. Quando a natureza vence, nós nos curvamos diante das aparentemente destemidas almas que enfrentam o que há em nossos sonhos ou pesadelos, dependendo de seus medos ou aspirações.

Mesmo que as leis da probabilidade determinem que todos os que surfam se machucarão um dia — isso acontece com todos, desde o novato ao profissional —, cada vez que me machuco, fico cheia de dúvidas e autocrítica. Rasguei o menisco do joelho esquerdo, cortei o músculo da panturrilha esquerda, quebrei meu dedo, tive concussões várias vezes por bater a cabeça, e todo o meu lado direito ficou dormente por eu ter me dobrado ao meio e para trás após uma notória pancada em Ocean Beach, San Diego. Eu sabia que estava me dobrando ao meio quando meus pés bateram na parte de trás da minha cabeça — trazendo com isso uma onda de náusea devido à contorção natural de meu corpo. Depois que voltei à tona e fui para a costa, o amigo com quem eu estava surfando se ligou na história — e a estúpida manobra que fiz e me colocou em perigo — e se aproveitou disso por dias.

E, para que eu não seja acusada de fazer o jogo de Poliana sobre ser péssima: a dor faz parte do pacote. Você será arremessado e baterá a cabeça. Mas é possível dizer o mesmo sobre seu trabalho, ou sobre qualquer coisa em que você seja bom. A diferença é esta: quando você comete um erro no trabalho, isso importa. Você pode ter um chefe humano e um departamento de RH positivo, mas toda vez que você estraga tudo, tem uma oportunidade a menos de se ferrar novamente. As leis da escassez se aplicam aí.

Entretanto, quando você é péssimo em algo, não importa se você estraga. Vai doer, mas é assim. Não há um significado maior, e isso é ilimitado. Você não está sendo monitorado por um relógio.

Isso fará você mais forte, de fato. Porque toda vez que você se atrapalha em uma onda, é como se ensaiasse para quando fica para trás no trabalho ou comete um erro que leva semanas até ser consertado. Ser péssimo é fracassar e arruinar tudo sem limites. Você passará pelo processo e saberá que ser péssimo não é o fim do mundo, e isso o deixará mais bem equipado para os desafios do futuro.

O DESEJO NÃO É SEU ALIADO

O vento em alto-mar preparava pequenas ondas claras em um dia de fim de verão. O mar estava lotado devido ao nosso feriado local e atípico na costa de Jersey. Havia cerca de 20 de nós, amigos, família, parceiros, semiprofissionais e alguns longboarders de meia-idade (inclusive eu). Foi um dia glorioso na água. O Sol estava brilhando, e a água, a 22°C, estava perfeita e incomumente cristalina. O oceano tão cheio de vida inspirou um de nossos amigos a exclamar: "É como se fosse um aquário!" Cardumes de iscas e algo maior foram saindo da água, fugindo do que quer que estivesse atrás deles. Uma vez ou outra, a água ao redor de minha prancha se levantava, e surgiam pequenos peixes prateados atravessando a superfície acima do deck. Um grupo de golfinhos apareceu bem além do horizonte, curvando-se graciosa e momentaneamente acima da linha de flutuação para respirar antes de voltar a mergulhar silenciosamente. Alguns paravam sua trajetória para nadar em círculos e, com as barbatanas, atordoar pequenos peixes, tornando mais fácil sua captura.

Todo surfista sabe que onde há vida marinha abundante, existem peixes maiores que não gostamos de citar. É algo sobre o qual falamos em terra, mas raramente, ou nunca, na água. Não é tanto sobre superstição. É como se fosse um respeito à ordem do Universo, principalmente quando deixamos a terra firme, abandonamos nossos status de predador e nos tornamos presas.

O dia foi uma beleza, embora não tenha havido uma onda perfeita, mas nos viramos com o que o oceano nos enviou. Entre uma depressão no mar e a rebentação sobre um banco de areia em águas rasas, eu estava decidindo sobre quais ondas eu deveria remar ou deixar passar. Desviei-me algumas vezes para evitar colidir com outro surfista ou no fundo arenoso. Duas horas se passaram sem que eu conseguisse pegar ou deslizar sob uma única onda. E, mesmo que o dia fosse perfeito — apenas estar ali com os amigos me fazia feliz —, eu também queria uma onda. Raramente estou insatisfeita em relação às coisas que recebo, mas estava ali sentada assistindo aos outros pegarem uma onda, mesmo que curtas, e estava sentindo falta disso para mim. Meu estado de felicidade estava se transformando em desejo não realizado. Foi assim que tudo começou a dar errado.

DEPOIS DE TODOS ESSES ANOS sendo péssima no surfe, tive de desenvolver alguns mecanismos que me permitem continuar (surfando e sendo péssima nisso) sem enlouquecer, ou pior, sem desistir. Um desses mecanismos é me colocar em um estado mental como se eu não estivesse desejando o surfe. Ao reprimir o desejo, convenço-me de que estar na água é o suficiente, que remar e sentar na minha prancha é o suficiente. Se uma onda vier até mim, digo a mim mesma que pensarei nisso como se fosse um presente do mar. Se eu remar e pegar a onda, então é uma bênção. A ação e o resultado de pegar uma onda com sucesso são apenas uma recompensa momentânea — uma que eu (não deveria) nem espero desejar.

Mas, se for honesta comigo mesma, nem sempre consigo pensar nesses termos. Uma coisa é diminuir a necessidade de pegar uma onda quando você está sentado à frente de um computador. Mas, quando você está realmente lá fora e vê outras pessoas, dificilmente mais talentosas que você, pegando algumas ondas... Bem, é aí que você precisa aproveitar um pouco da sabedoria dos especialistas.

Jaimal Yogis, por exemplo. Ele é o autor e produtor do filme *Saltwater Buddha* e do livro que veio logo em seguida, *All Our Waves are Water* [*Todas Nossas Ondas São Água*, em tradução livre], duas incursões em sua busca ao longo da vida para atrelar a espiritualidade e o surfe para entender o mundo ao seu redor. Falei com Jaimal sobre o que é ser péssimo em algo, e quase não precisei me explicar. Ele entendeu imediatamente, ecoando um dos princípios básicos de como é bom ser péssimo em algo: "Nós realmente somos péssimos em nos permitir realizar atividades que nos ferrem. Não é que surfar seja uma droga, mas aprender é difícil, e dominar com perfeição é impossível." Jaimal fez uma comparação com a prática Zen de resolver um enigma de um koan. "Alguém recebe uma pergunta impossível de responder e acabará desistindo porque não pode responder." "Finalmente", ele explica, "esse alguém terá de se entregar ao fato de que existem coisas que você não consegue saber". Ou fazer — não importa o quanto você queira.

O segredo é continuar fazendo isso sem precisar de respostas, sucesso ou resolução.

Para nos livrarmos da necessidade de um resultado específico, entender por onde tudo começa é uma ajuda. De acordo com o monge vietnamita Thich Nhat Hanh, a princípio, nosso desejo original serve para nossa sobrevivência uma vez que deixamos o ventre da nossa mãe. Os chineses e os vietnamitas se referem ao útero como o palácio da criança. Nesse palácio, estamos seguros. Nossa mãe nos alimenta, respira por nós e expurga nossos dejetos enquanto flutuamos na almofada segura de líquido amniótico. Uma vez que somos forçados a sair do útero, somos expostos e nos tornamos vulneráveis. Temos de aprender a fazer tudo por nós mesmos. Aquela primeira vez que respiramos é difícil, pois precisamos expelir o líquido do pulmão para abrir caminho para o ar.

Aquele desejo original de sobrevivência depois de nascer é levado para nossa infância e idade adulta. Enquanto aprendemos a respirar, comer e funcionar por nós mesmos, ainda experimentamos esse profundo desejo da origem, sentido como uma espécie de desejo incipiente. Eu tinha experimentado esse desejo minha vida inteira, mas sem entender pelo que eu ansiava. Quando comecei a aprender a surfar, fui capaz de vê-lo tomar forma no meu desejo de surfar. E senti isso antes mesmo de saber como era realmente surfar uma onda.

É claro, isso tem pouco a ver com uma onda. Minha onda pode ser o balanço de outra pessoa no campinho de golfe, ou um outro chute a gol, o domínio de uma língua antiga, ou ainda tentar tocar um acorde em particular no violino. Não é sobre o desejo específico, apenas o fato de antecipar um resultado desejado. No caso do surfe, geralmente volto para bem perto de uma aproximação desse desejo original de encher os pulmões sempre que sou pressionada por uma onda e chego perto de sofrer com a falta de oxigênio antes de voltar à tona e respirar. Isso é especialmente verdade quando há dor extrema envolvida. Talvez eu esteja levando esse assunto um tanto mais longe do que o necessário, mas me sinto renascida sempre que surfo.

Mas, então, como Thich Nhat Hanh explica, "dizer que o desejo é a causa de todo o nosso sofrimento é algo muito simplista". Ele nos diz que precisamos entender a causa de nosso sofrimento, a fim de encontrar uma maneira de nos curar. Quando esse sofrimento é o resultado de uma consequência desejada, a prática da falta de objetivo, ou *apranihita*, pode ajudar.

A prática budista da falta de objetivo é especialmente útil no campo de estudos sobre ser péssimo. No famoso Sutra do Coração, aprendemos que não há nada a alcançar, e se pararmos de perseguir um momento efêmero e viver no presente, se aceitarmos e praticarmos a falta de objetivo, descobriremos que já temos o que almejamos. Hanh escreve sobre o Sutra do Coração: "Se não pararmos de correr, sentiremos falta dos milagres da vida disponíveis dentro de nós e ao nosso redor... Praticando sem rumo, você não precisa correr atrás de mais nada."

O truque é estar presente sem ser levado a querer algo. Mestre Hanh resume tudo lindamente: "Quando estamos em contato com as coisas por meio da mente do amor, não fugimos ou procuramos, e essa é a base da liberdade. A falta de objetivo toma o lugar da apreensão."

Não preciso dessa onda. Não preciso surfar bem ou lindamente em primeiro lugar. Preocupamo-nos com esses resultados bem-sucedidos porque damos significado a eles. E, quanto mais atribuímos significado a um resultado específico, mais importante ele se torna. Abandonar essa necessidade de significado é o que pode trazer liberdade e felicidade, e "a liberdade é a única condição para a felicidade". Então a liberdade de ser péssimo pode nos fazer felizes. Mas esse negócio de deixar para lá não é tão fácil quanto parece. Exige prática.

Definitivamente, é de prática que eu preciso.

Em uma manhã sem onda (para mim), eu me peguei me repreendendo por dentro: "Sua idiota inútil!" Isso não era a liberdade ou se comover diante das coisas pela mente do amor. Essa era eu gritando comigo mesma.

Um momento depois, quando percebi meu retrocesso, eu me acabei de rir. *Que idiota me chamar de idiota*, foi o que pensei. Mas a segunda bobagem foi engraçada para mim. Rir de mim mesma mudou a experiência de insatisfatória para — embora não seja bem satisfatória — outra coisa. Voltei atrás e enfrentei de novo a rebentação. A prática requer que se pratique.

A ideia de ser péssimo em alguma coisa — sendo jogada na sua cara — o ajudará quando você falhar em perceber que algo mais significativo não existe apenas nos koans. A aceitação sendo levada como uma prática tem embasamento no que sabemos sobre neurociência desde os primeiros dias dessa profissão.

Praticar com os pensamentos certos pode mudar nossas percepções, porque o cérebro humano é plástico. O termo é "neuroplasticidade" e significa exatamente o que parece: é o que nos dá a capacidade de continuar aprendendo e mudando ao longo de nossa vida. Uma notícia ainda melhor para quem é péssimo em alguma coisa: quando mantemos nosso cérebro desafiado, ele fica mais saudável por mais tempo. Imagine um futuro em que as pessoas envelhecem correndo e se divertindo fazendo coisas que não são tão importantes. Elas serão muito mais saudáveis e aptas do que se tivessem permanecido em casa.

A neuroplasticidade é baseada na lei de que "neurônios disparam juntos em sinapses sincronizadas". Donald Hebb, conhecido como o pai da neuropsicologia, surgiu com o conceito em 1949 para explicar como a aprendizagem acontece e os hábitos se formam. Simplificando, os neurônios em nosso cérebro liberam neurotransmissores que se comunicam com outros neurônios. Essa transmissão neural cria caminhos resilientes, que ficam cada vez mais fortes e com maior frequência do que essas transmissões são feitas. Conclui-se que experiências positivas reforçam ainda mais a experiência positiva.

Mas é um fenômeno de valor invisível. Nosso cérebro não distingue o caminho "bom" ou "ruim"; eles são apenas o que são. Então, a neuroplasticidade funciona bem também para os aspectos negativos de nosso pensamento. Se continuarmos a dizer a nós mesmos que não seremos felizes a menos que isto ou aquilo aconteça, e depois esse algo não acontecer, reforçaremos nossa frustração e infelicidade.

Se criarmos o hábito de querer apenas um certo resultado, poderemos ficar presos em focar o resultado. É uma mentalidade totalmente diferente da aprendizagem. Existem recompensas associadas à melhoria, mas o aprendizado é um processo de colher, não de semear. O aprendizado nos abre para o mundo.

Esse é um jeito de ser péssimo semelhante ao aprendizado. Quando aceitamos ser péssimos, jogamos fora nossa mentalidade orientada por metas. Ao nos prepararmos para uma recompensa esperada, nossos esforços se tornam transacionais, e isso pode não dar certo. Especialmente se nunca alçarmos a meta. Nosso cérebro pode ficar preso em um ciclo de feedback negativo de querer algo que nunca acontecerá da exata maneira que desejamos. Se percebermos que continuamos a falhar e falhar e falhar, isso pode nos tornar tremendamente frustrados e nos levar a negar a nós mesmos o prazer de, pelo menos, tentar.

HISTÓRIAS IMPORTAM

Infelizmente, você está chegando até este livro com uma vida inteira de caminhos neurais cruzando sua mente. Muitos deles negativos. Talvez a maioria. Eu também.

Então, a questão é: O que há disponível para ser péssimo que possa nos ajudar a redirecionar e redefinir esses caminhos? Claro, podemos sair e criar outros —, mas como lidar com negatividades antigas e perturbadoras?

Em seu livro best-seller *Capture* [*Captura*, em tradução livre], o Dr. David Kessler nos diz que as melhores maneiras de se livrar de um loop de feedback negativo é substituí-lo por um positivo. Ele chama a atenção para o fenômeno de "captura" para descrever como o que acontece sobre nossa atenção é reforçado pelo foco contínuo. O estímulo pode ser tão simples quanto uma voz irritante na mesa ao lado da sua em um restaurante: uma vez que seu cérebro se prende a isso, você não pode mais ouvir atentamente o seu parceiro de refeições ou desfrutar sua refeição. Esse é um exemplo benigno de captura, mas mostra a rapidez com que algo pode chamar nossa atenção e nos levar a ficar presos no loop. Por outro lado, a experiência pode ser tão complexa quanto um súbito despertar espiritual. Esse novo foco funciona muito e diminui a influência da velha rotina neural.

Kessler afirma que "podemos gradualmente remodelar nossa mente, até transformar nossa maneira de transformar o mundo, apesar de que, para se superar uma forma de captura, geralmente é necessário descobrir outra".

Mas, ainda assim, isso não nos leva até o final do caminho todo. Precisamos encontrar novos meios positivos para superar. Kessler escreve: "Ao longo da vida, cada um de nós cria um relato coerente do estado confuso e muitas vezes fragmentário da vida — a narrativa em constante evolução de nossa vida... Sem histórias autocriadas, a trajetória de nossa vida pareceria uma dispersão constante de detalhes aleatórios... Uma questão essencial, então, é como nossas histórias são concebidas."

Acredito que seja aí que resida o segredo. Narrativa. Joan Didion, uma mestre do ofício, enfatiza: "Contamos histórias para viver." Histórias são tão essenciais quanto respirar.

Então, como substituímos os caminhos neurais de uma história negativa para transformá-la em positiva? Kessler nos diz que podemos influenciar esse processo mudando ativamente o que ocupa nossa atenção. É aqui que a mente deve confrontar o cérebro. Tentar diferenciar os dois pode de alguma maneira nos ajudar a entender o quão escorregadio isso pode ser.

A distinção entre mente e cérebro ainda não chegou a um ponto de conclusão firme. O assunto tem sido tema de debates desde o início da filosofia e da ciência e, no lado da ciência, esse debate se acirrou devido aos avanços da neurociência. Agora que temos exames de ressonância magnética que podem detectar o fluxo sanguíneo no cérebro para mostrar neurônios em atividade, podemos, até certo ponto, medir causa e efeito. Mas a neuroquímica do cérebro não necessariamente prevê comportamento. "Enquanto os escaneamentos são deslumbrantes e a tecnologia é uma maravilha sem igual", diz Sally Satel, coautora de *Brainwashed* [*Lavagem Cerebral*, em tradução livre], "sempre podemos manter nossa orientação lembrando que o cérebro e a mente são duas estruturas diferentes".

Para complicar ainda mais a tarefa de separar mente e cérebro, estudos recentes provaram que nossos comportamentos são mais conduzidos por motivos inconscientes do que pensávamos anteriormente. Mas também sabemos que com a consciência podemos substituir esses impulsos inconscientes. Nosso cérebro pode ser mandão, mas não precisa ser necessariamente nosso chefe. É aí que entram nossa mente e o porquê de as histórias que construímos terem tanto poder.

Mantendo a ciência rígida e suas limitações como um ponto de contato, podemos estar de volta a um dos conceitos budistas mais importantes. Mindfulness é a prática de trazer a mente de volta para o presente. Isso ajuda a não projetar um futuro em um determinado momento, ou a não nos debruçarmos sobre o passado, ou a avaliar uma experiência como agradável ou desagradável. Em vez de olhar para algo como bom, ruim ou neutro, a Mente Certa reconhece apenas que é. Isso se liga às vias neurais que o cérebro cria: as células não julgam, apenas fazem o que devem fazer. Aprendemos com Buda que as sementes da bondade e da negatividade estão em todos nós. Nós que temos de regar a mente certa. Se fizermos isso, podemos mudar nossa energia do hábito — em que o laço negativo contribui para nosso sofrimento — para a atenção plena. A energia do hábito quando se é péssimo em alguma coisa diz para você desistir, mas, se você praticar o estado de consciência correto, continuará sem o julgamento. E isso é liberdade. Liberdade para contar a história que você desejar contar.

Lembro-me de Lucy Marsden, a mais velha viúva confederada do romance épico de Allan Gurganus, com 99 anos e tão atrevida como quando completou 16 anos. Sobre o conto sedutor de seu marido, capitão Marsden, ela diz: "Sabe de alguma coisa, querida? Histórias acontecem apenas às pessoas que podem contá-las." E o que escolhemos contar é tão importante quanto as histórias em si.

Quer aprendamos com a personagem fictícia Lucy Marsden ou a bem real Joan Didion, seja na ficção ou na não ficção, é a história o que importa. De qualquer modo, a distinção entre ficção ou não é essencialmente uma construção da língua inglesa, algo não tão distinto em outras línguas e culturas. Por 11 mil anos, os seres humanos têm contado histórias, mesmo que não possamos concordar com a maneira com que as nomeamos. Em última análise, a história é uma grande parte do que nos torna humanos. O tipo de humanos que queremos ser depende da história que contamos e como a contamos.

Tenho uma forte suspeita de que essa técnica de contar histórias para reverter os efeitos da negatividade é algo bom que quase todos nós já fazemos intuitivamente — quando estamos falando sobre as partes da vida que destinamos ao lazer, à brincadeira ou à falta de objetivo. Pense nisso: Qual é a história de que você pode se lembrar e fazer qualquer um rir a qualquer momento? Talvez seja sua ida ao primeiro encontro ou durante uma pausa no horário de almoço. Um bom elemento de descontração.

Pela minha experiência, há uma chance muito boa de que a história venha de algo que você ama muito fazer — e também de algo em que você é péssimo. Aquela vez em que você acabou dançando do karaokê para a mesa de sinuca (e depois foi parar no hospital). Ou aquela vez em que sua amiga pediu para você cantar no casamento dela. Para muitos de nós, nossas histórias mais felizes e mais divertidas são de momentos em que experimentamos uma forma aguda de fracasso. Ossos quebrados, vergonha e desgosto. Então, com o tempo, voltamos para esse caminho assumidamente negativo utilizando-o como algo hilário. É exatamente o que fazemos. E isso funciona. Certamente tenho minhas próprias histórias assim.

DOR É INFORMAÇÃO

De volta àquela gloriosa tarde de verão nas águas de Nova Jersey, nenhum desses pensamentos havia penetrado meu cérebro. Tudo o que eu sabia era que eu queria pegar uma onda e tentaria fazer de tudo para conseguir.

A medida que a maré ficava alta, as ondas cresciam, e agora estavam quebrando em águas mais profundas — ou seja, havia menos chance de dar pé. Mas eu estava cansada de remar e perder a onda, remar e perder a onda. Não conseguia sair da água sem que fosse pegando um jacaré, então decidi absolutamente que iria de carona na próxima onda que passasse por mim. Vi minha onda se levantando no horizonte, um tamanho bem considerável para aquele dia. Calculei que ela chegaria em mim na altura de meus ombros. Eu estava bem posicionada, tinha a prioridade e disse a mim mesma: essa é a minha. Quando me virei para remar para a onda, no fundo de meu coração eu sabia que seria difícil. Ondas côncavas precisam de drop-ins tardios, o que significa que o surfista tem de ficar de pé logo abaixo da onda e remar rapidamente para tomar o controle e subir. Isso é especialmente difícil de se fazer em uma longboard, que é mais pesada e mais lenta que uma shortboard.

Tomei cuidados em relação ao vento e segui os conselhos de Erik, um dos melhores surfistas que conheço. Ele disse: "Às vezes, apenas ir em frente ajuda, mesmo quando você sabe que será arremessado pela onda. Depois do esforço e de sobreviver, você pode relaxar. Claro que isso tem que acontecer no início do surfe, não no final."

Peguei a onda que apareceu — que alegria! Mas assim que me alinhei, o fundo apareceu. A onda engoliu a mim e a prancha juntos, virando minha prancha no processo, então o deck estava para baixo, e o lado da quilha estava para cima. Uma dor dilacerante entre minhas pernas me informou que a quilha havia me atingido lá. A onda tinha feito um sanduíche entre a parte inferior da minha prancha e meu corpo, e rolamos juntos em direção à costa. Depois de duas voltas completas debaixo d'água, consegui agarrar a quilha e puxá-la para bem longe de minhas partes íntimas. Lembrei-me disso apenas mais tarde, quando notei o corte de dez centímetros na palma da minha mão direita. Nós dois (a prancha e eu) fomos arrastados pela rebentação, enquanto, ofegante, eu buscava ar e sentia a dor insuportável de ter sido atingida pela quilha. Ah, e fui atingida na cabeça antes de voltar à superfície. Minha prancha basicamente me estuprou e depois bateu na minha cabeça. Você não pode indiciar sua prancha por agressão, e a onda sempre terá um jeito de ir até você, mas isso estava indo longe demais.

Enquanto eu cuspia aquela sopa — onde as ondas quebram e a caótica espuma das águas agita você — tentando me orientar e avaliar os danos, meu amigo Jimmy estava voltando para a formação depois de arrasar graciosa e suavemente para a esquerda em sua log 10'.

Tendo testemunhado o episódio lamentável, Jimmy perguntou: "Tudo bem com você?" "Não tenho certeza ainda...", respondi com mais cautela do que pretendia transmitir. Parecia que minha voz estava enterrada onde a quilha havia entrado apenas momentos antes. Então disse a ele onde fui atingida.

"Ah, sim! Já passei por isso!", ele riu antes de remar e virar de volta para o próximo lugar. A simpatia não está nas opções de sentimentos de um surfista, a menos que seja algo realmente necessário. Por exemplo, se você estiver prestes a morrer.

Atordoada com a imobilidade, fiquei por um momento na água, agora na altura de minha cintura, considerando se eu deveria remar de volta. A dor diminuirá, disse a mim mesma. Era um dia lindo, e eu não estava pronta para encerrar minha sessão de surfe. Mas o pensamento de subir de novo na prancha me dava arrepios.

O lugar em que eu havia sido ferida estava começando a ficar dormente — ou meu corpo estava em choque —, então a próxima pergunta lógica foi: "Estou sangrando?" Eu não queria sangrar na água com tantas pessoas por lá, incluindo meu filho. Sangue nas águas com peixes menores atrai peixes maiores. O fato de tubarões detectarem sangue em uma parte para 10 milhões elimina qualquer lógica distorcida no cérebro de um surfista que considere continuar na água com uma ferida sangrando. Claro que o oceano é grande, então o cálculo pode não ter sentido, mas nossa imaginação é maior. Decidi encerrar aquele dia.

Olhei para a água ao meu redor. Não estava avermelhada, então fiquei aliviada no início. Depois que saí mancando da água, vi o rasgo na minha coxa. Estava sangrando, mas não jorrando. Primeira impressão: bati em alguma embarcação maior, é apenas um corte superficial. Tudo bem. Mas, caramba, era difícil andar.

Tendo dado à luz duas crianças à moda antiga, não me era algo não familiar o desconforto por aquela área. A latejante e constante pressão, o pensamento aterrorizante de me aliviar quando chegou o momento. Você sobrevive e se recupera, mas eu sabia que seriam semanas antes de voltar para a água. Pior, culpei meu ego por essa pancada. Inutilmente, julguei minhas ações, imaginando se deveria ter hesitado antes de ter ultrapassado aquele limite, e, portanto, aquela lesão havia sido merecida.

Hesitar no surfe é uma característica de iniciantes. Se você for para a onda e hesitar por medo, a perderá completamente ou se machucará. A nobreza de ter coragem ao encarar a parede que se levanta com a onda, mesmo que seja superficial, mostra o tipo de compromisso necessário para se surfar bem. Eu estava partindo para cima ou apenas sendo atrapalhada? Eu relembrava aquela onda repetidas vezes em minha mente.

Depois de sair mancando da praia, tomei um banho rápido para me preparar para as ataduras em borboleta que meu marido estava indo comprar na farmácia local. Ao me ensaboar, a sensação de queimação excruciante entre minhas pernas me fez uivar de dor. Usei um espelho e descobri o que não queria saber: o dano feito pela quilha deu um novo significado para a palavra corte. Eu havia me rasgado em um local delicado, exatamente como aquele pobre surfista de quem eu havia ouvido falar, mas meu corte não era reto. O tecido estava ensanguentado e parecia cru, como se tivesse tirado um bife de minha vagina, que doía pra caramba.

"Joel", eu me esgoelei, "esqueça as ataduras em borboleta!"

Quando me aproximei da mesa da sala de emergência para falar com a enfermeira sobre a minha lesão, ela de alguma forma não percebeu a toalha que eu segurava com a minha mão esquerda entre as minhas pernas, mas imediatamente notou o corte em minha palma direita.

"Ah, uma quilha te pegou...", ela disse.

"Sim", eu disse.

"Meu filho quase cortou a orelha com uma quilha uma vez. Tive de costurar de volta..." E ela não parecia nem um pouco abalada com a situação.

"A mão é superficial... não estou aqui por isso." Minha voz estava enterrada você-sabe-onde.

A enfermeira olhou para mim e perguntou: "Onde então?"

Apontei para a toalha entre minhas pernas, e isso chamou sua atenção.

Ela jogou a cabeça para trás, rindo. "Uaaaaaau!", ela exclamou. "Os médicos vão adorar isso!", e ela gargalhou até encontrar o atendente encarregado das prioridades. Ninguém estava jorrando sangue ou sob um ataque cardíaco, então eles me colocaram no topo da lista para atendimento. Fiquei feliz por alguém estar se divertindo com aquilo.

Uma hora e meia depois, saí do pronto-socorro com 17 pontos na parte interna da coxa e na vulva, e as risadas dos atendentes de emergência nos meus ouvidos. Quer dizer, foi muito engraçado.

Não consegui me sentar por semanas. Tive de ficar em pé na minha mesa de trabalho e durante reuniões. (Meus colegas tiveram a mesma reação que a equipe do pronto-socorro.) Não pude vestir calças por um mês. Quando verifiquei no espelho como o ferimento estava progredindo, vi que toda a minha genitália tinha ficado preta. Gritei com Joel: "Ai, meu Deus. Eu a matei!"

Quando vi Jimmy no dia seguinte ao meu acidente e ele ouviu sobre a extensão da minha lesão, ele admitiu: "Sim, eu queria saber o que você tinha na cabeça quando decolou pra cima daquela coisa. Era bastante íngreme!" Okay — talvez eu tenha sido orgulhosa. Talvez eu não tenha hesitado. Mas, no meu caso, a queda chegou antes de meu orgulho. Enquanto eu me sentia momentaneamente orgulhosa por ter feito aquilo, e humilhada pelo meu fracasso, Jimmy disse algo que eu não conseguia absorver.

"Ei, cara. Talvez seja alguém tentando lhe dizer algo. Talvez alguém não queira que você surfe!"

Se ele não fosse professor religioso e surfista, eu não teria pensado muito naquilo. Mas ele podia ter uma linha direta com o Senhor ou com o Maestro, como um surfista mítico, o maestro das ondas. Talvez Jimmy *soubesse* de alguma coisa.

Embora possa parecer absurdo que um ser superior se importe o suficiente para mandar no meu direito de surfar, o aviso casual de Jimmy ficou martelando em minha cabeça. Surfar tinha despertado uma espiritualidade latente em mim. Fico impressionada com o poder do oceano toda vez que remo. Esperar por uma onda é um tipo de oração. E mesmo que eu não chame isso de religião, o surfe se tornou um tipo de disciplina. Sempre que vou surfar, é uma prática de paciência, humildade e habilidade. No entanto, para quem nasceu e foi criada no catolicismo, é difícil esquecer das lições bíblicas: talvez alguém não quisesse que eu surfasse.

Essa ideia ficou fixa em minha cabeça. Em uma reflexão mais profunda, percebi que aquele alguém era claramente uma voz na minha cabeça: De onde veio isso? — e doeu muito mais do que o desconforto e a dor causados pelos meus ferimentos.

A dor é útil. Ela concentra sua atenção onde é necessário. É muito pior não sentir dor, pois se você não sabe que está ferido, não é possível consertar o que está quebrado. Mas a dor física, nesse caso, era quase tão ruim quanto o desconforto psicológico. Talvez eu tenha me machucado, dizia a crítica em minha cabeça, porque não mereço surfar. Então me convenci disso pelos próximos dias, enquanto eu ficava fora da água.

HÁ UM PREÇO A SE PAGAR por começar a surfar tão tarde na vida. Pago parte desse preço com humilhações. E aceito o fato de nunca surfar bem. Estou ficando melhor em seguir os meus próprios conselhos e considerar essas merdas como as pequenas coisas que são, manchas na passagem do tempo, especialmente no contexto de fazer algo que amo fazer. Mas eu também luto. Uma fonte de batalhas duradouras está nas sensações de vergonha, e há uma em particular associada a um dos melhores livros sobre a vida no surfe, *Dias Bárbaros*, de William Finnegan.

Amei tanto o livro de Finnegan, que quando terminei voltei ao começo para relê-lo. Comecei a reler pela terceira vez e me critiquei por estar me tornando obcecada. Esse livro é ao mesmo tempo doloroso e requintado. Doloroso, porque Finnegan teve uma vida no surfe que eu nem sequer sabia que existia até que eu estivesse velha demais para me importar. Requintado, porque são quase 500 páginas de uma escrita brilhante, principalmente sobre pegar ondas. Para uma escritora, editora e surfista, isso é o mais próximo possível do paraíso em forma de páginas. Mas, no livro, Finnegan diz algo que me machucou tanto quanto meu episódio desonroso com a quilha.

Finnegan escreveu sobre sua namorada adolescente: "Caryn não tinha interesse em aprender a surfar, o que acho sensato. Pessoas que tentam começar em uma idade já avançada, ou seja, com mais de 14 anos, têm, pela minha experiência, quase nenhuma chance de se tornar proficiente, e geralmente sofrem com dores e tristeza antes de desistirem."

Quatorze. Quatorze! Quatorze? Eu tinha 40 anos quando comecei — o que, de acordo com Finnegan, explicaria tudo. Lá estava, preto no branco, a confirmação de minha ilusão e a compreensão de minha dor e tristeza. Ele até acertou o nome (embora não a ortografia). Talvez Finnegan saiba de algo.

A ideia de que eu tinha começado a surfar 26 anos tarde demais era, a princípio, sombriamente engraçada. Mas, então, percebi que aquele número ridículo tinha atingido algo mais profundo em mim. Algo mais profundo do que o sentimento de catástrofe de quem assiste aos fracassos alheios. Eu tinha aprendido a lidar com isso.

Era outra coisa que estava me fazendo estremecer. Uma dúvida generalizada sobre mim mesma. Os 26 anos foram obviamente uma coisa arbitrária, um número bobo (existem realmente muitos surfistas muito bons que começaram após os 14 anos), mas esse não era o problema. Isso ressoou em mim porque tocou em algo que percebi que estava escondendo de mim mesma. Eu estava me enganando.

De onde veio essa desconfiança em mim mesma? Sempre acreditei ter autoconfiança e uma vontade de admitir que eu não sabia ou não conseguiria admitir ter algum mau pressentimento. Eu era basicamente uma autodidata, movida pela vontade de seguir meus interesses pela toca do coelho no País das Maravilhas para aprender o que não aprendi com a educação formal. Os quatro anos que passei na faculdade provaram ser um tanto ineficazes enquanto eu lutava contra a estrutura da vida universitária. Minha vida como editora contribuiu mais para minha educação de uma vida inteira do que frequentar qualquer instituição. Mas o surfe poderia expor a natureza de meus nervos e de minhas inseguranças como nada mais. Repetidamente me coloco em situações das quais tenho muito medo. Fui lesionada ao ponto em que qualquer mãe responsável de dois filhos seria sábia o suficiente para entender que surfar é, essencialmente, ter uma arma ligada ao seu corpo, uma prancha de surfe à qual o surfista está acorrentado.

Eu estava completamente ciente de meu nível de habilidade e não fingi o contrário. Mas o comentário de Jimmy entrou em uma autoconsciência que eu não acreditava que tinha. E expôs uma ferida dolorosa em minha autoconfiança.

Grande parte do problema é que o surfe é aprendido e realizado principalmente aos olhos do público, sob o escrutínio de outros surfistas. Pior ainda, na maioria das vezes, eles são melhores surfistas do que eu, e compreensivelmente me querem fora do caminho deles. Ao tentar entender minha mortificação devido àquela lesão, perguntei-me se tinha algum medo herdado de que de alguma forma eu tenha desonrado essa tribo de que nem eu sabia que fazia parte. Mesmo que sejamos bons, tememos que as pessoas estejam observando e julgando, sendo que, na verdade, elas não dão a mínima, pois têm coisas mais importantes com que se preocupar, como consigo mesmas.

Todos estamos familiarizados com a síndrome do impostor — esse ponto de verificação inato em que nosso ego faz com que sintamos medo de ser considerados de fora, um medo que não podemos medir. Esse critério é uma construção falsa, um instrumento contundente em que a grandiosidade se opõe à inferioridade — em que as duas coisas se tornam uma só. E daí que os observadores se importam que somos péssimos? Temos de aprender que nosso problema interno com isso é uma história que diz respeito a nós mesmos, e cabe a nós lidar com isso.

"O Sutra da Flecha é um mantra budista legal, com o qual aprendemos que existem dois tipos de dor: a dor física, que é real; e a dor psíquica, que é criada", diz Jaimal Yogis, deslizando confortavelmente, no jargão surfista, para desvendar os meandros de nossa alma. "Você precisa reconhecer as histórias que conta e perceber que elas foram criadas por você", ele me disse. "E, embora você possa primeiro se castigar por tê-las criado, afastar-se dessas histórias torna tudo mais complicado." A dor psíquica também nos fornece informações, chamando nossa atenção para o que é necessário, como faz a dor física. O trabalho a ser feito não é encerrar essas histórias, mas aprender a lidar com elas e cuidar para que não criem raízes. Não devemos regar as sementes ruins.

Histórias — elas também podem ser irritantes.

CONFIANÇA PARA FALHAR

Ao me aprofundar na ciência e no mistério da autoconfiança, eu esperava que isso pudesse me ajudar a desenvolver o tipo certo de histórias — o tipo que não acaba com a alma, mas que redefine aqueles maus caminhos neurais.

Fiquei feliz ao descobrir que outras pessoas haviam ignorado (ou ignoravam) o aviso sobre idade de William Finnegan. Katty Kay, por exemplo, começou a praticar kitesurf aos 40 anos. E ela escreveu um livro sobre confiança, então eu esperava que ela pudesse esclarecer, por meio de suas pesquisas, sobre como ser péssimo em algo pode nos ajudar a ganhar confiança. Também imaginei que ela teria alguma sabedoria em primeira mão para compartilhar.

Em *A Arte da Autoconfiança: Os segredos que toda mulher precisa conhecer para agir com convicção*, a jornalista da BBC Katty Kay e a correspondente de notícias da ABC Claire Shipman observam os vínculos entre confiança e o que elas chamam de "os primos da confiança": a autoestima, o otimismo, a autocompaixão e autoeficácia. O acidente com a quilha me deixou aturdida exatamente sobre todos esses tributos. Embora todos abordem diferentes aspectos de como nos vemos no mundo, cada qualidade é amarrada à outra. Ainda, elas não necessariamente se mostram juntas — você pode ter uma autoestima elevada, por exemplo, mas sentir uma crise em sua confiança ao executar uma determinada tarefa. O otimismo não garante a autoeficácia, mas se concentra no mundo exterior, com a crença de que tudo ficará bem. A confiança aponta para uma crença em si mesmo de ser capaz de fazer algo — ainda que você seja péssimo nisso. Mas, mesmo que haja diferentes nuances entre eles, confiança, otimismo e autoeficácia são, segundo as autoras, todos "intimamente ligados a um senso de poder pessoal".

Como Kay e Shipman aprenderam, o poder pessoal recebe um pouco de ajuda de um excesso de confiança. Como a confiança é basicamente um chamado para a ação, não ter nenhuma leva à paralisia. "Confiança é o que transforma pensamentos em ação", diz Richard Petty, professor de psicologia de Ohio e especialista no assunto. Basicamente, se não fizermos nada ou tentarmos qualquer coisa, não chegaremos a lugar nenhum. O excesso de confiança — que está ligado a um tipo de otimismo — nos estimula a agir. Então o que acontece quando o excesso de confiança nos leva a tentar falhar? Há uma resolução aqui do outro lado do espectro. Se aceitarmos que podemos ser péssimos em alguma coisa, então não teremos medo de tentar. Ser péssimo em algo e excesso de confiança podem equilibrar a gangorra de nosso ego e nos dar a temeridade para apenas bater as asas. "Eu consigo!", dizemos a nós mesmos, e ao mesmo tempo dizemos: "Então, e se eu não fizer?"

A compreensão de Kay sobre confiança e viver sendo péssimos vem de uma extensa pesquisa e da experiência pessoal. Uma autodescrita atleta de competição, Kay é uma habilidosa esquiadora e jogadora de polo. Ela confessa que assumiu o novo esporte de kitesurf porque "o elemento do desafio era atraente. Estava derrotando meus próprios demônios. Poucas mulheres praticavam kitesurf quando comecei 13 anos atrás, e parte do apelo era conquistar um esporte predominantemente praticado por homens."

Kay explicou que se tornou proficiente no esporte em um determinado local, mas nunca foi capaz de progredir até o ponto de domínio em lugares menos familiares. Ela também lamentou: "Não posso pular. Disse a mim mesma que nunca dominaria esse esporte e quase desisti." Pular é quando você é levantado pela água, posicionando a pipa para pegar o vento e depois pousar novamente, continuando firmemente agarrada para continuar navegando. Mesmo que Kay não consiga pular, ela ainda está lá.

"Até que seria útil", concordou Kay, "aceitar que você sempre pode ser péssimo em alguma coisa — pelo menos, em parte do que você pode realizar. Se você quiser ser perfeito, não correrá o risco de ter, ao menos, tentado. Se você pode começar algo e tentar, pode tentar várias coisas. Se você se permitir ser péssimo, pode ser um caminho para coisas novas". Ela confirma que falhar pode levar à confiança, mas enfatiza que elaborar um plano é uma parte importante do processo. "Deixar de lado as comparações com os outros é importante", disse ela. "E, no caso de minhas dificuldades com o kitesurf, consegui continuar firme e isso me deu confiança."

Um pouco da sabedoria que levei da minha conversa com Kay foi a de que, infelizmente, podemos nunca encontrar uma resposta para essa questão. Mas podemos chegar a algo próximo de um plano de recuperação. O que eu aprendi — e o que eu era capaz de testar em mim mesma — é que a dúvida sempre estará lá, mas a autocompaixão pode acabar com ela rapidamente. Permita-se duvidar. Seja honesto. Faz parte de ser péssimo, e nunca superaremos isso.

Pois bem, perdoe-se por isso.

Não ignore o "eu" na autocompaixão. Sua tribo não te levará além de seus próprios demônios. Sua dúvida é só sua.

A compaixão é baseada no amor, e se nos amarmos mesmo com nossas falhas aumentam as chances de que tenhamos a confiança necessária para tentar novamente. Aqui está outra maneira de ser péssimo em algo que nos ajudará com aquilo em que somos bons. Quando aprendemos a perdoar e a amar a nós mesmos durante os períodos em que estamos falhando, sabemos como será quando chegar a hora de perdoar a nós mesmos em outras partes de nossa vida.

Hanh nos ensina: "Com compaixão em nosso coração, todo pensamento, palavra e ações podem gerar um milagre."

A autocrítica, por outro lado, é inimiga da autocompaixão. Uma vez que aprendemos a parar de nos julgar, podemos ver nossos talentos menores com compaixão. Isso não significa não reconhecer em que somos péssimos — é dizer que podemos nos amar e tornar gentis quando tentamos e falhamos. Criticar a si mesmo só é possível quando você está com objetivos ansiosos em mente. Então você começa a ficar para trás. Você não está à altura etc.

Ser péssimo é deixar de lado esses objetivos e aceitar desde o início que não se tem objetivo. Como você pode criticar isso?

Tudo isso realmente conta em situações em que as apostas são altas. Se você pode aceitar a si mesmo enquanto continua sendo péssimo ao tentar fazer algo que não o prejudique, ganhará os mecanismos de enfrentamento necessários para aceitar e aprender a lidar com os desafios de uma forma produtiva quando a merda bater no ventilador e isso for realmente importante. Seja no trabalho, seja como pais ou como um membro de uma equipe, todos nós nos daremos mal algumas vezes. Não me entenda mal, pois não estou dizendo que não há problema em ser descuidado em relação àquilo que afeta os outros. Eu não incentivaria ninguém a encontrar paz e verdade ao ser péssimo sendo, digamos, um enfermeiro, cirurgião ou exercendo qualquer função que exija confiança alheia. As coisas inúteis, as que empilham coisas efêmeras umas sobre as outras, de onda em onda, momento após momento — e depois completamente — é que são as grandes atividades nas quais ser péssimo. Mas, se você praticar a aceitação, em vez da humilhação quando se dá mal, trilhará um caminho com um melhor resultado quando isso se tornar crucial.

Tendemos a focar nossas experiências individuais e destacá-las. Quando passamos por um dia ruim, perdemos o emprego, terminamos um relacionamento ou temos de lidar com notícias negativas sobre nossa saúde, geralmente focamos aquela experiência ruim em particular e pensamos: *Por que isso está acontecendo comigo?* Mas poderíamos pensar: *Por que não eu?* Uma parte essencial da autocompaixão inclui a compreensão de que todos fazemos parte de uma humanidade em comum — experiências negativas acontecem com todos.

Jaimal Yogis compreende isso a partir de suas próprias práticas na vida: "A história em que acreditamos é a de que somos esses indivíduos separados de outros seres — sempre vamos nos dar mal, porque a grama do vizinho é sempre mais verde. Mas a iluminação não pode acontecer nesse ego construído."

Posso comprovar essa teoria do jogo e da resiliência, porque, em uma viagem para a Costa Rica, quando voltei de uma surfada extraordinariamente bem-sucedida (ou seja, peguei e deslizei sob algumas ondas de um bom tamanho) e me senti bastante entusiasmada com isso, recebi um e-mail com a indesejável notícia de que meus negócios estavam em baixa. Eu esperava um *post mortem* bastante brutal para o ano. Sabia que tinha perdido meu objetivo, mas não tinha percebido que tinha perdido um fator importante. A mensagem me deixou atordoada, porque geralmente sei onde estou durante o ano. Olho os números da mesma forma que escrevo cartas: de forma coesa, elas contam uma história, e me orgulho ao conhecer minha história em números. Mas eu estava completamente errada quanto à história daquele ano. A notícia me deixou mal do estômago e me lembrou de uma conversa que tive alguns anos antes.

Estava conversando com Alex Dick-Read, ex-editor-chefe da ótima, mas já extinta, revista de surfe *The Surfer Path*. Estávamos falando sobre surfar, escrever e publicar, e eu reclamava que não tinha tempo o suficiente na água para melhorar meu surfe de maneira significativa. Muitas vezes eu transformava isso em um debate interno — e inútil: deixo minha vida profissional em Nova York e diminuo meu ritmo para que assim eu possa surfar todos os dias? É claro que, mesmo que eu fizesse isso, ainda assim seria péssima e, então, devido ao absurdo da pergunta, eu não a gastava com ninguém. Além disso, eu não poderia ganhar a vida surfando, logo, era mesmo uma pergunta estúpida. Ainda assim, sou conhecida por reclamar com aqueles que acho que poderiam sentir empatia. A ideia de que "a grama do vizinho é sempre mais verde" é uma grande mentira. Todos nós sabemos disso, mas preferimos não acreditar.

No entanto, Alex ouviu pacientemente e perguntou: "Bem, o que você prefere ser: uma boa editora ou uma boa surfista?"

"Uma boa editora, é claro", respondi sem nem pensar.

"Então, bem", ele disse com uma gentileza que eu não merecia, "você está no lugar certo".

Costumo pensar nessa conversa toda vez que fico irritada com a disparidade brutal entre o tempo na água e o tempo no escritório, apenas lembrando minha resposta imediata à pergunta de Alex. Claro que quero ser melhor no meu trabalho do que em algo que faço por diversão.

Mas agora, pelo visto, eu também era péssima em publicar. Merda! Senti como se estivesse atravessando uma fronteira.

Passei os dias seguintes praticando o que faço quando estou na água e não estou pegando ondas. Sente-se, respire, relaxe. Seja. Uma vez que eu podia fazer isso sem o barulho do medo e da ansiedade percorrendo meu cérebro, tentei descobrir como diabos eu poderia estar tão fora do eixo em algo que eu faço todos os dias há 30 anos. Gastei metade desse tempo em um profundo treinamento para ser péssima no surfe, o que me ajudou a perceber que também poderia ser péssima naquilo a que dediquei minha carreira profissional inteira.

Então me sentei. Respirei, não de uma maneira meditativa, mas de modo a colocar de lado o pânico. Assim, consegui esclarecer um pouco o problema. Tinha um trabalho sério a fazer, e estava pronta para confrontá-lo. Tive de admitir e aceitar que havia tomado algumas decisões menos lucrativas e deveria mudar minha estratégia para melhorar.

Alguns dias depois, recebi a notícia de que os números originais não eram baseados nos números de vendas atualizados. Os números recém--ajustados contaram a história que eu esperava. Ainda perdi meu objetivo e tinha trabalho a fazer, mas embora eu tivesse sido péssima em calcular meus números, não foi por um fator louco — e eu não sou totalmente péssima em saber quais eram esses números e como eu sentia falta deles. Uma nuance, talvez, mas que ajudou a focar a tarefa adiante de mim. E eu estava pronta para enfrentar esse trabalho, em vez de me sentir sobrecarregada por aquilo que eu ainda não havia realizado. Eu só estava tentando surfar ondas por vários dias e me divertindo com isso. O fracasso não estava associado a uma sensação de ansiedade rastejante. Estava associado à água morna, ao Sol, ao surfe e à minha família.

HISTÓRIAS TRAZEM PRESENTES

A insegurança atormentou minha recuperação, até que um presente de encorajamento veio de um lugar inesperado. Se alguma vez já houve sinais do Universo, esse foi um, e de maneira direta.

Tenho duas pranchas feitas pelo legendário Jim Phillips, que surfou prolificamente na costa leste, mas que, com bom senso, agora mora no sul da Califórnia. Cada prancha tem uma quilha única de 9'3", com uma longarina, trilhos macios e um nariz esculpido. Amo a maneira que a sola dos meus pés envolve a longarina levemente levantada no centro e na metade superior do deck. Nunca fui tão feliz em uma prancha. Amei a primeira que comprei na loja de surfe local — um rosa-fúcsia deslumbrante com uma quilha amarela translúcida —, onde, apenas alguns meses depois, comprei também sua gêmea incolor ostentando uma bela quilha azul. A prancha fúcsia vive na Costa Rica para nossas viagens de surfe para o sul. A beleza branca e recatada fica em Jersey.

As pranchas são chamadas Da Copy Cat — uma referência ao infame surfista dos anos 1960, Miki Dora, que deslizava de longboard furtivamente como um gato. Então eu o imaginaria se revirando em seu túmulo porque eu deslizo sob uma prancha com o nome dele. Dora desprezava quem não era especialista em surfe e era conhecido por surfar até os pregos (iniciantes) e empurrá-los de suas pranchas. Isso foi antes da invenção do extensor para a prancha, porque empurrar alguém para fora da prancha significava que o surfista desolado tinha de passar mais tempo recuperando a prancha do que pegando ondas. O insulto era uma forma de impedir esses novatos. Dora pode ter surfado como "um gato", mas também era um idiota.

Mesmo o espírito vingativo de Dora não conseguiu impedir que as notícias de minha lesão chegassem à costa oeste. Nosso vizinho de Nova Jersey tem um irmão que mora em San Diego. Ele é um advogado que surfa e contou a história de minha lesão a um colega advogado, que era também um grande amigo do fabricante de pranchas Jim Phillips. Os detalhes sangrentos aumentaram bastante na história que ele contou.

Phillips e eu perdemos o contato umas cinco vezes, mas o suposto fabricante recluso gastou algum tempo escrevendo um e-mail encorajador para mim enquanto eu me reerguia e me recuperava da ferida em meu corpo e em minha autoconfiança. Dentre suas palavras estavam estas:

"...Espero que sua recuperação termine logo, o tempo fora das ondas se arrasta lentamente... Esteja segura, volte logo, não deixe que isso a desmotive, e desejo que seus futuros dias de surfe sejam mais de prazer do que de dor."

Mais do que o significado daquelas palavras, o que importava era sua generosidade e a consideração de enviar palavras de apoio e me aceitar como uma companheira surfista. Até então, eu não sabia que estava buscando isso, essa conexão.

Apesar de nunca ter decidido me tornar um membro da tribo do surfe, por passar tanto tempo na água, conheci outros surfistas. O esporte é democrático o suficiente para que, embora dominado por homens jovens, na maioria dos lugares existam surfistas jovens e velhos, homens e mulheres. Como demorei para aprender isso, inicialmente fiquei longe de todos na água. Mas, com o passar dos anos, fiquei mais confortável vendo os mesmos rostos — e eventualmente isso me trouxe a alegria de novas amizades.

As conexões eram profundas, no entanto, eu nunca havia me considerado uma surfista até o e-mail de Jim Phillips chegar em minha caixa de entrada. Eu não tinha nenhuma intenção de desistir, mas a dúvida surgiu em minha mente, o que não seria nada bom na hora de pegar uma onda. A falta de compromisso é a maldição de um surfista, e tive de me automotivar para voltar à prancha. As palavras de compaixão de Phillips vieram quando me questionei sobre o direito de continuar a surfar. Entre palavras e ações, milagres podem acontecer.

Comunidade e conexão são onde esses milagres acontecem. "A força de vontade não é suficiente para sustentar a mudança", lembra Kessler. "O desafio é extrair forças de algo que não seja a mera autodisciplina — ou condenação. A mudança duradoura ocorre quando deixamos de lado essas pressões isolantes e nos permitimos sentir apoio e conexão, em vez de preocupação com nós mesmos."

Continuo voltando ao poder da história. Seja por um médico, um cientista, um pesquisador, um mestre da literatura ou até mesmo por um personagem fictício — as histórias são essenciais para a maneira como passamos nossa vida. Minha primeira história depois daquele fatídico acidente me disse que eu não tinha o direito de continuar na água em companhia de surfistas mais qualificados. Eu não era digna. A outra história é: se eu cambaleio muito para os lados de meu ego ferido, acabarei me apoiando em sentimentos não confiáveis de orgulho e me retirarei de vez (certamente é a melhor entre as duas). Mas, no final, essas duas trajetórias são apenas imagens distorcidas por um espelho desse ego. Nas águas mais calmas da minha vida, a história que conto a mim mesma é simplesmente: "Eu surfo."

Eu não conseguiria chegar lá sozinha. Precisava da ajuda de algum companheiro surfista.

Um mês depois, com as gentis palavras de Jim Phillips na minha cabeça e sua prancha abaixo do meu corpo, remei. Sua mensagem surtiu um efeito de cura para me ajudar a me perdoar por fazer uma má escolha de onda, e para lembrar que não é pela habilidade que me mantenho remando a cada vez que surfo. Cuidadosamente em cima da prancha aguardando minha vez na fila, esperei uma onda. Meu médico recomendou que eu esperasse seis semanas antes de voltar a uma prancha na água. Mas quatro semanas de ruminação foram suficientes. Minha vagina que se dane. Eu surfo.

NÃO É SOBRE SER LEGAL; é sobre não ligar para o que é LEGAL.

ONDA 4

Minha Melhor Onda: Surfando pela Quimio ou por qualquer Porcaria que Vier pelo Caminho

Regra #4

Você terá de começar do início, de novo.

Lição #4

Vulnerabilidade te faz mais forte.

Benefício #4

Ser péssimo em algo é uma razão para viver.

Minhas partes íntimas haviam se curado muito bem, e eu estava de volta à água naquele outono. Pelo menos, até o final de outubro, quando a supertempestade Sandy atingiu a costa de Jersey e fomos mantidos longe de nossa casa e do oceano por meses. A onda que veio do oceano varreu casas de suas fundações e as empurrou como se fossem bolas de bilhar sem direção, jogando-as em outras casas e destruindo tudo pelo caminho.

O caos gerou mais caos: crateras se abriram no meio das estradas, dragando carros e caminhões; destroços das casas arruinadas — eletrodomésticos, cofres, madeira — foram carregados, inundando a baía e o oceano; um incêndio pós-Sandy destruiu um parque de diversões centenário a apenas um quilômetro de nossa casa. Cresci indo a esse parque quando criança e depois durante a adolescência, nos anos 1970. E meu pai também, antes de mim. Levei meus meninos lá a cada temporada no verão. Foi um bom momento, mas tudo muda.

Na noite anterior à tempestade, fomos obrigados a evacuar nossa casa e a ilha. Nós nos asseguramos que éramos capazes e nos enchemos de coragem — o que mais há de se fazer? —, mas era assustador sair de nosso lar com tão pouco no pequeno reboque. Não nos preocupamos em levar nada conosco. Dei uma última olhada na casa que amávamos: um refúgio confiável de inúmeras memórias de família — doçuras e agruras — agora reduzido à sua composição material, como tudo mais que estava no caminho da tempestade. Apenas outra estrutura vulnerável, que logo foi destruída pelo vento, pela chuva e pela maré.

"Adeus, querida casa", falei como se ela pudesse responder. "Esperamos que você ainda esteja em pé amanhã." Então pegamos o carro e fomos para o interior.

ALEGRIA ONDE MENOS SE ESPERA

A tempestade não foi a única força da natureza que trouxe o caos naquele outono.

Junto do despertar de Sandy e da destruição que trouxe, fui diagnosticada com câncer de mama. Então, se você está acompanhando: eu ganhei de mim mesma uma segunda vagina no mês de agosto, Sandy chegou em outubro, e recebi o diagnóstico em dezembro. No momento em que recuperei uma certa autoconfiança, minha vida no surfe, e todos os outros aspectos de minha vida, eu estava prestes a ter de suportar outra perda séria.

O câncer de mama nunca foi um bicho-papão para mim. Havia muitos outros fantasmas para me assustar. Encontrei-me vulnerável como nunca antes. Isso porque aprendemos a conviver somente com ameaças que podemos ver, o que não quer dizer que não haja outras maneiras de essas ameaças se manifestarem — uma barbatana atravessa águas calmas, um exame de rotina se torna complicado. Ser péssima no surfe me levou a aceitar que nunca estamos livres de problemas, mas eu estava prestes a aprender que acreditar ser imune às ameaças tinha suas multiplicidades. Surfar era difícil para mim — mas sempre foi uma escolha remar até as ondas. Um desafio e uma vulnerabilidade que eu buscava.

O câncer era outro tipo de vulnerabilidade.

Mas não era só isso. Algo mais aconteceu depois do pior dos invernos, quando nossa casa e minha saúde estavam ambos sob risco. Foi nessa época que experimentei deslizar pela minha melhor onda. Uma onda lenta e macia, que compartilhei com Rocco em uma abençoada manhã de julho. Havia cinco meses que eu não entrava na água.

POUCO ANTES DO NATAL, durante aquela temporada de Sandy, uma mamografia de rotina revelou um tumor invasivo e agressivo na minha mama esquerda. Nossa casa permaneceu misericordiosamente intacta, como se fosse para provar a (cruel?) aleatoriedade da natureza. Sandy fez com que a baía aumentasse a oeste, mas suas águas pararam três casas antes da nossa. Uma faixa de casas localizadas no centro da ilha foi salva de ser arruinada por sua posição privilegiada, protegidas do vento, das ondas do mar e das altas da maré. Nosso porão foi inundado por águas subterrâneas e perdemos tudo que estava armazenado lá, mas a água nunca chegou à parte principal da casa. Muitas outras casas, assim como meu corpo, não se saíram tão bem assim.

Múltiplas cirurgias ao longo dos próximos dois meses resultaram em variáveis questionáveis. Decidimos tratar o câncer sistemicamente com quimioterapia antes de ter de lidar com o carcinoma ductal in situ (CDIS) que residia teimosamente no meu seio. Uma vez que me assegurei de que minha família seria cuidada caso a situação piorasse — eu estava "fazendo as contas" novamente —, a questão logo se tornou: *Seria o fim do surfe para mim?*

Em fevereiro, antes de começar minha primeira batalha de quimioterapia, apenas quatro semanas depois da última das três cirurgias que não me curaram, surfei em Guiones, contra a recomendação de minha fisioterapeuta. Um cordão havia se formado no meu braço esquerdo, resultado da cicatrização rápida da fáscia, o que criou um tecido esticado entre a pele e os músculos. Um cordão visível puxado por baixo de minha pele como uma corda de violão, prendendo-se de meu pulso ao longo da parte de baixo do meu antebraço e bíceps até minha axila. Era muito doloroso e impedia que meu braço se esticasse além de um pouco mais de trinta graus. Isso tornaria o surfe muito, muito difícil mesmo (e eu nem precisava de alguma dificuldade extra). Meus médicos eram compreensivos: trabalhavam comigo para agendar as cirurgias antes da minha viagem já planejada, entendendo que entrar na água era fundamental para a minha saúde mental. A fisioterapeuta não era tão compreensiva assim.

Quando contei a ela que queria surfar, ela disse: "Isso é ridículo. Você não pode surfar com este braço. Além disso, você está ainda se recuperando da cirurgia."

"Outra opção?", perguntei a ela.

"O que você quer dizer?"

"Vou surfar de um jeito ou de outro, então me ajude a descobrir o que posso fazer."

"O que há de errado com vocês?", ela perguntou. "Meu namorado surfa, e comete um monte estupidez o tempo todo também. Vocês todos são masoquistas?

"De modo algum."

Ela me instruiu a exercitar meu braço fazendo movimentos lentos com os dedos para cima, em uma parede, de pé contra ela, para cima e para baixo, para cima e para baixo novamente. Esse movimento foi elaborado para forçar gentilmente meu braço e rasgar o tecido agressor. Isso fez meu corpo estremecer de dor quando a extensão de meu músculo puxou o cordão esticado. A fisioterapeuta me disse para fazer esse exercício antes e depois de cada vez que fosse surfar.

Essa terapia rapidamente caiu no esquecimento na primeira vez que fui surfar em Guiones. Entre cada remada e a atração das ondas contra meu braço, a corda teimosa se arrebentou. Depois de uma onda particularmente poderosa, mergulhei meu rosto na água para abafar meu grito. No final de semana, recuperei toda amplitude de movimento e o uso de meu braço.

Minha teimosia em viajar para Guiones com apenas um braço funcional foi um momento crítico no enfrentamento do câncer. É quase embaraçoso ter de admitir, mas meu primeiro pensamento quando fui diagnosticada foi: "Não tenho tempo para isso." Entre o trabalho e a vida familiar, eu não conseguia entender no que aquilo daria. Então, quando tudo indicava que eu poderia parar de surfar, abandonei esses pensamentos. Parei de me preocupar com como eu ajustaria minha vida ao câncer e entrei na água. Doeu imensamente — por um momento. Mas havia algo sobre essa dor no meu braço que me fez perceber que eu ainda estava viva, que eu podia lutar de maneiras próprias, sem médicos, máquinas e equipamentos sofisticados. Entrar na água fez do meu câncer apenas mais uma torção na minha carreira de surfista, onde eu fazia parte de uma multidão. Eu já estava acostumada com um ou outro mau jeito.

UMA AVENTURA QUE ESCOLHEU VOCÊ

Assim que você acredita que descobriu o que é um Câncer, ele lembra que o C é maiúsculo por alguma razão.

Após a consulta com o radiologista que descobriu e fez a biópsia do tumor, houve visitas e consultas a um cirurgião que reconstrói mamas. Meu cirurgião de mamas recomendou um oncologista. Um patologista remoto fez o relatório sobre o tamanho, a agressividade e o tipo de células proliferando em meu corpo. Houve algumas consultas para ouvir segundas opiniões, check-ins e exames com meu clínico e meu ginecologista. Um cardiologista teve de assegurar que meu coração era forte o suficiente para aguentar o tratamento. Na clínica de tratamento havia enfermeiros e farmacêuticos que cuidavam dos detalhes do tratamento.

Ninguém lhe diz como administrar qual médico seguir, ou qual médico segue o quê. Não havia roteiro. Fui levada a seguir meus instintos e não tinha conselhos de outras pessoas que já tivessem passado por isso antes de mim. Mas é claro, ninguém poderia estar passando exatamente pelo que eu estava passando, porque meu conjunto particular de circunstâncias não se assemelhava a nenhum outro, como é a verdade para qualquer pessoa que é diagnosticada. Nenhum de nós é um paciente comum, embora alguns de nós sejamos menos comuns que outros. Essas são as boas e as más notícias, onde a esperança e o desespero tornam-se parentes próximos. Uma de minhas enfermeiras me avisou, como se eu tivesse algo a ver com o problema: "Você não quer ser desobediente. Ser desobediente em tratamento médico não é coisa boa."

Chorei apenas uma vez durante toda essa provação, quando fiquei impressionada com tantas opções — mesmo enquanto eu entendia que era sortuda por ter todas essas opções. Ainda assim, aprendi que não existia um caminho certo, e nem um caminho errado. As decisões finalmente foram minhas, o que me deixou perplexa, porque eu não sabia o que fazer. Eu me senti sozinha e vulnerável, e tive a inevitável sensação de que eu era uma droga por ter câncer. Uma vez ou outra, eu me perguntei se morreria. Quase pior, eu me perguntei se teria a mesma tenacidade por ter de começar a aprender a surfar de novo do zero. Eu teria de começar de novo.

Então, eu me concentrei em coisas mais prosaicas. O tempo se tornou uma *vadia*. E me peguei pensando: "Puta merda! Ficar doente consome muito tempo!" No começo eu não conseguia entender como ajustaria as consultas e as cirurgias e tratamentos ao meu horário de trabalho, principalmente porque eu queria manter o diagnóstico privado. Era importante para mim manter minha vida profissional sem interrupções por essa nova realidade. Ainda assim, não havia como contornar isso. Um diagnóstico é a hora de se ferrar, como em uma auditoria da Receita Federal ou ficar presa no trânsito. Reclamei para Joel: "Preciso de um avatar para o meu câncer."

Em momentos de lucidez — e introspecção —, percebi que estava andando em círculos. Minha luta com a nova falta de tempo falou mais alto que meu estado de negação. Se eu pudesse me irritar com as horas que faltavam para fazer as coisas que amava ou as obrigações que eu tinha, então eu não focaria o terror que o diagnóstico causava. Quanto tempo eu realmente estava perdendo? Minha doença e meu tratamento faziam com que meu tempo fosse péssimo? Para que servia "aquele" tempo afinal de contas? Eu tinha planejado tudo com antecedência?

Eu estava pensando errado sobre tudo. Precisava de uma nova estratégia. Então tentei reformular meu julgamento de valores sobre como eu estava passando meus dias: o câncer era como embarcar em uma aventura! Tentei olhar para cada hora desse novo mundo incrivelmente complexo como uma nova experiência. Eu aprenderia a viver com esse novo medo que isso me trouxe. Que luxo me reconhecer recentemente com medo, para melhor entendê-lo! Havia pensamentos sombrios, com certeza, mas com a aceitação da aventura veio uma espécie de luz. Eu simplesmente não seria "boa" em ter câncer. Eu podia ler todos os livros, aprender todas as palavras, fazer todas as perguntas certas, e ainda estaria na mesma situação, com nada para mostrar além de um novo vocabulário macabro.

Eu também tinha um supertrunfo de surfista em meu psicológico. Eu sabia que sempre haveria uma nova onda no horizonte.

A VULNERABILIDADE É PÉSSIMA... OU TALVEZ NÃO

Muitas vezes, durante os dois meses seguintes, enquanto eu continuava o tratamento, levantei, abatida, à beira d'água de nossa abatida comunidade de Nova Jersey e surfei em minha mente. Comprei uma câmera SLR digital para poder tirar fotos de Rocco enquanto ele pegava onda após onda. Meu corpo estava sendo taticamente envenenado, mas ele se fortalecia a cada sessão. Houve dias em que eu me pegava andando pela areia fina na costa, no nosso local de parada, e isso era o suficiente para me deixar exausta. Rocco e meus passeios de uma hora pela praia próxima ao parque local se tornaram impossíveis.

De vez em quando, eu era forte o suficiente para sair e entrar na água —, mas nunca forte o suficiente para surfar. Entrar nas ondas era cura o suficiente, uma humilde bênção, mas também me tornou mais vulnerável do que nunca. Após o surgimento do medo e da raiva que vieram com o diagnóstico, e depois de acolher o aspecto mais perigoso da jornada, comecei a me sentir vulnerável como nunca antes. Quando me vi doente pelos tratamentos, que me levaram ao meu pior estado físico, senti isso como uma espécie de traição. Meu corpo se virou contra mim, e agora eu estava doente com o resultado. Essa nova vulnerabilidade superou todos os outros sentimentos. Em vez de tentar — sem resultados — me fortalecer contra esse sentimento, decidi aceitá-lo. Isso foi próximo o suficiente de se ferrar, o que me fez me sentir confortável. Eu poderia aprender com isso — se eu pudesse abraçar essa ideia.

A palavra "vulnerável" deriva do latim *vulnerare*, que significa "ferir", então minha resposta reflexiva aos insultos fisiológicos ao meu corpo, tanto de dentro como de fora, seguiu as ordens da palavra usada para expressá-lo. Isso fez sentido para mim.

E essa origem se perdeu. Uma ferida em nosso corpo não é apenas um lugar de destruição. Uma ferida é um local de cura, construção, recuperação. Em nível celular, cada pequena laceração ou inchaço está sendo tratado por tropas com os baldes cheios de materiais reparadores. A ação violenta que gerou a ferida ficou no passado. Cada momento que se passa é um momento mais próximo do resgate da totalidade.

Mas as únicas coisas que chamamos de "vulneráveis" hoje em dia provavelmente são fatalmente comprometidas ou arruinadas. Os noticiários nos mostram o quanto somos tecnologicamente vulneráveis

— hackers acessando informações privadas, inimigos que ameaçam sabotar nossos sistemas de operação, a manipulação eficaz das redes sociais para ganho ou influência. Situações vulneráveis são locais de fraqueza, paranoia e medo. Um sistema vulnerável está aberto para quem pode tirar proveito disso, ou, pelo menos, sobrecarregá-lo até arruiná-lo, como se fosse uma ponte mal construída. E falar sobre proteger esses sistemas envolve a identificação dessas fraquezas a fim de resguardá-los de algum ataque.

Nesse contexto, a vulnerabilidade na experiência emocional humana pode ser confusa. Se estamos acostumados a pensar que ser vulnerável é ser fraco ou arruinado, perdemos o valor do sentimento e trabalhamos contra isso, em vez de perceber o que isso nos ensina e os presentes que a cura da vulnerabilidade nos traz.

Bené Brown dedicou sua carreira a estudar como passamos a considerar a vulnerabilidade como uma patologia. Sua palestra TED é uma das mais assistidas no site, falando não apenas sobre como as pessoas se relacionam com a questão, mas sobre quantos lutam claramente contra ela. Não é uma questão de perguntar se alguém se sente vulnerável, mas de se perguntar se esse alguém pode se aceitar vulnerável. Como temos um contexto cultural mais amplo, passamos a considerar a vulnerabilidade como uma deficiência. Os sinônimos contam a história: "fraqueza", "desamparo", "desprotegido", "exposto" etc.

Exceto por um "aberto".

A pesquisa de Brown transformou todos esses sinônimos pejorativos em oportunidades. Brown afirma que a vulnerabilidade "é o berço do amor, do pertencimento, da alegria, da coragem, da empatia e da criatividade. É a fonte de esperança, empatia, responsabilidade e autenticidade". Aqueles que estão mais à vontade, de acordo com Brown, são os de "coração aberto". São pessoas que acolhem a vulnerabilidade, em vez de fugir dela. Elas acreditam que isso é o que as torna belas.

Entendi isso. Até então, eu havia entendido de minha maneira amadora. Escolhi uma prancha. Surfar como uma coroa doidona ainda prego não me tornou bela, mas abriu a porta para lugares onde me senti vulnerável. Com o tempo, eu me acostumei com a ideia de que sempre seria a aluna, nunca a mestre, que estaria sempre por último na hierarquia, seja lá o que isso significasse. Ser péssima no surfe era um jeito de praticar (relativamente) a maneira não ameaçadora de ser vulnerável.

Paradoxalmente, percebi que passava tanto tempo sendo vulnerável, que desenvolvi um tipo de resistência. Não tinha nada a ver com aptidão. Tive de engolir meu orgulho e colocar a culpa no tempo. Eu me permiti viver ao ar livre. Eu sempre continuaria sendo uma novata, mas continuaria tentando. Pensei que estava fazendo um trabalho duro, mas percebi que aqueles eram apenas pequenos passos para me juntar aos de "coração aberto".

À luz de meu novo relacionamento pós-diagnóstico com a vulnerabilidade, fui capaz de examinar algumas escolhas que fiz. Por exemplo: consegui manter meu diagnóstico entre mim e meus mais próximos durante sete longos meses. Ao manter as notícias somente entre os mais próximos, acreditei que poderia me afastar dos sentimentos de exposição que um diagnóstico de câncer traria. Imaginei que um dia chegaria do outro lado, e então seria capaz de dizer para as pessoas: "Ah, sim! *Tive* câncer, *arrasei* com ele, e agora dei a volta por cima. Tudo de boa." Eu queria muito falar sobre isso no passado: encerrado, pronto, acabado, nunca mais. Mas meu câncer ainda não estava no tempo passado; nem era quase passado. Estava muito, muito presente.

Eu até decidi por um protocolo quimioterápico que me permitisse parecer saudável. Meu cabelo não caiu e, com exceção dos dias de tratamento, eu conseguia fingir muito bem. Eu parecia uma bruxa, mas dizia às pessoas que só estava cansada.

Em retrospectiva, percebi que eu não queria que as pessoas soubessem sobre meu estado de saúde porque sentia vergonha. Vergonha por ser fraca, indefesa, desamparada. Vergonha de nomear minha vulnerabilidade. Na pesquisa de Brown, que ela chama de "Defesa Contra as Artes das Trevas" da vergonha, ela escreve: "A vergonha deriva de seu poder de ser inominável." E ela aconselha: "Se falarmos em vergonha, ela começa a murchar... Não podemos acolher a vulnerabilidade se a vergonha estiver sufocando nosso senso de valor e conexão." A vergonha nos faz sentir desagradáveis e nos impede de aceitar nossa vulnerabilidade — exatamente o que abre nosso caminho para o amor.

Todos temos uma voz em nossa cabeça nos dizendo que não somos bons o suficiente, saudáveis o suficiente, inteligentes o suficiente, fortes o suficiente. Quando o câncer acontece, essa voz parece estar... correta. É uma sensação terrível e completamente desnecessária. Você não deveria ter uma vida completamente intocada pelo infortúnio de viver abertamente consigo mesma. Essa voz está errada. A vergonha vive no centro dessas medidas pervertidas de autoestima e alimenta os monstros da dúvida e da autocrítica. A consciência desses respingos pesados de vergonha é o primeiro passo para resistir a ela. Depois de enfrentarmos esses sentimentos, podemos começar a aceitar nossa vulnerabilidade e abrir nosso coração para o amor, onde é necessário dar e receber.

ASSIM QUE VOCÊ PENSOU QUE ERA SEGURO VOLTAR PARA A ÁGUA...

Na última sessão de quimioterapia, perguntei aos médicos se poderíamos chamar aquilo de final. Cada grama de meu ser dizia: "Basta!" Meu corpo protestava por inteiro quando eu me aproximava da 15ª Avenida com a Chelsea, com graves crises de náusea. As enfermeiras começaram a chamar meu braço de "galho duro", pois minhas veias desapareceram, recusando-se a cooperar, tornando extradifícil o toque de pulsão IV do coquetel químico de metotrexato e 5-fluorouracil. Tomei a parte C (Citoxan) com o tratamento oral de CMF. Meu corpo estava basicamente dizendo: "Foda-se essa merda!" Minha mente dizia o mesmo.

Em vez de suportar o tratamento final, algo muito pior aconteceu: um segundo tumor apareceu na mesma mama. Lembrei-me de outro pesadelo frequente sobre entrar em elevadores que me levavam para lugares desconhecidos, movendo-se para os lados ou em diagonal ou bem para baixo. Eu continuava descendo com o elevador da vulnerabilidade, e, quando eu pensava que chegaria ao porão, descobria que haviam andares mais abaixo a serem descobertos.

Entre a dupla ameaça do câncer residual e do aparente crescimento de um novo, meus médicos e eu decidimos que a mastectomia era a melhor medida a ser tomada. Nunca saberemos se não detectamos o segundo tumor do diagnóstico original ou se ele resultou da quimioterapia. Prefiro acreditar no primeiro caso, porque o segundo não é um bom presságio em relação ao meu futuro.

Em ambos os casos, o protocolo de quimioterapia que eu havia suportado mostrou-se ineficaz, então eu teria de passar por outra sessão — basicamente uma recuperação —, uma vez que me recuperei da mastectomia e meu sistema imunológico se recuperou o suficiente para suportar mais do tratamento. Outro daqueles elevadores mergulhando na escuridão.

Ganhei um descanso bem-vindo de duas semanas entre a mastectomia e a sessão extra de quimioterapia. Para mim, duas semanas significavam uma coisa: tempo suficiente para surfar, pelo menos, uma vez antes de ficar em terra por mais quatro ou cinco meses. Após meses até criar raízes induzidas quimicamente, entrei na água e senti meu corpo como eu gostaria que fosse. Apenas por um momento. Um momento foi o suficiente.

Marolinhas, na altura das coxas, receberam-me de volta em um feriado prolongado em Nova Jersey. Era julho, oito meses depois de meu diagnóstico. Rocco e eu remamos juntos através da água ciano do Oceano Atlântico. Ele se transpôs facilmente através da rebentação e, dois minutos depois, já estava sentado em sua prancha na linha do horizonte. Eu estava na batalha. Os braços impotentes, o coração batendo forte, os pulmões pesados. *Caramba!*, pensei, *este ano ferrou comigo*. Eu não conseguia fazer aquilo.

Engolindo o soluço, virei minha prancha branca e brilhante Jim Phillips para voltar para a costa, a mesma prancha que me machucou um ano antes. Voltar àquela prancha amada pareceu algo familiar e estável como voltar para casa. Passamos juntas por muitas coisas, mas agora não podíamos honrar mais o surfe, porque eu estava exausta devido aos danos que meu corpo sofreu nos meses anteriores. Uma voz interior me incomodava: *não há como você fazer isso*. Quando cheguei ao raso próximo da costa, de repente me vi como meu filho deve ter me visto na linha do horizonte: derrotada.

Em vez de tirar minha prancha da água, joguei-a de volta, para enfrentar as pequenas ondas quebrando. Abaixei minha cabeça (o que você nunca deve fazer no oceano, mas até mesmo manter minha cabeça erguida me tomava uma energia que eu não tinha) e fui remando com cada reserva de energia que ainda restava em meu corpo, passando através da rebentação.

Quando Rocco e eu começamos a surfar, nós dois ficávamos por dentro, onde seríamos empurrados pela rebentação de volta para a costa. Eu o posicionava e o empurrava em direção às ondas até que ele fosse forte o suficiente para se impulsionar sozinho.

Quando comecei a remar e a conseguir reconhecer alguns rostos, eu tomava conta dele vigiando-o na arrebentação além do intervalo de ondas. Quando ele ainda era menor, choraria de medo pela minha segurança se eu ficasse muito tempo fora ou se uma corrente marinha me puxasse muito para o norte ou para o sul além do alcance de visão.

Então, um dia, quando ele tinha 13 anos, fui pega completamente de surpresa ao vê-lo já sentado na linha do horizonte. Estávamos na Costa Rica, onde ele nunca havia atravessado a rebentação, que é muito mais distante da costa do que em Nova Jersey. Aterrorizei-me por ele ter remado sem minha supervisão. Eu havia pensado que ele tinha voltado a salvo para a costa.

"Como é que você chegou até aqui?", perguntei assim que ele conseguiu remar ao meu lado.

"Levei meia hora, mas consegui." Ele estava orgulhoso, assim como eu. A partir daquele dia, remávamos juntos. A maré mudou. Agora sou eu quem assiste Rocco mergulhar e remar através de ondas enormes arrebentando e caindo feito explosões, o que evito a qualquer custo. Quando as ondas ficam muito pesadas para mim, surfo por dentro, enquanto Rocco se dirige ao horizonte na esperança de pegar uma grande onda. Ainda é preciso cada pedacinho de fé para não entrar em pânico quando ele não desaparece no swell ou com a força da correnteza até ficar à deriva. Surfar com Rocco é o mais próximo do céu para mim, assim como compartilhar músicas com Gio (especialmente nossa mútua obsessão por Bruce Springsteen e Eddie Vedder). Mais ainda luto com meu medo pela segurança de Rocco na água. Acredito que você consegue o que pede, e céu e inferno não são tão distantes quanto você deseja.

No dia em que peguei a melhor onda de minha vida, o sorriso de Rocco enquanto eu ia para além da rebentação me deu o empurrão de que eu precisava para continuar. Quando deslizei até ele na minha prancha, ele apenas sorriu e disse "você conseguiu", antes de habilmente dar uma virada e remar até uma onda.

Uma onda era tudo do que eu precisava. Depois de me sacolejar pela água com meu filho por meia hora, uma pequena e suave linha de ondulação apareceu em meu caminho. Girei minha prancha de frente para a praia e vi Rocco à minha esquerda. Ele estava mais próximo do pico e tinha prioridade. Se fosse qualquer outro, daria ao surfista o direito ao caminho, mas deixei a etiqueta de lado em favor de compartilhar uma onda com meu filho, na esperança de que não o atrapalhasse e arruinasse tudo para ele. Remei com mais força do que parecia necessário para alcançar a rebentação pela altura do quadril e pegar a energia da onda, que me levantou e me empurrou para a frente, quando surgi, virei e deslizei em perfeitas condições. Agora, em vez de me esforçar, deixei que a onda fizesse o trabalho. Uma prancha sabe o que fazer sobre uma onda. Essa foi lenta e me perdoou, o oceano estava estranhamente misericordioso. Rocco deslizou apenas seis metros a minha frente. Nós dois deslizamos paralelamente, até a onda se desdobrar na praia. E ele se deixou cair de costas enquanto eu deixava a prancha nas espumas das ondas.

Perdi o fôlego pela beleza daquele momento, e chorei quando voltei para depois da rebentação, paralela ao horizonte. Minhas lágrimas salgadas e a água salgada do oceano se misturavam em um caldo emocional catártico. O fato de eu poder surfar uma onda parecia um pequeno milagre para mim, e compartilhar essa onda com Rocco era uma espécie de graça quando eu mais precisava. Não peguei outra onda durante o resto do tempo na água, e ainda demoraria muito tempo antes que me aventurasse no oceano novamente.

No meu tratamento, o pior ainda estava por vir. Enquanto me recuperava da mastectomia que comprometeria permanentemente o lado esquerdo de meu tronco, sofri por mais dois meses devido ao tratamento protocolo também conhecido como "o demônio vermelho". Porém, eu já experimentara estar vulnerável, e sabia que beleza e vida vinham da vulnerabilidade, tão seguramente quanto os riscos. Quando estava muito doente para trabalhar, ou cansada demais para me mexer, fechava os olhos e pegava aquela onda com Rocco repetidas vezes.

GRATIDÃO: A PORTA DE ENTRADA PARA A RESILIÊNCIA

O auge de meu desconforto físico de um ano que acumulou sete meses de quimioterapia e cinco cirurgias chegou na última semana desse segundo round de meu tratamento. Era fim de outubro daquele ano que me deixou maltrapilha como se tivesse tomado um duro golpe. Nunca consegui lidar com toda a provação — ir ao escritório me manteve distraída e focada em algo diferente de meu estado de infelicidade. Raspei minha cabeça antes que meu cabelo caísse, ainda querendo controlar tudo que eu pudesse (algumas lições precisam ser aprendidas novamente). Qualquer esperança de manter a doença em sigilo foi anulada assim que apareci careca no escritório. Uma colega, ao ver minha cachola brilhante, perguntou: "Você tá bem?"

"Não", respondi pensando: *Pronto, contei!*

Aquelas últimas semanas tinham me deixado fora de órbita. Eu mal podia andar de um lado ao outro do apartamento. Na tentativa de me confortar, Rocco colocou sua linda cabeleira, que escorria até o meio das costas, sobre minha cabeça nua.

Amei quando ele fez isso.

Em um dia particularmente brutal, deitei no sofá me sentindo tão próxima da morte como nunca antes — e não digo isso metaforicamente. E eu disse a mim mesma enquanto estava deitada: "É assim que é morrer." Tentei associar aquele momento à onda que peguei com Rocco três meses antes, mas estava tão fora de mim, que em minha imaginação permaneci na costa. E, então, me vi rezando. Em meu momento de maior fraqueza, senti minhas forças se esvaírem quase que completamente. Havia bem pouco que eu pudesse *fazer*, mas ainda podia rezar.

A gratidão tornou-se o único caminho. Não importava o quão para baixo eu me sentia, ainda tinha o conforto de estar em casa, com minha amorosa família por perto. Eu estava relativamente segura, exceto pelas células que habitavam meu corpo desafiando a minha longevidade. Tornei-me hiperconsciente das infinitas situações piores pelas quais eu poderia estar passando, e minha autocomiseração desapareceu. Em seu lugar, veio uma apreciação pela minha boa sorte de ter os cuidados de que precisava e o conforto, o amor, e o apoio dos amigos e dos familiares — não importando o resultado final. A gratidão tornou-se o benefício inesperado da extrema vulnerabilidade que senti. Uma vez que meu coração se abriu para o quão vulnerável eu estava, o caminho para a gratidão se tornou claro. Um coração aberto faz um inventário. Você também faz isso quando está vivendo uma aventura.

Um dos livros mais bonitos já escritos sobre o assunto é *Gratidão*, do neurocientista Oliver Sacks. Seu último livro, uma coleção de ensaios curtos, mas poderosos, que ele escreveu quando soube que estava prestes a morrer. Após saber sobre as metástases que estavam acelerando seu fim, Dr. Sacks escreveu: "Não posso fingir que não tenho medo. Mas meu sentimento predominante é de gratidão." É especialmente emocionante, porque ele escreve como sujeito e como objeto, como cientista de suas próprias experiências a experimentador também.

A resposta de Dr. Sacks a um prognóstico fatal parece extraordinária, mas a ciência também nos diz que isso não é totalmente incomum. De acordo com um estudo sobre emoções após o 11 de Setembro, um grupo de psicólogos descobriu que, além do medo, da raiva e da tristeza, havia sentimentos mais positivos, de gratidão e compaixão. A conexão entre esses estados de emoções negativas e positivas é explorada na teoria "da ampliação e da construção", da psicóloga Barbara Fredrickson, da Universidade de Michigan. Fredrickson defende que as emoções positivas "ampliam os repertórios momentâneos de ação do pensamento das pessoas e constroem seus recursos pessoais duradouros". Quanto mais recursos positivos essa pessoa tem, mais adaptada ela é quando a merda fica ainda pior. E a gratidão é um dos grandes *kahunas* do pensamento positivo.

A prática da gratidão leva a mais alegria, entusiasmo, energia e sentimentos de boa saúde. Às vezes, é fácil. É como uma segunda natureza agradecer por coisas boas. Porém, embora a gratidão seja uma resposta para as experiências que nos trazem alegria, conforto e segurança, com a prática podemos "ampliar e construir" acesso a esses sentimentos positivos em momentos de dor, desconforto e insegurança. A gratidão nos ajuda a aceitar o que é, em vez de gastar tempo e recursos preciosos desejando o que não é. Anos sendo péssima no surfe me prepararam para essa prática, ainda que eu não pudesse articular isso ao me deitar morrendo no sofá.

Até então, eu nunca havia entendido os princípios da prática de gratidão que envolvem ser grata pelas coisas difíceis da vida. Nossos instintos nos levam a nos afastar das coisas desagradáveis. Mas, quando estamos abertos para nossa vulnerabilidade, criamos espaço para sentir emoções positivas em relação ao medo, à raiva ou ao ressentimento. O que vem é uma consciência de que podemos sentir que já alcançamos o que queríamos. Quando permitimos profunda gratidão em nossa vida — tanto pela dor quanto pelo consolo, em tempos de grandes crises ou de imensas alegrias —, ajudamos a nos curar, psicologicamente e, às vezes, fisiologicamente.

Todos sentimos quando nosso sistema nervoso autônomo reage a situações ruins com o aumento da atividade cardiovascular, da frequência cardíaca, pressão arterial etc. É nossa amígdala novamente nos dizendo para fugir ou enfrentar. No entanto, podemos optar por acessar nossa função executiva mais evoluída, contida no córtex frontal. Essa é a parte mais nova do nosso cérebro, que podemos treinar para substituir as mais primitivas e ajuda a voltar nossa atenção para que enfatizemos o lado positivo. Quando tivermos sucesso, nosso corpo reagirá gentilmente, e o estresse fisiológico diminuirá. A gratidão nos ajuda a fazer isso.

Um de meus hábitos preferidos de gratidão veio de — quem mais? — um surfista. Dale Webster detém o título no *Livro Guinness de Recordes Mundiais* por ter surfado por mais dias consecutivos. De 3 de setembro de 1975 a 4 de outubro de 2015 — um total de 14.641 dias —, independentemente do clima ou do *swell*, na saúde e na doença, Webster remava e pegava, pelo menos, umas três ondas. Famoso por sua participação no melhor filme de surfe de todos os tempos até para quem não gosta de surfar, *Step Into Liquid*, a tenacidade de Webster não é o que mais ficou em minha mente. A cada vez que surfava, Webster honrava uma antiga tradição havaiana, fazendo uma reverência a onda, em agradecimento. E não é pouca coisa ele ter fez isso andando para trás. Com os braços abertos para abrir seu coração ao horizonte, ele prestou seu respeito ao oceano.

Uma pedra nos rins parou Webster em seu 41º ano de surfe todos os dias. Aposto que, mesmo assim, ele agradeceu aos deuses do surfe. Talvez desta vez por uma pausa para o descanso.

PLANEJAMOS COM OTIMISMO uma viagem para nossa casa em Nosara apenas quatro semanas após meu round final contra o câncer do segundo protocolo da quimioterapia. Tendo cancelado as duas viagens anteriores naquele ano, estava determinada a surfar, viesse o inferno ou a maré alta. Tive quatro semanas para ganhar forças o suficiente para remar.

Comecei caminhando de meu apartamento para a Broadway e voltei — cerca de 12 quarteirões de ida e volta —, com Joel ao meu lado. Ele tentou me ajudar e me manter erguida, mas eu o afastava.

"Me deixe fazer sozinha…", disse a ele. "…mas me segure se eu começar a cair."

Aquela caminhada me exauriu. Mas consegui.

No dia seguinte, fui um pouco mais longe. Meu sistema imunológico tinha levado uma pancada, então fiquei longe da academia e concentrei meus esforços em andar cada vez mais a cada dia. Nova York é uma ótima cidade para caminhadas, e foquei a rua dos teatros para me manter alerta e entretida enquanto arrastava meu corpo por um quarteirão, ou dois, ou dez mais adiante. O pensamento de entrar na água com minha prancha foi suficiente para me manter em atividade. Eu sabia que teria de começar pelo início. Novo corpo, nova surfista. Mas estava pronta para isso. Ser uma surfista péssima e feliz significava que meu orgulho de realização não dependia de alcançar padrões de excelência. Começar de novo era algo que eu fazia basicamente toda vez que me molhava. Depois de duas sessões de quimioterapia e cinco cirurgias, "começar de novo" soou bem, muito, muito bem.

Se alguém dois anos mais cedo tivesse transformado minhas circunstâncias em um jogo de "E se você, em vez de...?", tenho certeza de que teria escolhido ter mantido meu seio, em vez de poder surfar. Para minha grande surpresa e prazer perverso — e talvez seja somente um instinto de sobrevivência, agora que meu seio havia sumido —, senti me libertar do que estava me causando tristeza e ameaçando tudo o que considero querido. Na batalha do seio contra o surfe, eu escolheria surfar como o fator de sustentação da vida. Facilmente.

À medida que a viagem se aproximava, mais uma vez me senti em transição de estados mentais. Eu era uma "prego" em matéria de câncer e adotava a vulnerabilidade, então me tornei uma veterana, testada em batalha, e confiava na gratidão. Mas, agora que estava voltando a surfar, procurava por alguma outra coisa. A mesma coisa que cultivei por anos de fracassos, quedas e desperdícios nas ondas. Nada mais complicado que *resiliência*.

Então, quando me senti fisicamente arrebentada, meu amigo e visionário sobre a cura do corpo, Dr. Eric Goodman, disse-me cinco palavras mágicas: "O corpo quer ser saudável." Entender o corpo como um sistema resiliente era exatamente do que eu precisava. A teoria de Eric de "adaptação complacente" — basicamente sobre como somos péssimos em viver em nosso impressionante corpo — explica a raiz da causa de nossas dores. Ele ajuda pacientes a se curarem por meio dos fundamentos da crença em nossa capacidade de mudar da complacência para a adaptação resiliente. Nosso corpo é incrível —, mas muitas vezes o tomamos como garantido e não o valorizamos. A premissa mais fundamental (e mais feliz) de seu trabalho é que nós já nascemos com essas ferramentas de resiliência. Estudos mostram que a resiliência é inata e não é uma competência excepcional. Assim, mesmo aqueles que são péssimos podem colher os frutos dessa nossa capacidade embutida de se recuperar.

Como nosso cérebro é treinável — vimos isso na discussão sobre neuroplasticidade no último capítulo —, podemos trabalhar para encontrar maneiras de reforçar nossa capacidade de lidar com situações ruins. A prática da gratidão é uma das mais eficazes, e essa ideia nos leva de volta à Mente Certa da prática budista. Novas ciências e práticas milenares se encaixam. Um pouquinho de cada para todos nós.

Passei a me basear também no trabalho de Andrew Zolli, cujo livro, *Adapte-se*, explorou o assunto amplamente e em detalhes. Sua formação e seu conhecimento fazem parte de seu trabalho, mas ele também aprendeu melhor com a experiência em primeira mão, como eu. Após alguns anos de testes pessoais que terminaram em uma consulta médica de rotina, Zolli descobriu ser portador de uma condição cardíaca congênita quase sempre fatal. Imediatamente foi marcada uma cirurgia no coração.

Após 30 horas de cirurgia, Zolli entrou no que ele chama de "Minha própria ilha particular dos ferrados como uma reação imediata a essa experiência". Ele se perguntou: "Quantas perturbações serão necessárias até você alcançar algum tipo de humildade? Em algum momento você aprende suas lições."

Zolli sempre amou fotografia, mas abandonou a prática de fotografar por falta de tempo, talento e propósito, até essa crise em sua saúde. Ele me disse que seu foco na fotografia, agora uma grande parte de sua vida, foi "uma consequência direta de sua experiência no limite da existência". A vida lhe dera uma visão profundamente pessoal da resiliência — e uma renovada vontade de continuar sendo péssimo, mas tentando. "Considero essa conversa como minha vida após a morte", disse-me ele. "Ser péssimo tentando algo — de fato mais de uma coisa — faz parte da continuidade de nosso ser."

Perguntei como ser péssimo poderia nos ajudar a aprofundar nossas reservas de resiliência, e Zolli respondeu: "Você é o maior improvisador quando está aprendendo algo pela primeira vez e não tem medo de fracassar." Quando algumas perturbações ocorrem — o que é inevitável para todos, e especialmente para aqueles que lutam para aprender algo novo ou para melhorar em algo para o qual não têm o menor talento —, "você precisa de um reservatório de respostas para aproveitar e saber lidar com a situação", explicou. "Ser bom em improvisação se traduz em resiliência." Zolli chama isso de comportamento *adocrático* versus comportamento *burocrático*. Essa resposta adocrática é mais como o jazz do que como a música clássica — menos pré-planejada e mais responsiva às experiências assim que vão se desvelando. A resiliência funciona melhor em uma adocracia.

A teoria de Zolli se traduz através de todos os sistemas, e ele generosamente a trouxe de volta à minha metáfora pessoal no surfe. "A lição de rolar com as ondas é verdadeira no nível de indivíduos, grupos de pessoas em organizações, e civilizações. É a capacidade de liberar e se deixar levar quando a força é aplicada. A infraestrutura que cria o concreto poroso cria também casas que se libertam de suas amarras e flutuam… a lição funciona em todas as escalas." *Não lute contra a onda, torne-se uma.*

Eu também sabia em primeira mão que os sistemas adocráticos tendem a *prosperar* quando as coisas não dão certo, em vez de se degenerar até acabar. Acessar nosso potencial de resiliência nos permite prestar assistência a outras pessoas e contribuir para um efeito cascata do bem maior. Uma comunidade resiliente se reúne para ajudar aqueles em maior perigo e necessidade. Muitas vezes vemos isso assim que acontecem desastres naturais onde agentes externos demoram a agir. Testemunhei isso em tempo real quando a supertempestade Sandy atingiu nossa comunidade oceânica. Até vizinhos antagônicos de longa data se ajudaram entre si e também a outros, criando vínculos que duraram além das ações exigidas pelo estado de emergência.

A resiliência cria comunidades melhores, então essas comunidades podem se tornar mais resilientes quando precisam. Mentes resilientes e com visão de futuro estão abertas para encontrar maneiras de criar e construir sistemas resilientes que beneficiem a todos. A prática de improvisação em se ferrar, e assim exercitar a resiliência em face disso, dá-nos oportunidade não apenas para maior compaixão, mas também para tomar medidas que vão além do que está nos ameaçando como um todo.

SER LEGAL NÃO É PÉSSIMO

Minha resiliência estavas prestes a ser testada no caloroso Pacífico. Apenas quatro semanas antes, eu estava imóvel desde a última sessão de quimioterapia. Rocco não tinha certeza se era uma boa ideia eu entrar na água.

"Mãe, talvez você não queira ainda surfar", alertou ele quando voltamos a Nosara.

"Talvez não", disse a ele enquanto estávamos carregando o carro com as pranchas. (Eu não estava forte o suficiente para andar enquanto carregava uma prancha por cerca de 800 metros até a praia.) "Mas vamos levar minha prancha para a praia, só por precaução."

"Não acho que seja uma boa ideia."

"Não se preocupe, não vou fazer besteiras", disse a ele. Mas Rocco sabia melhor do que eu, que eu fazia besteiras.

Depois de arrastar nossas pranchas para a praia, garanti a ele: "Só vou colocar a minha prancha na água. Não vou remar, vou ficar sentada e flutuando. Preciso estar na água com a minha prancha."

"Tem certeza?" Rocco estava nervoso por mim. Eu não parecia estar bem.

"Ah, sim! Não se preocupe. Vai ficar tudo bem."

O oceano tropical e quente parecia mais como se me acobertasse confortavelmente. Meu corpo reagiu instintivamente, e fui levada pela dopamina. Era uma sensação boa.

Antes que Rocco pudesse se opor, eu estava deitada sobre a prancha e remando para impor uma distância entre mim e a praia. O lineup parecia muito distante, mas percebi algumas ondas menores se formando novamente e quebrando em meio à espuma branca da praia, menos violenta. Com Rocco ao meu lado — ele não estava preparado para me abandonar nem em águas calmas —, virei para a frente e deixei que as pequenas ondas junto as espumas das águas me levassem adiante. Fiquei de pé e deslizei em minha primeira onda desde minha melhor onda, e surfei até a costa.

Eu disse antes que pegar onda na marolinha não é surfar, e tive de retirar essa minha alegação. Estar na minha prancha naquele dia nas ondas de Guiones era um sentimento abençoado, não importa como você o chame.

Eu estava de volta ao primeiro ano da minha vida no surfe. Meu corpo fora ferido e consertado — embora um pouco diferente —, mas tinha memória muscular para baixar a curva de aprendizado. Eu estava curtindo o maior barato.

Lá pelo final da semana, eu já estava indo para bem perto da linha do horizonte à espera de uma onda, mas não peguei nenhuma. Minhas sessões de surfe duravam de 90 minutos a 3 horas; agora eu já estava abatida depois de meia hora. Isso não colaborou em nada, pois tive de reaprender a equilibrar minha prancha sem colocar pressão na parte esquerda de meu torso — ainda sensível devido às várias cirurgias e à mastectomia, além do implante. Embora eu eventualmente ficasse forte o suficiente para remar com as costas arqueadas e meu peito fora da prancha, ainda não havia recuperado a força de meu ponto de equilíbrio para fazer isso. Parecia que eu estava deitada sobre uma bola de softball estourada, e isso me ferrou.

No final de nossa viagem, quando assistíamos aos vídeos das vezes em que Rocco surfou com a GoPro, avistei ao fundo um estranho sentado em minha bela prancha Jim Phillips fúcsia.

Ei, quem é esse aí na minha prancha? Minha mente perguntou antes que minha consciência percebesse a resposta: *Puta merda! — sou eu.*

Eu me parecia com Varys, o astuto eunuco de *Game of Thrones*: careca, pálido, inchado. Um choque para minha autoimagem. Houve desafios demais recentemente. Havia 20 anos que eu era conhecida por meus longos cabelos ruivos, e raspá-los foi um desafio a minha identidade como "ruiva". Meus seios tinham me proporcionado prazer de todas as formas possíveis, e agora, quando parava nua em frente ao espelho, tentava não associar meus seios aos da noiva do Frankenstein. Nunca fui a mais bela do surfe, mas aquela era uma imagem completamente nova para mim. Como uma bigorna que cai em nossa cabeça, percebi o quanto nos apegamos a nossas personas como uma maneira de turvar a realidade. Naquele momento, o real não estava bonito. Era claro que nunca fui boa no surfe, mas, pelo menos, eu podia fingir isso enquanto estava entre outros surfistas, ou, melhor ainda, enquanto estava sozinha na água. Eu acabara de entrar em outro patamar de ser uma surfista prego e atrapalhada. Eu era a pessoa "menos legal" da praia.

Quando publiquei o artigo "É Ótimo Ser Péssimo em Algo" no *New York Times* e postei o vídeo em que eu surfava, uma colega passou pelo meu escritório para debochar de mim.

"Então, você realmente é péssima no surfe", ela me disse com um tanto de questionamento em sua voz, como se eu estivesse apenas falando uma mentira, e não sendo modesta sobre mim mesma. Sou péssima, pura e simplesmente.

"Você acha que eu estava sendo modesta?"

"Bem…", disse ela, em um momento de hesitação, "Eu pensei, *Karen não é legal? Ela surfa, tem uma casa na Costa Rica* — quero dizer, eu tinha essa imagem de você…" E ela parou como se quisesse verificar novamente a imagem em sua mente antes de continuar. "…e não foi o que vi naquele vídeo. Você realmente é péssima!" Ela havia se convencido agora.

"E…", perguntei, mas já sabia a resposta. Eu só queria vê-la confessar isso.

"Fico feliz em saber que você é péssima", disse ela com um sorriso largo que não era lá tão cruel.

Entendi. Quando as pessoas ouvem que eu surfo, recebo um aceno de grandiosidade da terra firme. Eles estão me imaginando em um superagachamento, vestindo um biquíni que não tenho, com um corpo que não tenho, deslizando de cima a baixo a superfície de uma onda até que eu me jogue da prancha com um sorriso e jogando os cabelos ao alto para logo remar e esperar por uma nova onda. Em vez disso, imagine que estou em uma roupa de mangas compridas, em uma longboard, minha testa franzida devido à concentração, remando feito louca e perdendo todas as ondas. Quando finalmente consigo controlar um drop-in, viro e deslizo pela superfície, termino a surfada com um desmonte desajeitado que é o movimento menos convincente na face da Terra. A verdade é que a maioria dos surfistas não chega nem de perto daquilo que vemos destacados nos vídeos. Mas ser legal não é o ponto. O ponto são a paciência e a perseverança necessárias para voltar à prancha e tentar novamente.

"Feliz em poder ajudar", disse a minha colega.

Alguns dos melhores surfistas que conheço não são tão legais fora da água. Quando não estão em cima de uma prancha deslizando por uma onda, eles podem ser patetas e estranhos. O mesmo pode ser dito de muitos músicos quando a apresentação termina. Ou atletas fora do campo ou da quadra, ou qualquer pessoa famosa em suas vidas cotidianas às quais atribuímos noções equivocadas e fabricadas de "legal". Fui hipnotizada por um GIF de Elon Musk alguns anos atrás. Enquanto assistia ao lançamento bem-sucedido de seus foguetes da central de controle, Musk calmamente coloca uma garrafa de cerveja em uma mesa e simplesmente sai andando. Foi a reação mais legal a algo extraordinário que já vi. Mas havia outro vídeo também. Nesse, ele sai correndo de seu laboratório para assistir a uma aterrissagem sincronizada de um novo foguete. Se você não aceitar essa resolução, ele é indistinguível de uma criança correndo para fora de casa ao soar o chamado do vendedor de sorvete ambulante. Isso é mais do que legal.

Se eu catalogasse todas as pessoas que conheço intimamente — aquelas a quem os outros podem achar legal —, elas são, na verdade, praticamente nada legais. Reserve um momento para fazer o mesmo — pense em todas as pessoas que você conhece bem e que foram rotuladas como "legais" e pense sobre o quanto "não legais" elas são. Sou eu. É você. São elas.

Então por que ignoramos essa verdade extremamente "não legal"?

Porque isso nos ajuda a acreditar ser possível não ser vulnerável. Assistir a Elon Musk bebericar sua cerveja enquanto sua nave espacial decolava imediatamente reacendeu a antiga fantasia que tentei deixar para trás: algumas pessoas são totalmente alheias a qualquer vulnerabilidade… e talvez eu também possa ser. "Ser legal é estar preparado, e se você estiver preparado é mais difícil para o próximo malandro te derrubar." Esse é Norman Mailer em seu ensaio de 1957, *The White Negro* [*O Negro Branco*, em tradução livre]. Ele estava falando sobre transar (é claro que ele estava), mas o ponto pode ser aplicado em mais do que o foco de macho de Mailer.

Ser legal — a antítese do ethos de ser péssimo — pode ter uma origem historicamente muito recente e específica. Há uma fascinante teoria de que ser legal é algo que surgiu como uma ferramenta contra a vulnerabilidade de músicos de jazz afro-americanos nos anos 1930 e 1940. Em seu livro *The Origins of Cool in Postwar America* [*As Origens do Ser Legal na América Pós-guerra*, em tradução livre], Joel Dinerstein explica como "ser legal" era um mecanismo de sobrevivência contra o racismo que os artistas negros continuamente enfrentavam. "Ser legal combina indiferença e vulnerabilidade reprimida", escreveu ele.

A visão brilhante e detalhada de Dinerstein sobre a rica história de ser legal em parte confirma meus instintos de que a frieza é um véu cobrindo as formas pelas quais nos sentimos vulneráveis, mas faz outra coisa também. Ela demonstra um profundo apreço pela razão pela qual gostamos de ser legais e o porquê de isso ter durado tanto tempo. Somos atraídos por aquilo que é legal, porque fora da própria vulnerabilidade que buscamos esconder está a inovação criativa, não muito diferente da improvisação de Zolli — um componente-chave do jazz. De acordo com Dinerstein, "'ser legal' era uma frase vernacular, uma gíria emprestada do jazz que passou a representar uma nova emoção de modo e estilo: *a estética do desapego*. É a parte da estética que torna o legal tão atraente.

Em sua palestra no TED Talk, Dinerstein conta a história do rei dos saxofonistas legais, Lester Young, que protestou contra o "Tio Tomming" ao se recusar a sorrir no palco. Ele escondeu os olhos — janelas da alma — usando óculos escuros no palco à noite. Ao bloquear o acesso à maior revelação de uma pessoa, ele se tornou irreconhecível. Os óculos escuros se tornaram um símbolo legal de proteção contra se entregar.

Dessa forma, se ser legal é de fato uma reação àquilo que nos oprime, então podemos ver como o desejo de ser legal apenas por ser legal nos mantém longe de sermos nós mesmos. Ainda assim, podemos entender porque o legal é tão atraente, porque é daí que vêm algumas de nossas melhores obras de arte. Ir mais fundo nessa matriz profana de coisas legais e vulnerabilidade pode nos ajudar a nos distanciar um pouco para abrir espaço para as agruras e doçuras que isso nos traz.

Para me ajudar, entrei em contato com um dos caras mais legais, Anthony Bourdain. Sempre conheci o senhor Bourdain como Chef Senhor Conserta-Tudo. Publiquei seu primeiro livro, *Kitchen Confidential* (e mais ou menos os cinco a seguir). Ele era sempre generoso e engraçado, mas também um pouco tímido e bem pateta. Mesmo assim, de todos os jeitos, eu queria saber o que ele tinha a dizer sobre tudo.

Deixarei isso claro: Bourdain era enfático em relação a uma coisa acima de tudo.

"Simplificando?", ele disse. "Eu não sou legal. Nunca fui legal."

Admitindo sua parcela de imprudência nos anos de juventude a fim de compensar o constrangimento, o medo e a insegurança, Bourdain admitiu que usou mais drogas, bebeu exageradamente e tentou ser o cara da juventude transviada como uma estratégia para aceitação social, mas nunca se deu bem com isso. Ele acrescentou: "Qualquer noção ou pretensão de ser legal se esvaiu no segundo em que minha filha nasceu. Graças a Deus."

Ao tentar se aprofundar sobre o que é ser legal, Bourdain se lembra: "Acho que ser legal *implica*, também, deixar para lá", ecoando a estética da teoria do desapego de Dinerstein. Mas Bourdain viu um aspecto mais nefasto disso. "É quase um estado de sociopatologia — a capacidade de não dar a mínima para nada... Na minha experiência, as pessoas são totalmente atraídas por pessoas que sabem o que querem. E, quando tudo o que você quer é tocar um *blues* melhor do que qualquer um ou se injetar com heroína —, isso é também um apelo para nós que lutamos com nossos sentimentos, nossas necessidades e desejos todos dias."

Mas ele permitiu que houvesse algo para se considerar legal, algo que, aos meus ouvidos, parecia mais confiança e vontade de ser confrontado (em vez de evitar): "Legal para mim é a ausência de medo, independência, integridade — a recusa em se comprometer por medo, ganância ou porque é o senso comum. David Simon é legal porque faz TV como quer e pouco se importa com as convenções. Parabenizei ele uma vez por seu programa *Treme* ser renovado pela HBO mesmo depois de perder metade de seus telespectadores. Ele respondeu 'Público é para maricas'. *Isso é legal.*" Quanto da luz do dia existe entre essa concepção de ser legal e a concepção de Bené Brown de vulnerabilidade? Ambas são um convite de entrada ao mundo, ambas existem no ápice de imensa criatividade.

Bourdain continua: "Finalmente conheci e me tornei amigo do meu ideal platônico de legal: Iggy Pop. Mas Iggy precisa de amor. Conversamos muito sobre isso. E aqueles de nós que *precisamos* de amor, ser amados, apreciados, nunca podemos realmente ser legais." E, então, Bourdain volta até um lado sombrio de ser legal: "Para ser legal, não é necessário coisa alguma. Legal é não se importar. E eu me importo. Eu escolho sentir, amar, me machucar, falhar. Não teria outro jeito."

Perguntei a Bourdain se ele pensava que ser péssimo e ser legal eram mutuamente exclusivos.

"Sim. Pessoas legais parecem ser ótimas sem esforço. Em tudo. Se elas não sabem como fazer algo, certificam-se de nunca serem vistas fazendo aquilo. Porque... elas são legais demais para isso." Eu acrescentaria a isso que a razão pela qual tantas pessoas não se deixam ser péssimas em alguma coisa é porque, mesmo que elas não estejam entre as "pessoas legais", sempre há uma esperança. A esperança de ser apresentado ao hall dos legais — o que é triste, porque fecha a porta de tantas possibilidades. De qualquer jeito, é um lugar solitário.

Para o homem que se autodescreveu como o criador do mais puro "sucesso comercial do *food porn*", a excelência é superestimada. Não deveria ser surpresa, então, que ele seja praticante de jiu-jitsu. E… ele frequentemente beija a lona. Bourdain, ao que parece, era especialista em ser péssimo em algo.

"Estar embaixo de uma interminável curva de aprendizagem, sem chegar ao topo. Isso é profundamente satisfatório", ele explicou antes de voltar a sua zona de conforto. "É como ser o pior e mais novo na cozinha novamente. As satisfações da aprendizagem, em pequenos incrementos, os pequenos problemas do dia a dia, se ferrar um pouco menos… é ótimo!"

Ele fez uma pausa antes de continuar: "Eu adicionaria o que Ferran Adrià disse para mim: 'Não quero fazer coisas que sei fazer. Quero fazer coisas que não sei como fazer.'"

Talvez não seja coincidência que um chef ao longo da vida tenha desenvolvido essa atitude positiva em relação a ser péssimo. Nada funcionará mais rápido e com maior consistência do que colocá-lo frente a frente com suas limitações na cozinha. Você será escaldado e queimado, cortará os dedos e sangrará ao preparar os alimentos, estragará tudo e fará uma comida péssima até mesmo quando ficar bom nisso. Porém — o mais importante —, você não pode parar de tentar. Todos nós precisamos comer.

E, no entanto, apesar de tudo isso, às vezes aprendemos da maneira mais dolorosa que a vulnerabilidade e o aparentemente ser legal que projetamos sobre os outros podem ocultar os momentos mais sombrios de alguém. Em 8 de junho de 2018, com a notícia de que Tony acabara com a própria vida, lembrei-me de que os rótulos que colocamos nos outros não têm nenhuma influência sobre a dor de alguém. O melhor que podemos fazer é expor nossas dores à luz do dia e prestar atenção às mensagens do crepúsculo que podem nos levar a perder nossos entes queridos.

O câncer e seus efeitos nocivos me forçaram a diminuir minha noção de quão legal era surfar antes disso tudo. Eu estava um tanto preparada. Se eu tivesse de voltar para a água parecendo um eunuco inchado, não haveria jeito de fingir isso. Eu precisava apenas *não me importar* em ser legal. Não daquele jeito falso de "cara legal", mas da forma que o Tony disse: não dar a mínima sobre o que é importante.

Se tivermos de lidar com o que é legal e o que não é, então o legal é ser flexível e resiliente, é uma improvisação, é uma resposta aberta à vulnerabilidade. O legal não é algo rígido e imperdoável. Não é a falta de ação, mas ações tomadas a todo vapor, sem levar em consideração um determinado resultado. Se isso fosse uma máscara, deveria ser transparente, para facilitar a forma como vemos o mundo, em vez de manipular como o mundo nos vê. Tony Bourdain acertou em cheio.

ATÉ O MOMENTO EM QUE ESCREVI ESTE LIVRO, não apenas voltei a meu nível anterior como surfista antes daquele ano ruim, mas também melhorei nisso. Ainda sou péssima, mas um pouco menos péssima. Em uma viagem recente à Costa Rica, deslizei sobre três das maiores ondas que peguei até agora (de um metro e meio a dois metros, não na medida havaiana!) e fiquei de pé nelas com um pouco de graça. Embora melhorar não conte pontos em ser péssima, admito que seja bom. Ainda não sou legal, e nunca fui legal, mas ter de começar do zero novamente foi o que me levou a me jogar de cabeça. A resiliência tem sua força própria. E a humildade para me achar vulnerável nesse mesmo momento pode ser exatamente aquilo que eu precisava para me impulsionar adiante.

O mesmo vale para você: ao tropeçar, descobrirá que é legal ou que não se importa se é legal — porque você pode ser um e o outro. Depende apenas do seu ponto de partida.

Durante as ondas mais desafiadoras de minha vida, desafios que deixaram exposto até os ossos o quanto eu era uma amadora — no surfe, na vida, na sobrevivência —, eu me deparei com essas quatro respostas: vulnerabilidade, resiliência, gratidão... e ser completamente nada legal. Todas as quatro ficaram comigo (especialmente a última). Todas me acompanham todos os dias, levantam-me, e ergo minha cabeça acima da linha d'água.

Se tornar resistente a ser péssimo por querer ser legal não é legal:

SER LEGAL

é uma máscara para a
VULNERABILIDADE

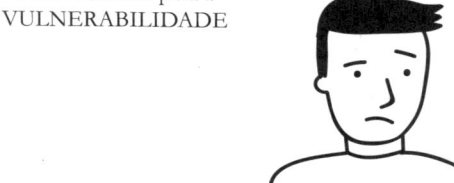

VULNERABILIDADE,

quando escondida,
torna difícil sentir
GRATIDÃO

Sem
RESILIÊNCIA

você continua rígido, o que é
oposto de LEGAL

Não ter
GRATIDÃO

— até mesmo por aquilo que é
difícil — torna a RESILIÊNCIA
mais desafiadora

Ser vulnerável (e ser péssimo em algo) é que é legal:

VULNERABILIDADE
abre caminho para sentir
e praticar a GRATIDÃO

GRATIDÃO
cria um caminho para
a RESILIÊNCIA

SER LEGAL
permite que você se sinta
confortável com a
VULNERABILIDADE

RESILIÊNCIA
que realmente é LEGAL

NÃO É SOBRE RELIGIÃO; é sobre FÉ.

ONDA 5

Minha Onda Divina: O Poder da Fé

Regra #5
O amor é que manda.

Lição #5
Uma testemunha torna tudo real.

Benefício #5
Transforme humilhação em humildade.

Debaixo da palmeira de Main Beach, o culto da manhã de domingo reuniu mais de 50 pessoas: moradores locais, gringos, jovens e idosos. Um pregador vestindo short de surfista, camisa havaiana desabotoada e chinelos era acompanhado por um guitarrista, e todos juntos cantaram em louvor a Deus.

Não consigo pensar em lugar melhor para agradecer e adorar do que a 50 metros de faixa de areia da praia em nossa pequena cidade da Península de Nicoya na Costa Rica, com famílias, crianças, surfistas e cachorros brincando. Não sou a primeira. Thomas Blake, um surfista pioneiro da década de 1920, chamou o oceano de "A Igreja Abençoada a Céu Aberto". O autodidata Blake, pai do estilo moderno de surfe, entalhou *Natureza=Deus* em uma rocha isolada perto de sua cidade natal. Provavelmente ele teria aprovado esse culto a céu aberto e em um dia ensolarado. Glória a Deus, aleluia!

Depois de meu ano terrível-muito-ruim-péssimo, eu me senti a mais humilde adoradora quando viajava para a Costa Rica ou a qualquer momento em que entrava na água. A gratidão desempenhou em parte seu papel, é claro, mas eu também estava começando a alcançar algo além da psicologia. Algo metafísico.

Talvez estivesse finalmente me libertando de todo cenário de doenças e de toda a solidão e introspecção do tratamento, mas eu estava me sentindo confortável em compartilhar minha recuperação com outras pessoas, mesmo quando elas me viam desassossegada ou atrapalhada.

Minha próxima onda combinou duas coisas que pensei que nunca fluiriam juntas: humildade e fé. Em um dia quente, durante um momento milagroso de calma no Pacífico, experimentei meu próprio "momento oceânico" — enquanto maravilhosa, bela e alegremente me ferrava.

QUEREMOS PLATEIA

Devido a alguns fatores externos, o dia nos ofertou ondas altas, grandes paredões de água cristalina. Mas condições perfeitas apresentam uma certa desvantagem. Um dia como aquele pode atrair multidões, e, para um *prego* como eu, é muito difícil conseguir uma vaga para surfar. Em um mar lotado, é muito mais difícil conseguir prioridade. Enquanto alguns esperam pacientemente que uma onda se alinhe a eles, outros caçam inquietos para se colocar em posição. Multidões testam a etiqueta. Não é educado que um surfista cubra o outro, mas há um pouco de jogo-da-sobrevivência-do-mais-apto em meio à espera pela sua vez de pegar onda.

Na ocasião daquele belo e abençoado surfe de domingo, consegui entrar em poucas ondas, mas ainda não tinha desfrutado de uma deslizada descente. Depois de cerca de uma hora na água, consegui entrar em uma rodada de 17 ondas (isso mesmo, eu contei), enquanto o incansável *swell* (ondulação contínua do mar) despejava ondas sob minha cabeça. Prendi a respiração e mergulhei naquela água penetrante, segurando com força o nariz de minha *longboard* para impedir que ela escapasse de mim e atingisse outro surfista. Trabalhando duro para me arrastar através da rebentação, surgindo por debaixo do caos, pulei de volta em minha prancha e remei firme, esforçando-me para passar as ondas que quebravam. E, depois de cada uma dessas ondas, eu remaria outra vez. E mais uma vez. E de novo. Meus braços incharam de cansados, e finalmente decidi descansar. *Dezessete* ondas. Cansativo.

A facilidade ou dificuldade de passar a rebentação depende de uma variedade de fatores. Como em qualquer esporte ou empreendimento físico, existem diferentes níveis de terrenos, proporcionais ao seu nível de dificuldade. No surfe, existem vantagens e desvantagens nos diferentes tipos de terrenos. De um modo geral, existem três configurações: *beach break*, *reef break* (recife) e *point break*.

Remar por um *beach break* é particularmente desafiador. Ondas no *beach break* rolam sobre um piso de areia movediça sem um fundo fixo, contra o qual a onda pode estar quebrando sobre um banco de areia, tornando difícil prever onde uma delas se formará e como ela arrebentará. Essas são as ondas que surfo. Um surfista competente tem a habilidade de ler o oceano para adivinhar onde e quando remar. Já sabemos que sou péssima nisso.

Apesar de seu elemento de aleatoriedade, definitivamente existem vantagens nesse tipo de configuração para aqueles que são eternos iniciantes. Quando, ao cair de uma onda, inevitavelmente encontro o fundo e sou empurrada para baixo pelas toneladas de água acima de mim, a areia é bem mais caridosa do que um recife. Além disso, a falta de previsibilidade de onde virá a onda e de onde ela terminará cria uma vantagem para o novato ao criar espaço depois da rebentação, por onde os surfistas se espalham. Como os *beach breaks* são muito populares, essas vantagens podem ser contrastadas pelo grande número de surfistas em meio ao mar. Já contei mais de cem em um bom dia.

Em um recife, sua permanente batimetria (ou seja, sua imutável composição do fundo) torna mais previsíveis os pontos para tomada de impulso ou de "decolagem". Há frequentemente pontos de acesso, também chamados de pontos-chave, que são cortes no recife criando um canal possível de se remar, evitando a rebentação. Os recifes são assustadores para mim porque colidir com o piso do oceano coberto por árvores de corais irregulares ou formações rochosas depois de uma varredura pela onda pode machucar seriamente.[1]

A configuração de *point break* ocorre quando as ondas envolvem um promontório ou um afloramento de terra e quebram em um padrão

---

1 Confira no site *The Inertia* no artigo *5 Goriest Wipeouts* para poder visualizar o rosto do surfista superstar Keala Kennelly depois de colidir com o fundo de recife em Teahupo'o. Aviso prévio… Conteúdo delicado.

que é semiprevisível. Os pontos podem ser de areia ou recife e também são extremamente atraentes para surfistas. Esses pontos de partida são bem competitivos, como no caso dos recifes, porque as posições para os *standups* são limitadas. Os surfistas têm de esperar por sua vez. No entanto, com todos observando, há uma grande pressão para pegar a onda. É como subir a escada alta de um trampolim na piscina quando você era criança — não há como desistir. E todos estão esperando por sua vez. Mas pelo menos, nesse grande mergulho, você sabe onde e quão profundo pode ir. No oceano, o vento, a direção do *swell* e a maré tornam as ondas do *point break* mutáveis, portanto, aumentando exponencialmente a pressão. Não devemos pensar nem por um segundo que o oceano é previsível, porque ele nunca é.

Uma importante diferença de segunda ordem entre todas essas configurações de ondas (além das diferentes demandas de seu nível de habilidade) é o nível de habilidade de todos os outros que estão por lá. Suas testemunhas. A menos que você tenha sorte ou seja bom o suficiente para se encontrar sobre o recife sem mais ninguém, você será vigiado. Todos os olhos estarão no surfista com a prioridade. Este é um mundo à parte do *beach break*, onde um surfista menos habilidoso pode desaparecer de alguma forma, ou ir por caminhos que ninguém mais que ir, longe dos pontos altos de ondulação.

Isso não significa que você não *quer* que alguém te veja pegar uma onda. Mas é faca de dois gumes. Você pode sonhar com um dia glorioso em que pegue aquela onda e os outros surfistas o vejam. Mas, com mais frequência ou não, no meu caso em especial, todos estão te vendo falhar, e falhar, e falhar (quando não são eles a falhar). Essa *plateia* absolutamente faz parte do surfe. Quando finalmente peguei e deslizei minha primeira onda, meu genro Christopher estava lá para garantir o momento em minha memória. O desejo de ter uma testemunha se aplica tanto aos momentos menos importantes quanto aos mais importantes de nossa vida.

"A presença de outras pessoas que veem o que vemos e ouvem o que ouvimos nos assegura da realidade do mundo e de nós mesmos", conta a filósofa Hannah Arendt em sua discussão sobre os domínios público e privado em sua obra-prima *The Human Condition* [*A Condição Humana*, em tradução livre].

Como ter testemunhas nos garante nosso senso de realidade, isso se torna um componente apelativo aos nossos esforços. Testemunhar é uma grande parte do surfe e explica muito de como a fotografia e o cinema estão intimamente ligados a um estilo de vida. A natureza efêmera de uma onda e o ato de deslizar sobre uma contribuem para a razão pela qual um surfista quer ser visto em ação. *Se você pegar uma onda e deslizar sobre ela, mas não tiver plateia, você realmente acertou em cheio?* Ter uma testemunha torna o feito real, o que quer que "isso" seja: mesmo que resulte em fracasso.

Segundo Arendt, "o significado específico de cada ação pode estar apenas no desempenho em si, não em sua motivação, nem em sua conquista". É certo que o argumento de Arendt está relacionado à filosofia grega antiga e à sua luta pela grandeza humana. Mas e se deixarmos essa ideia de lado e encontrarmos uma aplicabilidade para algo que não seja a grandeza? Ela realmente está falando sobre o conceito de "um fim em si" — um resumo do que é ser péssimo (e surfar), se é que já houve algum.

O historiador do surfe Matt Warshaw disse que "o surfe gera gargalhadas por sua própria sugestão, e isso ocorre porque não transforma uma habilidade em arte, mas um desejo inexplicável e inútil de um modo de vida revigorante". Tenho percebido que esse riso é algo ao qual celebrar, e não motivo de timidez. Surfar não nos faz sofrer porque é inútil; é a razão pela qual isso nos atrai. Acredito que essa inutilidade seja a chave para o porquê de ser tão magnífico ser péssimo no surfe.

O insight de Warshaw também pode ser considerado um chamado para ser péssimo fazendo alguma coisa, já que sua promessa de vitalidade está no ato de *fazer*, e não no objetivo da *conquista*. E ser péssimo é risada garantida.

DELICIOSO DOCE DA HUMILDADE

Na "performance" que Arendt aborda, residem a tensão entre querer e precisar de uma testemunha e nossa aversão a fazer algo que possa nos envergonhar. Nossa resistência a sermos vistos quando falhamos ou passamos por dificuldades nos faz retroceder do escrutínio público por medo de sermos humilhados. Naquele espaço de tensão, o potencial de alegria, ou o potencial, digamos, de criar arte, pode ser esfacelado pela nossa autoconsciência. Aquele ego barulhento fica ecoando em nossa cabeça. Pense nas pessoas que se recusam a dançar ou cantar — quero dizer, quem não quer dançar e cantar? — e que, por isso, ficam pelas bordas de uma festa, em um solitário desconforto. Talvez seja você. Certamente fui eu de vez em quando. Mas por quê?

Meu amigo Aubrey Marcus disse que seus colegas como bailarino profissional amam aqueles que se deixam levar em uma pista de dança — especialmente quando parecem não ter todo aquele talento. Ele diz que é seguramente a expressão mais clara de pura alegria. É como remover o ego, dobrá-lo e jogá-lo no canto. Pelo menos, por uma ou duas músicas. E esse bailarino maluco é o perfeito exemplo de como todos podem transformar humilhação em algo bonito. Aquele dançarino não está negando a humilhação — ele está passando por cima dela. "Se deixar levar" na privacidade de seu próprio quarto não seria tão libertador. É a plateia que torna tudo especial.

Assim como o "vulnerável" do capítulo anterior, a "humilhação" alcançou um caminho bem distante de sua origem. A palavra é derivada do Latim *humilis* (rebaixado, humilde), que por sua vez provém do húmus, que significa "chão", "terra", "solo". Embora eu prefira a água, não tenho problemas com o solo. Quem teria? Então por que, se seguirmos a etimologia, ser levado à terra é algo tão aterrorizante? Não admiramos aqueles que consideramos "ter os pés no chão"? Ao falar sobre os *outros*, vemos isso como um atributo positivo. No entanto, vemos isso de modo diferente quando se trata de nós mesmos. Tememos ser "rebaixados". Em nossa tentativa de autoenaltecer nossas inseguranças, queremos que os outros nos vejam em um plano elevado ou por uma nuance mais clara e positiva — porque, se os outros nos veem assim, então isso torna esse enaltecimento real. Pelo menos, é o que essa nossa lógica difusa nos diz.

Hannah Arendt apontou em termos mais amplos a tensão entre público e privado: "Como nossa sensação de realidade depende inteiramente da aparência, com a existência de um domínio público, o que pode aparecer da escuridão da existência protegida, mesmo o crepúsculo que ilumina nossa vida íntima e privada, é, em última análise, derivado da luz muito mais rigorosa do domínio público. No entanto, existem muitas coisas que não podem suportar a luz implacável e brilhante da presença constante de outras pessoas na cena pública..." Ela pode ter arruinado os efeitos da "luz mais rigorosa" que veio de outras pessoas, mas vi como também essa luz pode ser mais bonita, até quando ilumina nossas falhas e fragilidades. Especialmente quando isso acontece. Ser péssimo à luz do domínio público — tomar aquele caldo em Guiones em um dia de praia lotada — é como abrir os braços em convite para o mundo entrar.

É claro, existem situações que precisam acontecer atrás de portas fechadas. Eu não gostaria que o mundo inteiro assistisse, por exemplo, meu atendimento no pronto-socorro pós-acidente. Não que alguém *quisesse*.

Ficamos presos, então, entre o desejo de uma testemunha pública de nossas ações e a privacidade de que precisamos para nossas experiências mais íntimas. Queremos ser vistos, mas também tememos ser vistos.

É o paradoxo central da relação de amor e ódio da sociedade com os meios de comunicação. Aquele "eu", os gostos, uma garantia vazia de grandiosidade (ou a confirmação horrível de anonimato). E, no entanto, sabemos que tudo isso, lá no fundo, é só falsidade. Não apenas por nós mesmos, mas pela manipulação complexa de máquinas e algoritmos, muito mais inteligentes do que jamais seremos. Sabemos muito bem... e continuamos postando, compartilhando, e dando "likes".

A pior parte é que, embora possamos apresentar nosso "eu mais legal" online, essa encenação da persona funciona exatamente como aquela máscara legal sobre a qual escrevi antes: *oculta* nossa vulnerabilidade, em vez de nos aliviar de nossa humilhação. Isso apenas aumenta nossos medos fundamentais de que não sejamos o suficiente — inteligentes o suficiente, talentosos o suficiente, bonitos o suficiente, fortes o suficiente, _____ o suficiente. Se fôssemos, ficaríamos à vontade para permitir que as pessoas nos vissem.

Nesse contexto, ser péssimo em público não é apenas uma panaceia; é também uma conquista em si. Se você é capaz de ser péssimo em algo, especialmente em público, isso significa que você sabe que se basta. Você não precisa de pontuações mais altas, estilos e flashes para compensar o que você não tem. Você é o suficiente.

Ser péssimo em público também faz parte do que nos ajuda a superar a humilhação. Precisamos divulgar o que realmente somos: seres falhos também dignos de amor.

Toda vez que você vê alguém falhar voluntariamente em público, essa pessoa está nos dizendo alguma coisa em alto e bom som (você pode apenas não estar percebendo isso): eu já me basto e não preciso explicar essa falha. E outras falhas. Qualquer outra coisa. Meu valor não depende disso.

Você pode dizer isso também, quando quiser.

E, se testemunharmos alguém sendo péssimo em algo, em vez de julgarmos e contribuirmos para uma toxidade atômica, podemos nos sentir conectados a essa pessoa em uma alegre unicidade de sermos ferrados mutuamente. Sei que já disse isso antes, mas continuarei dizendo: pratique. Tudo requer prática.

AQUELA SENSAÇÃO OCEÂNICA

De volta àquela manhã de domingo em Guiones, virei-me para a costa e peguei uma onda em meio à rebentação. Eu precisava tomar um fôlego, beber um pouco d'água e procurar um lugar onde fosse mais fácil remar. Mas eu estava distraída com algo maravilhoso. Vi a comunidade de fiéis se reunindo em louvor. Rocco, então com 18 anos, havia entrado no oceano ao mesmo tempo. Ele estava indo trocar sua *shortboard* por uma prancha de mão e nadadeiras para que pudesse fazer *bodyboard*.

Um ateu, como se autodescreve, Rocco sorriu quando viu o grupo sob a casinha de sapê.

"Beleza", e também confirmava com a cabeça.

Seu sorriso de aceitação em relação ao culto na praia me surpreendeu. Rocco louvava altares de Carl Sagan, Richard Dawkins e Christopher Hitchens quando adolescente. Ele encontrou a maravilha no cosmos e passou parte do ensino médio trabalhando no escritório de Neil deGrasse Tyson no Museu Americano de História Natural. A ciência expandiu sua mente o suficiente a ponto de ele não ter a necessidade de misticismo metafórico. Com sua crescente maturidade, notei que ele amenizou sua intolerância pela fé. Até meu filho cético poderia apreciar a beleza de uma adoração ao ar livre em uma ensolarada manhã de domingo costa-riquenha.

Eu estava passando pelo meu próprio amadurecimento espiritual. Em uma viagem à Roma alguns meses antes, arrastei Rocco para a

Basílica de Santa Maria, escondida no canto de uma praça em Trastevere. Das mais de 900 igrejas construídas em Roma, esta, construída no
século IV, a primeira dedicada à bem-aventurada Mãe Maria, era á que
eu não poderia deixar de visitar antes de ir embora. Fui uma católica
não praticante em minha vida adulta, e até recentemente oscilava entre
ser ateia ou agnóstica. Eu tinha tantas dificuldades com a política da
Igreja, e a religião institucionalizada em geral, que a deixei de lado. Mas
aquela igreja antiga tinha um chamado para mim.

Em Roma, Rocco esperava pelo corredor enquanto eu entrava na pequena capela pela parte de trás da despretensiosa igreja. Fazendo o sinal
da cruz (de alguma forma, o rápido e instintivo gesto da juventude retor-
nou), deslizei para um pequeno banco. Fazia décadas que eu não era obrigada a me ajoelhar em oração. Participei de muitos casamentos, funerais
e bar-mitzvás, mas em nenhuma dessas circunstâncias ouvi algo parecido
com "um chamado".

Então, o sentimento que de repente tive naquela igreja me pegou de
surpresa. Senti uma *conexão* que não conseguia nomear.

Há muito tempo releguei minha experiência religiosa passada — os
anos que passei frequentando a Igreja e o Catecismo, minha Primeira Comunhão, minha Crisma — a um dever do Velho Mundo que
meus pais se sentiam obrigados a honrar em meu nome. Uma vez que
eu pude tomar uma decisão por mim, logo depois da Crisma, parei
de frequentar a missa regularmente. Eventualmente, rejeitei a simonia
da Igreja, incapaz de cumprir seus dogmas, e a patriarcal exclusão das
mulheres. Além disso, Maria como virgem parecia ridícula para mim,
algum ideal de feminino que nenhuma garota ou mulher poderia viver.
Senti isso verdadeiramente na juventude — que nós, meninas católicas,
estávamos fadadas ao fracasso como mulheres porque a maioria de nós
não permaneceria (graças aos céus) virgens. Como, minha mente em
formação perguntava, é que Maria, uma das mulheres mais reveren-
ciadas da história da humanidade, foi adorada por causa de seu status
de virgem *e* de mãe? Desde então, comecei minha pesquisa — e tenho
muito a dizer sobre tudo, mas, para propósitos deste livro, digamos
apenas que o meu "eu" de 12 anos de idade percebeu que as meninas
católicas eram ferradas desde o início. Afastei-me da Igreja e encontrei
meu caminho espiritual. Mais tarde, o oceano tornou-se minha cate-
dral, e surfei meu caminho ao comungar com algo maior do que eu.

Porém as coisas mudam. No fundo, pedaços sedimentados de nós mudam, devagar demais para se perceber. Poderia ter sido meu encontro recente com o câncer? Ou a incerteza que vem com a idade? Ou melhor, a *certeza* de que nada é certo, que chega com a idade?

Também pode ter sido apenas Roma. Quando estava em frente à *Pietà*, na Basílica de São Pedro no Vaticano, com Rocco ao meu lado, senti um nó na garganta, e lágrimas se acumularam em meus olhos. Lá, entre a multidão de pessoas que se acotovelavam para ter uma visão melhor, senti algo se mover dentro de mim. A escultura de mármore de Michelangelo de Maria segurando Jesus, o corpo de seu filho envolto no colo da mãe, *mexeu* comigo. Queria tornar-me cativa a isso, e ao imenso amor que sentia pelos meus filhos. Esse amor sempre foi certeiro e uma mudança de vida desde os primeiros momentos em que Rocco e Gio nasceram, mas antes daquele momento em São Pedro não parecia haver qualquer conexão. As muitas conversas sobre maternidade com meus amigos que também tinham filhos não alteraram a solidão que eu sentia. Não é desagradável ou indesejável, apenas solitário. Não acredito que eu seja a única — imagino que muitos de nós amamos nossos filhos como a ninguém mais, e, mesmo assim, sentimo-nos solitários. Essa parece ser a ordem natural da vida.

Mas, diante de *Pietà*, algo ascendeu. Eu estava imbuída da intensidade avassaladora do vínculo mãe-filho. Senti uma ligação com Maria — em sua dor e sofrimento, mas também em seu amor pelo filho — que toda a prática litúrgica e o dogma da juventude nunca poderiam ter despertado. Entreguei-me a isso e fui dominada por um sentimento de serenidade, algo que parecia o mais puro amor entrando em meu coração. Fiquei de pé, como se estivesse presa ao lugar, lágrimas escorrendo pelas minhas bochechas, até que Rocco, ciente de que eu havia ultrapassado o tempo que cada visitante pode ficar diante da *Pietà*, puxou-me pelo cotovelo. "Mãe, vamos!"

Eu me recompus o suficiente para me passar por uma turista civilizada, e Rocco e eu seguimos para fora. O sentimento ficou comigo, mas gradualmente foi se esvaindo, como se evaporasse com o sol de Roma.

Eu já havia lido antes sobre o "sentimento oceânico" — fiquei atraída pela expressão pela referência que faz ao ambiente que ocupa uma grande parte de minha vida. E, apesar de muitas vezes passar meu tempo no oceano em um sentimento de unicidade com a natureza, nunca havia realmente alcançado isso antes. Até o dia em que tive minha experiência com *Pietà*, eu nunca havia verdadeiramente sido tocada por aquele sentimento oceânico.

O sentimento existe — qualquer pessoa que tenha passado por uma experiência como a minha pode atestar —, embora nunca tenha havido consenso sobre o que realmente está acontecendo. Há décadas isso é debatido e atrai os mais famosos intelectuais. O romancista francês Romain Rolland e Sigmund Freud debateram sobre o assunto. O primeiro expressou o conceito como a fonte de toda religião, algo que explicou como "a sensação simples e direta do Eterno (que poderia muito bem não ser eterna, mas simplesmente sem fronteiras perceptíveis, oceânicas)". Freud contestou qualquer significado místico, definindo como um sentimento de "unicidade com o Universo". Ele traçou essa dissolução de fronteiras pessoais — isso não é surpresa — para um desejo narcisista regressivo do vínculo mãe-bebê. Deixe-me dizer a Freud: não. O que eu estava sentindo em Roma não era regressivo ou narcisista.

A fonte desse sentimento oceânico tem sido debatida sem parar desde aquela troca entre Rolland e Freud, mas de onde quer que venha, convida a várias interpretações, dificultando a identificação. O autor Arthur Koestler esclarece belamente o sentimento: "Essa entidade superior, da qual me sinto parte, pela qual renuncio a própria identidade, pode ser a natureza, Deus, a *anima mundi*, a magia da forma, ou o som do oceano." O que posso dizer é que muitos dos comentaristas mais articulados sobre o assunto foram igualmente domados pela sua complexidade. Estamos reduzidos a enumerar uma lista de possíveis explicações, em vez de impor coercitivamente apenas uma.

O que não me impedirá de tentar.

Para mim, não há dúvida de que minha permeabilidade diante de *Pietà* era uma condição bem-vinda que chegou até mim por meio do surfe e de minha capacidade de ser péssima. Existe uma conexão muito simples. Esse sentimento oceânico, na sua mais pura essência, era a presença de algo mais. Algo a mais que me preencheu por um momento. Algo mais além de toda minha trivialidade, minhas qualidades incidentais, minhas queixas, meus impulsos e meus pensamentos. Algo que me ligou à raiz do que realmente importava. Não acredito que podemos realmente evocar a sensação oceânica a qualquer momento que quisermos. Para permitir o acesso, precisamos estar receptivos a experimentar algo à parte do eu, aquela particularidade humana que sempre atrapalha o caminho (e de seguir o caminho). Até mesmo um pequeno alívio de nosso ego pode abrir a porta. E ser péssimo em algo é exatamente isso: um breve alívio de nosso "melhor pensamento" sobre nós mesmos, de nosso ego barulhento e duvidoso.

Posso estar sendo tendenciosa (e estou), mas há no surfe algo que acho particularmente bom para preparar as pessoas para esse desinteresse. Ao longo do caminho, há poucas ocasiões em que experimentamos um pouco desse sentimento oceânico: frações de segundo na onda, quando gravidade, posição e vento combinam-se de modo a criar uma suspensão momentânea de tensão e você parece leve, como se o movimento ficasse cada vez mais lento, até a mais absoluta quietude. É curto — a gravidade e a inércia surgem rapidamente —, mas naquele momento experimento uma espécie de alteridade. Parece o tipo de ponto retratado por T. S. Eliot em seu poema "Burnt Norton".

No ponto imóvel do mundo em transformação. Nem carne, nem corporeidade;

No ponto fixo, aí está a dança, mas nem confinamento nem movimento.

E não chame a isso fixidez,

Onde passado e futuro se reúnem. Nem movimento vindo de direção alguma,

Nem ascensão nem declínio. Exceto pelo ponto, o ponto imóvel,

Não haveria dança, e apenas a dança.

Só posso dizer, que já estivemos: mas não posso dizer onde

E não posso dizer, quanto tempo, para isso, colocá-lo a tempo.

Não acho que seja coincidência que um poema e a *Pietà* sejam o que parece ir direto ao cerne desse conceito. A arte tem o poder de nos colocar em contato com o inefável. Certamente não sou a única que, ao ver a escultura pela primeira vez, olhou-a com encantamento. Ao testemunhar a escultura, participei de um diálogo que durou séculos — sobre a história de Jesus e sua crucificação, sobre a tristeza de uma mãe, sobre o domínio de Michelangelo ao fazer isso. Experimentei ainda um ponto de senciência me conectando a milhares de anos de história da humanidade. É a própria permanência da arte que cria conexão e estabilidade, como especula Arendt: "Para que uma premonição da imortalidade, não a imortalidade da alma ou da vida, mas de algo imortal alcançado por mãos mortais, torne-se tangivelmente presente, a brilhar e ser visto, soar e ser ouvido, falar e ser lido."

Contudo, não funciona feito mágica se não nos tornamos acessíveis. A arte, como humildade, deve ser *compartilhada*. E, para ser compartilhada, é preciso uma testemunha: alguém para contemplar a criação do outro. Seja a arte como material duradouro ou arte como performance transitória — esse "fim em si" é o que faz com que a arte importe.

Surfistas frequentemente falam sobre o surfe como uma arte expressiva. A expressão idiomática é "desenhando linhas" na face da onda, referindo-se à trilha momentaneamente deixada por uma prancha enquanto o surfista desliza ao longo da face da onda. Todo surfista quer desenhar uma linha única como uma expressão de estilo individual. Eu apenas rabisco. E o mesmo pode ser dito sobre qualquer empreendimento criativo. O artista francês Jean Cocteau acreditava que todo trabalho artístico era o desenrolar e o desvelar de linhas para criar desenhos, poesia, filme. Se essa arte resulta em algo tangível — como uma obra de poesia, um suéter tricotado à mão, um pedaço de cerâmica — ou algo intangível — como uma linha desenhada na onda ao surfar, ou descer uma passagem de montanha nevada —, isso quase não importa. O prazer é fazer algo que não existia antes. Tão forte quanto o ato da criação é o desejo de compartilhá-lo com outras pessoas, tanto para nos conectar quanto para tornar real essa criação. Esse apelo à ação é fundamental. Quando fazemos algo, ou quando somos humilhados em nossa arte ou performance, paramos de nos perguntar *por que estamos aqui?* e sentimos, mesmo que momentaneamente, a união com algo fora de nós mesmos. Nessa conexão mais profunda, experimentamos esse sentimento oceânico. Mas não podemos residir lá para sempre.

Também é aí que ser péssimo em algo pode ter um valor contraintuitivo em contraste com a excelência. Ser péssimo em algo quer dizer que, na mesma frequência em que você desenha linhas nas ondas, você está caindo. E que a queda nos planta firmemente de volta ao chão — onde devemos viver —, em todo seu conforto e desconforto. E se Rocco não tivesse me puxado pelo braço em Roma? E se eu ficasse enraizada lá e ele saísse, pegasse um avião e voltasse para casa?

Anthony Storr, autor do clássico moderno *Solidão*, escreve: "Se a vida é para continuar, não se pode ficar para sempre em um estado de tranquilidade oceânica." As pessoas precisam se adaptar às exigências da vida. Sem essa habilidade, não duraríamos por muito tempo. Se fôssemos permanecer em um estado místico alterado de unicidade com o Universo, seria difícil acordar de manhã, vestir-se, alimentar as crianças, passear com o cachorro, esperar pelo trânsito a caminho do trabalho, e todo o resto da rotina diária. E, enquanto o júri está de olho em nossas perspectivas de longo prazo, na curta duração de uma única vida, nós nos adaptamos ou morremos. Daqui resulta que persistir nesse sentimento oceânico pode nos tornar vulneráveis de uma maneira que não contribua para nossa sobrevivência. Talvez seja a natureza fugaz da experiência que a torna tão transformadora. Cair e falhar pode ser uma linha tão bonita quanto outra qualquer. Tentar nos une a outras pessoas. Talvez Alexandre Pope não estivesse sendo pessimista quando disse: "Errar é humano..." — talvez seja o melhor sobre nós.

Sem humildade não podemos estar abertos ao sentimento oceânico, e ser péssimo em algo não é nada mais que humilhante.

E DEUS ATENDEU

Um treinador de surfe chamado Alex disse-me uma vez que eu tinha 99% da habilidade para pegar mais ondas, mas ele podia me ver pensando na *lineup*, e era *isso* que me ferrava a toda hora. Ele praticamente poderia ouvir da costa o barulho perturbador no meu cérebro — aquele que interferia em minha crença sobre se eu conseguiria surfar de uma vez por todas, mesmo que eu passasse horas no oceano. Alex me ajudou a me convencer de que eu podia, e peguei algumas ondas. Crer foi a solução para alcançar esse objetivo.

Poucos meses depois de minha epifania na *Pietà*, na praia, à beira da selva equatorial onde os fiéis de domingo clamavam por Deus, lutei para remar de volta à *lineup*. A maré havia baixado, fazendo com que as ondas arrebentassem ainda mais ferozes. O incansável *swell* me deixava exaurida, especialmente por eu estar tomando água na cabeça por uma hora antes de remar pela segunda vez. Depois de tomar caldos por mais dez ondas, olhei para além do horizonte e, inspirada pelos fiéis, agora dispersos, orei pela primeira vez desde minha visita a Roma.

"Por favor, Deus", falei em voz alta, "me ajude a superar a rebentação. Sei que não sou um de seus fiéis, mas envie-me um sinal. Por favor, me ajude!"

Um oceanógrafo poderia explicar o que aconteceu a seguir com base do período de *swell*, o padrão das marés e das ondas, batimetria e velocidade e direção do vento. Mas a hidrodinâmica ficou momentaneamente para trás, porque no momento em que pedi ajuda a Deus... O oceano. Parou. Inerte.

Apesar da água agitada e tomada de espuma na minha frente, e de outra onda se formando por trás de mim que ameaçava quebrar sobre minha cabeça, o oceano tornou-se completamente plano. No lugar do caos que estava acabando comigo, abriu-se um caminho claro e limpo até depois da rebentação.

Putz grila, pensei, *funcionou?*

Passei por cima do intervalo. "Obrigada!", gritei aos céus.

Uma vez que eu estava na linha de formação das ondas, recuperei o fôlego e relaxei. Sentada na minha prancha de frente para o horizonte, sorri feito uma lunática pelo meu sucesso. Sabia que ele não era só meu, o que me assustou e me encantou ao mesmo tempo. Eu estava tentada a jogar esse episódio na lixeira de coincidências incríveis, mas algo afrouxara em mim, e eu não conseguia ignorar aquilo. O que *significava* passar horas de dificuldade na água que se dissiparam a partir do momento que pedi por ajuda a Deus?

Mas havia algo mais urgente: eu ainda não havia pegado uma boa onda naquele dia, e eu realmente, realmente, queria uma.

Seria muito ganancioso de minha parte pedir por ajuda novamente? Eu estava me esforçando a semana toda, surfando ondas maiores do que nunca, aceitando a inevitabilidade de cada onda que não peguei, ou quando me virei e dei um giro, aceitando que não sabia o que fazer a seguir. Acostumada a ser colocada no meu devido lugar pelo oceano, aceitei seu maior poder. Humilde e encorajada, tentei a sorte de novo.

"Apenas pegar uma boa onda, Deus. Você me trouxe aqui, agora pode, por favor, me ajudar a pegar *apenas uma*?", rezei.

O que aconteceu depois você já sabe.

Uma ondulação veio no meu caminho, na altura da cabeça. Era um pouco grande para mim; gosto quando vem da cintura até o peito, mas eu não queria desperdiçar este presente divino — se é isso que era —, então fui no embalo. Não pensei (pensar não estava me ajudando), mas acreditei. Com algumas braçadas, peguei a onda, surgi, e virei à esquerda para ficar de pé pela suave superfície azul-esverdeada da água. Deslizava como se acreditasse que poderia ir até onde a onda se fechava, e deselegantemente, mas com o coração generoso, fui lançada sobre a água cheia de espumas pela parte de trás da onda. Foi outro tipo de momento oceânico. E eu sabia que não estava sozinha também neste.

Não é possível!, era o que eu estava pensando.

Pensando alto, sussurrei "obrigada", e uma vez em segurança, tendo passado da rebentação, sentei-me na prancha, em comunhão com o oceano. Pelo resto daquela sessão de surfe, fiquei quieta ao perceber que, em minha submissão para pedir ajuda, a recebi, mesmo que sob a forma de uma profundamente sentida crença de que a ajuda estaria ali disponível. Não sei se alguém me viu surfar aquela onda, mas senti como se Deus tivesse visto e ouvido. Tive uma testemunha. Talvez isso fosse o suficiente.

Passei de não entender nada sobre fé, a preencher essa nova abertura de aceitação do que prometia. Sentada na prancha depois da rebentação, eu me tornei humilde por ter meu pedido por uma onda atendido, e percebi que durante toda minha vida eu havia acreditado no lado errado. A fé é própria.

Não chegaria ao ponto de dizer que a partir daquele momento me tornei crente, mas comecei a *acreditar* na *fé*.

Quando contei essa história a Serene Jones, ministra, autora e presidente do Seminário Teológico da União, ela disse que se lembrava do maravilhoso ensaio de Zadie Smith na revista *The New Yorker*, intitulado *Some Notes on Attunement* [*Algumas Notas sobre Sintonia*, em tradução livre]. No ensaio, Smith conta a história sobre finalmente entender a música de Joni Mitchell. Antes disso, a afinação aberta e a improvisação do músico irritavam a sensibilidade de Smith, em vez de encantá-la. Smith admite que achou Joni "incompreensível". No momento em que ela finalmente se deixou levar, ela escreve: "Pelo que me lembro, o Sol inundou o local… alguma coisa tinha acontecido comigo. Apesar de toda a desordem de memórias diárias que são perdidas, eu sabia que esta não seria perdida." Para Smith, aquele momento não envolveu "nenhuma mudança progressiva, mas um ato de fé. De repente, uma inesperada sintonia".

Serene havia acertado em cheio. Minha onda Divina foi "uma sintonia repentina e inesperada".

Parte do que tornou a peça de Smith tão relacionável com a minha experiência foi a anterior incapacidade dela de ouvir a beleza da música de Joni. Contudo, os protestos daqueles que a ouviram antes dela — "Você não gosta de Joni?" — certamente a preparam para estar aberta à possibilidade de sintonia. Onde a mudança progressiva não pode ser aparente, estamos constantemente filtrando mensagens e sugestões de nosso ambiente. Quando um momento "Ahá!" parece surgir do nada, é mais provável que o culminar de informações finalmente se estabeleça em uma verdadeira compreensão.

Parecia claro para mim que todas as minhas dificuldades com o surfe haviam me preparado para ser receptiva a ter fé. O instrutor de surfe Alex, observando que eu pensava demais na onda (e entrava nela do meu jeito), estava, na verdade, dizendo-me que eu estava tentando controlá-la. Eu estava tentando de todo jeito fazer minha própria história. E, se eu pudesse pensar complexamente o bastante, planejar o suficiente, prever o suficiente... eu poderia surfar perfeitamente. Não consegui. Não sou o talento dentre outros milhões que conseguem fazer isso. Em vez disso, ao abandonar meu egocentrismo e me submeter à onda (e a Deus), eu me tornei pequena o suficiente, leve o suficiente para ficar de pé e seguir adiante. Ser péssimo em algo abre espaço para a fé.

EU SABIA QUE TERIA DE IR até a fonte da natureza da fé, especialmente porque ela cruza com nossas experiências cotidianas, e isso significava um nome: William James.

No fim do século XIX, esse filósofo e psicólogo escreveu o que permanece como um dos textos seminais sobre o assunto, *The Will to Believe* [*A Vontade de Acreditar*, em tradução livre]. Para James, "fé significa crer em algo sobre o qual a dúvida ainda é teoricamente possível; e, como a prova de fé é o desejo de agir, pode-se se dizer que fé é a prontidão para agir na causa cuja resposta à questão não é garantida para nós com antecedência".

James estudou e ensinou em Harvard primeiro como médico. No entanto, encontrou seu chamado não nas ciências exatas, mas nas novas e menos sedimentadas ciências da mente humana. Foi um dos norte-

-americanos mais influentes, estudando psicologia em uma época em que o campo era praticamente inexplorado. Ele argumenta, em *The Will to Believe*, contra o matemático William Clifford em seu próprio tratado sobre o assunto, chamado *Ethics of Belief* [*Ética da Crença*, em tradução livre]. Clifford é enfático ao dizer que crer não é um assunto particular, relacionado apenas ao indivíduo, e que é nossa responsabilidade dar atenção ao poder da crença e ao seu inevitável legado às futuras gerações. "Nisto", ele protesta, "para o bem ou para o mal, é tecida toda a crença em todo homem que fala por seus semelhantes. Um privilégio terrível, e uma responsabilidade terrível, de que devemos ajudar a criar o mundo em que a posterioridade viverá".

Assim, a fé é reconhecida por esses dois grandes pensadores como uma força poderosa, mas a questão é se devemos começar ou terminar por ela.

Clifford tenta nos convencer de que "sempre dá errado, em todo lugar e para qualquer um, acreditar em algo com evidências insuficientes". Sua insistência na certeza é onde tudo não dá certo para mim. É o tipo de estrutura que acaba com qualquer novidade, incompleta ou insatisfatória. É uma estrutura que nega a possibilidade de crescer, ou de algo se tornar realidade. É definitivamente contra ser péssimo em algo.

O desejo de acreditar, por outro lado, ajuda a nos sentir à vontade com o fato de que não pode haver resultado garantido. James, não contrário a Clifford, mas apoiando o caminho da ciência, escreve: "Não podemos viver ou pensar sem algum grau de fé. Fé é sinônimo de trabalhar hipóteses. A única diferença é que, embora algumas hipóteses possam ser refutadas em cinco minutos, outras podem ser um desafio por eras."

O que é a fé se não o desejo de acreditar? E escolher em que acreditamos pode dizer respeito a algo tão simples quanto surfar por uma onda ou a algo tão insondável como o Divino. James conta uma história sobre uma escalada nos Alpes que tem algo muito parecido com o salto de fé necessário para se pegar uma onda. Na história, ele questiona valores que a falta de fé teria em uma situação hipotética de precariedade em que ele estaria enquanto escalasse e "da qual a única saída seria dar um salto terrível". Sem ter passado pela situação anteriormente, ele não pode ter certeza de que fará o necessário para se salvar. No entanto, se for necessária uma prova de sucesso antes que ele salte, ele poderá acabar com si mesmo. "No entanto, esperança e confiança em mim mesmo me garantem que não perderei meu objetivo e minha coragem para executar o que, sem essas emoções subjetivas, talvez fosse impossível", ele escreve. "Nesse caso (e é uma imensa lição), a parte da sabedoria é claramente acreditar no que se deseja; pois a crença é uma das condições preliminares indispensáveis para a realização de seu objetivo. *Há casos em que a própria fé cria suas maneiras de verificação.* Acredite, e estará certo, pois será salvo; duvide, e você estará novamente certo, pois perecerá. A única diferença é que acreditar é uma vantagem bem maior para você."

Suas apostas são um pouco maiores do que as típicas para a maioria de nós em qualquer dia, mas o espírito é o mesmo. Como cidadã e em sintonia com o século XXI, não queria apenas parar na filosofia, não importa que seja mais elegante ou vintage. Também estava ansiosa para aprender o que a ciência tinha a oferecer sobre o assunto, em especial a neurociência.

Michael Shermer, editor e fundador da apropriadamente nomeada revista *Skeptic*, escreveu muitos livros tentando desvelar por que somos suscetíveis a todos os tipos de crenças e como temos a capacidade e teimosia de reforçá-las — mesmo na ausência de provas. Em *The Believing Brain* [*O Cérebro que Acredita*, em tradução livre] — onde o capítulo intitulado "Belief in God" ["Crença em Deus", em tradução livre] é seguido por um chamado "Belief in Aliens" ["Crença em Alienígenas", em tradução livre] —, Shermer pesquisa a neurociência e a ciência comportamental para rastrear sistemas de crenças em nossas sinapses e os poderosos sinais elétricos e químicos que elas criam. O que é interessante em todos os estudos sobre o tema da fé é que a atividade cerebral pode revelar quais áreas mais se iluminam quando apresentadas a vários estímulos, mas a atividade é a mesma para crentes e incrédulos, já que a própria crença é seu próprio estímulo.

Shermer é, não surpreendentemente, um cético em relação a Deus. Mas, mesmo como especialista no assunto, ele trai sua própria questão com a ideia de Divino. Até ateus convictos não podem se afastar do mistério. Os incrédulos são apenas crentes apaixonados pela descrença. Não é o mesmo?

Shermer até termina a parte 1 do livro com uma espécie de oração:

"Senhor, fiz o melhor que pude com as ferramentas que me concedeu... Tanto faz se a natureza de sua essência espiritual imortal e infinita é real, como um ser corporal finito mortal, não posso entendê-lo, apesar de meus melhores esforços, e, portanto, faça comigo o que quiser." Isso pode ser lido como um tipo de piada, mas piadas sempre têm um fundo de verdade.

Talvez Shermer tenha se inspirado em Pascal Wager e em sua famosa ideia de que é melhor acreditar do que não acreditar. A matemática é sólida (e é coincidência que Blaise Pascal tenha trabalhado na teoria das probabilidades): os possíveis resultados, se você acredita ou não, e se Deus existe ou não, apenas colocam as probabilidades a favor de que você acredite. Existe uma racionalidade inerente ao postulado de Pascal que parece desafiar os construtos da fé, mas, em todos os lugares que recorro à elucidação sobre o assunto, colocam-me contra essa ideia de esperança *versus* racionalismo. Se a esperança puder ser definida como a crença em um resultado positivo diante de todas as evidências contrárias, a mesma lógica (ou ilógica) pode ser aplicada à vontade de continuar os esforços, mesmo que isso nos leve a nos ferrar, uma vez que razão tem pouco a ver com isso.

Existem consequências para nossas escolhas quanto às crenças muito antes de contemplarmos a vida após a morte. Só precisamos nos voltar para a ciência dos placebos para ver o quanto a crença está profundamente enraizada em nossa função neurológica. O efeito placebo ocorre quando um paciente recebe tratamento não reativo — uma pílula de açúcar, uma injeção de solução salina, uma cirurgia falsa etc. — acreditando que lhe está sendo ministrado um medicamento ou um tratamento real. Certamente, alguns placebos têm um efeito profundo nas respostas fisiológicas, com os pacientes frequentemente relatando um resultado positivo: menos dor, diminuição da ansiedade, aumento do desempenho. Pela virtude de acreditar que o tratamento ajudará, o paciente pode experimentar sensações e, em alguns casos, mudanças biológicas criadas por drogas ou tratamento real. O oposto também é verdadeiro, o chamado efeito nocebo, em que os pacientes sentem efeitos adversos se forem alertados sobre eles, mesmo se estiverem tomando uma substância inerte. O efeito placebo é tão poderoso, que ensaios clínicos randomizados, duplo-cegos, com controle de placebo se tornaram o padrão ouro em muitos estudos sobre drogas. A chave para esses estudos é que os pacientes *acreditam* que estão recebendo — tratamento ou não tratamento — e ela aponta para o poder de ser sugestionável. Ou, para ser menos científico, da crença.

É possível cultivar o tipo de mentalidade que deixa você aberto aos efeitos placebo em qualquer lugar em que possamos encontrá-los no mundo?

Em seu livro *Cura*, a cientista e autora Jo Marchant se aprofunda no mistério e na ciência de placebos e nocebos, formando um argumento convincente para a conexão mente-corpo. Não é mais um pensamento suspeito de entusiastas da Nova Era. Agora a crença de que a mente pode influenciar nosso bem-estar físico ou contribuir para nossos sentimentos negativos está finalmente sendo legitimada pela ciência.

A conexão mente-corpo foi popularizada pelo Dr. John Sarno, cujo livro *Dor nas Costas* vendeu milhões, mesmo que nunca tenha sido abraçado — pior, ele costumava ser desprezado — pela comunidade médica convencional antes de sua morte, aos 93 anos, em 2017. Ele afirmou por muito tempo, antes de se tornar popular ou aceitável, que grande parte da dor crônica é causada por estresse emocional e psicológico, o que faz com que o sistema nervoso responda criando uma cascata de respostas que contribuem para a dor. Dr. Sarno tratava seus pacientes reservando um tempo para ouvi-los e ajudando-os a entender como seu estado emocional estava contribuindo para seu desconforto físico. Testemunhar suas dores era o primeiro passo para curar seus pacientes. Ajudar a instilar o poder da crença de que eles poderiam se curar era o segundo passo. Embora Sarno não tenha realizado ensaios clínicos controlados ou gerenciado um laboratório de pesquisa, ele sabia que seu tratamento era eficaz porque seus pacientes melhoravam. Agora a ciência finalmente alcançou sua prática intuitiva e compassiva.

No livro de Marchant, com o subtítulo *Uma Jornada pela Ciência do Poder da Mente sobre o Corpo*, ela escreve sobre a relevância de se importar quando se trata de administrar tratamentos de pessoas que estão sofrendo. Ela investiga o poder que a crença tem na conexão mente-corpo e como isso está sendo estudado por neurologistas e médicos. Olhando o espectro de condições e doenças — fadiga crônica, dor crônica, autismo, transtornos do humor, síndrome do intestino irritável —, é bem mais difícil de se determinar a origem precisa desses males do que conseguimos com a medicina altamente positivista. Nem sempre existe uma distinção clara entre origens físicas e psicológicas; e manifestações de pré-condições e doenças e desordens que atribuímos ao corpo ou à mente não parecem ser tão facilmente classificadas.

A conexão entre cura e crença se manifesta tanto no nível celular quanto no espiritual. Quando Marchant escreve sobre viajar para Lourdes, na França, para onde milhões vão em busca de suas águas santificadas, ela faz a pergunta: "Acreditar em Deus o torna mais saudável?" Uma autodeclarada ateia, Marchant se emociona com o que ela testemunha na peregrinação dos crentes, na tentativa de encontrar um alívio para o que os aflige — até mesmo se a ciência não consegue provar a proclamação de milagres. No final, ela admite: "Existem forças evolucionárias poderosas que nos levam a acreditar em Deus, ou nos remédios de curadores empáticos, ou acreditar que nossas perspectivas são mais positivas do que a realidade. A ironia é que, embora essas crenças possam ser falsas, às vezes funcionam: elas nos tornam melhores."

O desejo de acreditar cria oportunidades — para aprender, para curar e para viver experiências de peito aberto — que o cético pode não ser capaz de criar.

VOCÊ PODE SE PERGUNTAR se ser péssimo em algo leva à crença — ou se a crença leva você a ser péssimo em algo. E o que posso dizer é: não sei. A minha experiência com o surfe é a de que acreditei, e me ferrei, e acreditei, e me ferrei... tem sido uma espécie de símbolo de *ouroboros*. Um símbolo de união, renovação ou namoro infinito de volta ao antigo Egito. Na maioria das vezes, parece uma cobra mordendo seu próprio rabo, e é interpretado como uma coisa alimentando outra em uma possibilidade sem fim de renascimento. É desse jeito que tem sido ao longo dos anos.

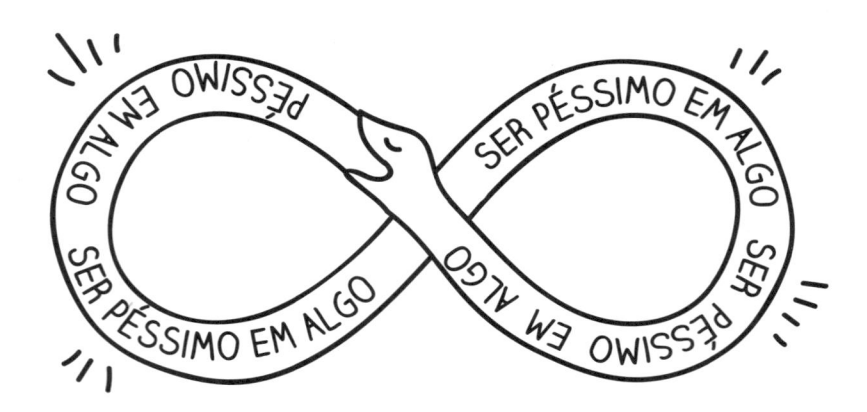

Você pode ter de fingir no começo e apostar no placebo. Como já aprendemos, as chances são muito boas de que você seja péssimo em algo que está tentando pela primeira vez. Mas, se você acredita que é péssimo em alguma coisa e que a crença cria resistência no começo, então você parou de percorrer o caminho antes mesmo de começar. Esse tipo de crença não vale seu tempo. Obviamente, este livro inteiro é um convite para, primeiramente, superar essa barreira, mas é difícil vencer nossa tendência humana de resistir àquilo sobre o que não podemos ter certeza.

Então relaxe e tome a pequena pílula de açúcar da ilusão. "Talvez eu consiga ser muito bom em caligrafia!"

Isso pode fornecer a motivação para começarmos. Então, quando nós inevitavelmente aprendemos — como fizemos no primeiro capítulo — que é mais difícil do que pensamos, nossa crença útil se transformará. Agora podemos, bem, acreditar que melhoraremos. A menos que acreditemos que podemos nos tornar melhores em alguma coisa, podemos não estar dispostos a tentar. Seria melhor começar com a suposição de que, com esforço, provavelmente melhoraremos. E, enquanto tornar-se especialista (ou estar certo) é almejar algo muito distante de nosso alcance de visão, avanços de qualquer tipo seriam impossíveis sem essa vontade de começar algo novo e arriscar estar errado. Pode parecer algo totalmente irracional, mas pode produzir resultados completamente racionais. Isso é verdade até mesmo para a ciência, onde frequentemente recorremos à prova de conceito.

O físico teórico italiano e escritor iluminista Carlo Rovelli explica, em um tipo de lógica Jamesiana, como essa vontade de imaginar o que *pode não ser verdade* pode ser a própria base da descoberta científica. "A beleza do empreendimento científico", explica ele, "é que estamos em contato com o desconhecido e tentamos dar passos em direção a isso. Funciona fora da beleza, da intuição, da imaginação, portanto, tem uma maneira muito sólida de ser verificado. Mas isso significa também que muitas ideias bonitas acabam se mostrando erradas". Rovelli não se depara com o desespero em uma curva errada, mas comemora a maravilha disso. Estar errado ou se ferrar é melhor do que o vazio de não tentar.

O AMOR É TUDO QUE VOCÊ PRECISA

Toda a minha reflexão sobre o assunto trai o quanto a minha súbita crença na crença me confundiu. Isso quer dizer que agora eu gostaria de ser uma religiosa praticante? Não senti atração por nenhuma denominação em particular, mesmo que minhas raízes católicas adormecidas começassem a mostrar sinais de nova vida. Mas a experiência parecia um tipo de despertar. Sem a linguagem necessária para articular o que eu sentia, pedi a Serene Jones que me ajudasse a desemaranhar tudo isso.

"A crença e a religião sempre estiveram em desacordo", disse Serene enquanto nos sentávamos para almoçar em um café perto de seu escritório no campus do *Seminário Teológico da União*, no extremo do Upper East Side de Manhattan. "Religião pode ser um obstáculo à crença." Serene estava falando de como a crença nos leva a querer compartilhar com outras pessoas, o que nos leva a criar grupos de pessoas que compartilhem crenças. Por fim, grupos de crentes ficam perto daqueles que acreditam nas mesmas coisas. Logo, esses grupos criam estruturas e regras em torno dessa crença. Por fim, grupos de crentes ficam perto daqueles que acreditam na mesma coisa, o que, por sua vez, cria muros em torno daquilo em que acreditam, excluindo as crenças dos outros. O que se segue são competição, protecionismo, autoritarismo e os efeitos deletérios de todas essas coisas.

"Há duas qualidades fundamentais para a crença", explicou Serene. "Trata-se de confrontar temor e terror, o que leva à humildade."

Essa conexão de reverência e terror em relação à humildade me leva de volta a nossa necessidade de testemunhas e a nosso terror pela humilhação. Há temor e terror na própria noção de estar vivo. A própria consciência pode ser aterrorizante. Talvez isso seja assim simplesmente porque todos sabemos que morreremos ou que somos impotentes diante da natureza ou do universo. Acredito que o que Serene estava dizendo era que, na aceitação da reverência e terror, tememos *menos*.

"Sobre a segunda qualidade…", Serene continuou. "A crença finalmente é sobre o amor. O amor faz você se abrir para o mundo. É sobre uma abertura radical para o mundo e para se maravilhar. Sem crença, não há amor. Não comecei a surfar ou escrever sobre isso para confrontar meus sentimentos sobre crença ou amor, Deus ou o Divino. Estava procurando entender por que diabos eu continuava nessa. Talvez para provar que não era boba. Não sei. Mas em todos os lugares em que eu procurei mais a fundo entender sobre o que aprendi me ferrando tentando algo me levaram ao mistério e, ocasionalmente, à divindade.

No surfe há infinitas histórias desses tipos de olhares de encontro com Deus. Laird Hamilton surfando a gigantesca Millennium Wave é um dos momentos mais emblemáticos do esporte — um daqueles momentos que exemplifica como o sucesso traz a humildade em seu rastro. A onda que ele pegou ocorreu no Taiti, em 17 de agosto de 2000. Na época, era a onda mais pesada já surfada e era popularmente conhecida como a onda "Minha Nossa!". Aquilo mudou o esporte para sempre, porque antes dessa época ninguém havia deslizado por nada parecido — um Teahupo'o sem o recuo e arrebentando sobre o recife raso. O icônico e deliciosamente irreverente Greg "Da Bull" Noll — o pioneiro do surfe em altas ondas nos anos 1960 — disse a Laird: "Cara, essa onda é impossível. Não *faça* isso."

Laird chorou depois de pegar aquela onda. Isso o acalmou. "Faz parte," Hamilton disse à *Surfline* no aniversário de dez anos da viagem ouvida no mundo todo. "Surfar o insurfável… foi também um momento de ruptura de barreiras. Mostrou a mim e aos outros que ondas como essas *podem* ser surfadas — e elas têm sido surfadas por muitas pessoas desde então. Você tem que acreditar no inacreditável… Era tudo sobre fé. Acreditar que eu conseguiria."

Uma grande parte do que aprendemos sobre o sucesso também pode ser pensada como falhar ou estar aquém: a humildade é o fio condutor. Meu pequeno Deus na onda que veio a mim em oração ajudou a transformar minha humilhação em humildade. Uma transformação à qual me apeguei e que tento espalhar pela minha vida o tanto quanto puder.

Enquanto Serene e eu nos despedíamos de nossa reunião, contei a ela sobre essa minha atração pelo Divino. Serene sorriu e disse: "Você pode pensar que não está sendo atraída, mas que tudo isso se trata de um chamado."

Seria um sacrilégio dizer que ser péssimo é um chamado, mas não é demais reconhecer que o surfe — apesar de, ou talvez até mesmo pelo fato de eu ser péssima nele — me levou a uma agitação em minha alma.

É por isso que escolher no que você será péssimo (por muito tempo) deve ser algo que você adore fazer. Pode haver tentativa e erro antes que você encontre a atividade ideal, mas, depois de encontrá-la, será sobre confrontar o temor e o terror de seus próprios limites ou das limitações da razão humana e abraçá-los com amor. Asseguro que isso poderá expandir sua mente. Ou, para os mais céticos entre nós, poderá, ao menos, mudar isso.

DURANTE UMA DAS MINHAS sessões de surfe preferidas com uma de minhas pessoas favoritas — o homem introduzido no Capítulo 2 como meu antigo construtor e agora querido amigo, Marion Peri, — eu estava remando e perdendo onda após onda. Finalmente, ele gritou de frustração por eu não escolher uma onda que eu hesitei em pegar.

"Que diabos você está esperando?", gritou. "Vai! Vai! Vai! Rema! Mais forte! Reme! Reme!"

Até aquele momento, ele nunca havia me visto surfar uma única onda, então ele não sabia se eu realmente podia surfar ou não. Mas o som de uma voz mais alta na minha cabeça foi o suficiente para me impulsionar adiante.

Eu aprendo repetidamente, quando alguém está me chamando para as ondas, como ceder à crença de outra pessoa em mim pode me ajudar ao longo do caminho. O que importa é se *entregar*; a entrega àquela voz que abafa a dúvida. Uma voz que pode vir de fora ou de dentro. A autoconfiança está ligada à crença no sentido mais amplo, pois ambas exigem uma suspensão do controle em direção a um resultado específico. Apenas vá em frente e veja o que acontece, seja uma onda, uma aspiração, ou Deus.

Peguei aquela onda, surfei bem, arrasei, e voltei para perto de Marion. Ele estava rindo.

"O quê?", perguntei a ele.

"É isso? Você só precisa de alguém gritando para pegar uma onda?"

"É, às vezes", disse a ele, e ri do tanto que isso soou bobo.

Mais tarde naquele verão da minha onda Divina, Rocco iria embora para cursar a faculdade, e meus 18 anos de privilégio de tê-lo criado se transformariam em outro tipo de privilégio. Um era deixá-lo partir. Naquela tarde, na pequena capela de Trastevere, eu havia orado para Maria para ter a graça em fazer exatamente isso. Não seria fácil. Eu precisaria muito de ajuda. Mas agora, pelo menos, eu sabia pedir. Não sei se estaria aberta à epifania de que a ajuda estaria disponível se não fosse por toda a minha prática em falhar.

De volta à Costa Rica, depois que me encontrei com Rocco em terra firme na manhã seguinte, contei a ele sobre minhas orações e como foram atendidas. Disse que ele poderia conversar com Deus com maior frequência.

Ele assentiu. "Tudo pode dar certo."

NÃO É SOBRE FRACASSO; É SOBRE ACEITAÇÃO.

ONDA 6

A Assustadora Onda de Rocco: Tomando na Cabeça

Regra #6

Não prejudique os outros naquilo em
que você mesmo é péssimo.

Lição #6

Você não pode amar a dor alheia.

Benefício #6

Você se torna menos canalha.

Uma semana depois do ocorrido, eis que meu amigo Paul me diz: "Se Rocco estivesse surfando na sua prancha, teria morrido."

"Isso não é de ajuda alguma", eu disse. Não acrescentei que era quase certo, uma verdade, e que tive o mesmo pensamento inúmeras vezes nos últimos dias.

Às vezes, ser péssimo em algo é, inquestionavelmente, uma merda. Mesmo assim, nossa afinidade com sermos péssimos em algo e com o que ganhamos com isso pode nos ajudar a permanecer resilientes nos piores momentos. Aprendi que a vulnerabilidade, que é o espírito deste livro, não é algo que o torna frágil ou suscetível — é o que torna você capaz de viver as realidades do fracasso e seguir adiante apesar delas. O que é ser péssimo em algo se não viver recebendo doses homeopáticas de fracasso? Deixe que sua presença o torne mais forte.

ROCCO E EU SURFÁVAMOS em Playa Guiones em uma Costa Rica sempre propensa a mudanças em julho. Começamos no intervalo sul chamado de Baker's Beach, onde as ondas tendem a ser menores e mais fáceis de estar sob controle do que as que estão longe da praia. A primeira hora estava perfeita: vento fraco e as ondas bem definidas. Mas logo um caudaloso rio de nuvens tempestuosas começou a fluir vindo do sudeste, criando um mar encrespado. Ficamos esperando que o vento mudasse e limpasse a superfície, mas fomos soprados para o norte, então terminamos a um quilômetro de distância de onde havíamos começado. As ondas engrossaram, e o mar ficou mais desordenado do que o habitual. As condições tornaram-se desafiadoras — era difícil permanecer alinhado, e fomos levados pela água agitada, mas ainda não estávamos interessados em desistir daquele dia.

Fui em direção a uma onda, que se fechou, e quando ela quebrou fez com que a ponta de meu dedo médio esquerdo fosse cortado, provavelmente pela quilha da prancha. Não percebi até que voltasse para além da rebentação, e sentada na prancha vi o sangue pingando de meu dedo. Assustada por estar na água enquanto sangrava, disse a Rocco que já estava indo embora. Ele expressou seu pesar em relação a isso, pois já estava cultivando uma certa tenacidade, que era mais ou menos necessária à medida que o mar crescia e as ondas ficavam maiores. É verdade que não havia sangue o suficiente para atrair coisas com dentes grandes que colocassem em risco nossa segurança. Ainda assim, eu disse que o observaria da faixa de areia.

De volta à praia, sentada na parte de trás da minha prancha, observei gotas de sangue pingando de meu dedo e escorrendo pela minha prancha Mysto 8'. Agora que eu estava fora da água (e minha adrenalina havia diminuído), a ferida, do tamanho de uma aspirina, começou a arder e queimar mais do que parecia necessário. Era como um corte feito por uma folha de papel. Mas doeu.

Afastei meus olhos das manchas de sangue rosa translúcidas na prancha e localizei Rocco, já que ele continuava a se afastar cada vez mais ao norte. A água estava se movendo em várias direções diferentes, e senti minha ansiedade materna começando a aumentar. Confiei nele para surfar por águas pesadas, eu só tinha de me lembrar disso. Tentei não projetar meus próprios medos nele e tentei me enganar a acreditar que pudesse vê-lo. Se eu soubesse onde ele estava na formação das ondas, nada de ruim poderia realmente acontecer. Não é bem assim, uma superstição, mas também nada preciso.

A MERDA QUE DÁ ERRADO

Depois de alguns minutos, vi Rocco pegar uma onda superficial. Ele conseguiu dar um *drop*, mas foi engolido pela espuma do mar quando a onda se fechou pelos dois lados, empurrando-o para aquele movimento caótico do oceano. Eu gemia em empatia ao vê-lo afundar, conhecendo bem o caldo que ele estava tomando debaixo daquela turbulência. Levou alguns minutos para que ele saísse da espuma agitada.

"Okay, lá está ele, tudo bem", disse a mim mesma. Mas a gravidade do acidente ficou mais clara quando ele não voltou para remar outra vez. Isso foi um sinal de que algo não estava certo. Terminar a sessão após cair da prancha foi uma manobra drástica. Surfistas esperam por uma última voltinha antes de voltar a praia, em vez de desistir depois da queda e de pegar a onda de barriga. Vi como Rocco segurou o nariz da prancha, uma mão sobre a outra, e voltou até a costa pela proa.

Impaciente para ouvir sobre a queda, levantei-me e caminhei pela praia. Ele estava a cerca de 100 metros de distância, então não o vi claramente, mas algo estava errado. Seu corpo se movia estranhamente. Por ser diagnosticada como legalmente cega quando criança — e muito autoconsciente para usar óculos em público quando me foram prescritos aos 8 anos —, aprendi a decifrar de longe os movimentos das pessoas e ser capaz de distingui-los. Minhas habilidades auditivas também compensaram minha falta de visão. Uso lentes de contato e óculos agora, mas minha educação infantil de linguagem corporal e o foco atento permaneceram comigo. Funciona até na água. Posso reconhecer especificamente as braçadas de remo de Rocco quando ele se aproxima por trás de mim pelo mar. Quando ouço a cadência familiar e o *splash-splash* específicos de suas braçadas e ele se aproxima, meu corpo relaxa, eu acho, como quando o vi retornar à tona depois dessa última queda. *Ah, lá está ele. Tudo bem.* Eu ser capaz de distinguir as braçadas de Rocco de outros surfistas na água me lembra da minha ligação primordial com ele. Quando meus filhos nasceram, seus gritos eram algo que eu já sentia antes que pudesse ouvir.

Nesse dia, senti que havia algo estranho antes de saber o que poderia ser. Quando Rocco apareceu mais perto, notei que ele estava segurando seu corpo rígido e estranhamente reto, como se estivesse equilibrando algo em sua cabeça. Mais estranho ainda, um grupo de pessoas se reuniu para andar por trás dele, uma comitiva de banhistas preocupados. Pensei: *que estranho*, e então me concentrei e vi seu rosto e seu tronco cheios de sangue.

Eu estava congelada. Ele se aproximou de mim, andando ainda de uma maneira estranha e empolgada. Seus olhos estavam arregalados e parecia que ele não estava piscando. Mesmo que o sangue escorresse pelos seus olhos, ele não piscava. Ainda mais estranho, não reagi enquanto não fiz uma avaliação típica de minha mãe, e algo familiar à pesquisa de diagnóstico rápida e hiperfocada feita por aqueles que já sofreram algum tipo de acidente: ele estava fora da água. *Que bom!* Ele estava andando sozinho. *Que bom!* Ele parecia ter os dois olhos dentro do crânio. *Que bom!* Seja lá o que tenha acontecido, ele está aqui comigo agora. *Okay. Okay. Que bom!*

Então, de tudo que se pudesse fazer, ele deu aquele sorriso bobo e largo.

Ele tinha todos os dentes. *Que bom!*

QUANDO ROCCO TINHA QUATRO MESES, deixei-o cair de cabeça. Isso foi o mais aterrorizante que já me aconteceu. Ele estava nos meus braços, e um minuto depois, caiu e atingiu o chão com um baque doentio. Ele estava bem — atordoado —, mas fiquei histérica, o que o deixou histérico. Eu estava convencida de que ele teria uma lesão permanente. Nós literalmente corremos para o hospital St. Vincent, que ainda funcionava em Greenwich Village e ficava a poucos quarteirões de distância de onde morávamos. Após um rápido check-up em Rocco, e garantias de que ele "ficaria bem", as enfermeiras reviravam os olhos e se voltavam para mim, porque, enquanto Rocco estava bem, claramente sua mãe não estava. Chorei por dois dias depois desse incidente. Os médicos me mandaram embora e me prescreveram sedativos. Como uma espécie de ironia final, eu estava ansiosa demais para preencher o formulário — estava preocupada que isso me tornasse mais irresponsável do que eu já me sentia.

Alguns de vocês já sabem disso, outros acabarão aprendendo: bebês são terrivelmente vulneráveis e inesperadamente resistentes. Isso não significa que não há problema em ser descuidado, mas coisas estranhas também acontecem. A parte mais difícil de ter filhos é saber que você não pode protegê-los o tempo todo de todo tipo de ferimento no corpo na alma e no coração. Deixar Rocco cair me gerou um medo que jamais esqueci. Mas isso me ensinou a deixar de lado os meus medos para não criar medo neles. Quando um dos pais entra em pânico, o filho também entra em pânico, e isso não leva a lugar algum.

Um amigo me disse uma vez — antes que eu tivesse filhos — que havia duas coisas sobre ter filhos. Número um: você deixará o bebê cair. Número dois: você não poderá se dar o luxo de perder a cabeça quando seu filho estiver com problemas.

Acidentalmente fiz o primeiro, e depois nunca mais.

Demorou um pouco para parar de fazer o segundo.

Quando Rocco caminhou até a mim coberto de sangue em Playa Guiones, eu estava pegando o jeito. Passamos por umas poucas e boas juntos. Surfávamos juntos. Ele me via cair, eu o via cair. Essa familiaridade foi o que lhe permitiu, eu acho, ainda estar sorrindo, até mesmo porque tudo o que houve foi que ele tomou um caldo daqueles, só isso.

ENSINAR BEM A NOSSOS FILHOS

Aquele provérbio "A fruta não cai longe do pé" tem versões e antecedentes seculares em vários idiomas ao redor do mundo. É uma dessas boas ideias que acontecem para todos, só que separadamente. Algo também conhecido como senso comum.

Nosso comportamento reverbera significativamente quando se trata do bem-estar de nossos filhos. É uma das áreas em que ser péssimo pode ter sérios efeitos prejudiciais. Não seja um péssimo pai. Não há nada a se ganhar com isso. Mas não significa que isso não possa ensinar algo a nós e a nossos filhos.

O debate entre natureza e criação parece ter se estabelecido firmemente no meio científico, com pesquisas recentes que revelam ser uma proporção meio a meio. E a metáfora sobre o fruto e a árvore na qual nasce é adequada, pois representa os dois lados do debate. Embora seja difícil para os pais sentir que não podem prever como será a personalidade de cada filho, todos nos beneficiaríamos se reconhecêssemos que o que nossos filhos nos veem fazer ou nos ouvem dizer é tão importante quanto as ferramentas com as quais eles já nascem. Mesmo com essa consciência e compreensão — e reconhecidamente a grande responsabilidade que vem acompanhada disso —, não importa o quanto tentemos, ainda erraremos.

Julie Lythcott-Haims, autora do best-seller *Como Criar um Adulto*, evidenciou um ponto importante quando falei com ela sobre o assunto: "Somos seus maiores modelos — se seremos os melhores depende de nós." Então, as perguntas são: Como podemos ser um pouco menos que uma droga? E, quando erramos, como lidar com isso?"

Tem tudo a ver com estar confortável em ser uma droga. Porque é tudo sobre como nos sentimos em relação ao fracasso. O fracasso inevitável. A falha que foi formada na maneira como o mundo funciona: nos distraímos, nossas mãos estão suadas e, de repente, perdemos o equilíbrio: e lá se vai o bebê. E agora?

Já sabemos um pouco sobre como ser péssimo em algo tem muito o que nos ensinar. Mas o mais importante é o que isso ensina aos nossos filhos quando eles assistem aos nossos esforços. Como meu amigo profético deixou claro: precisamos estar bem com eles nos vendo como seres humanos falíveis que somos. Isso não quer dizer que eles devam nos ver surtar. Porque, para uma criança, isso quer dizer que não estamos acostumados com que tudo dê errado. Toda vez que você surta, está enviando um sinal de que *isso não deveria acontecer*. Você não deve enfrentar esse desafio.

A calma é o outro lado da mentalidade de ser péssimo em algo. Você já sabe que a calma ajuda a sair de uma situação complicada. E também é especialmente importante quando modelamos o comportamento de outras pessoas, principalmente crianças (*sempre* somos um modelo de comportamento para crianças). O mesmo se aplica à nossa maneira de administrar nosso trabalho, como nos comportamos com amigos ou companheiros íntimos. Precisamos nos sentir confortáveis em ser menos que deuses para com aqueles sobre os quais exercemos nosso poder e com quem temos nossa vida intrinsecamente vinculada. Porque, se os outros nos veem tentando e falhando, sem perder a cabeça com isso, mas, de qualquer forma, tentando novamente, eles aprenderão a fazer o mesmo.

Precisamos ter isso em mente, mesmo quando críticas duras chegam *de nossos filhos*. É a primeira lição deles, por exemplo, sobre resiliência. Tive muita prática nisso enquanto surfava com Rocco. Depois de uma onda conquistada à força em Nosara, voltei orgulhosamente ao mar e perguntei a Rocco se ele tinha visto. Admito: minha insegurança patética estava implorando pela aprovação de meu filho.

"Ah, sim! Eu vi. Mas você tomou a vez daquele cara", ele disse, antes de se afastar de mim desgostoso.

Tomar a vez do outro (pegar uma onda à qual outro surfista tinha a prioridade) é uma das piores ofensas no surfe. É grosseiro e perigoso. Rocco estava certo — eu tinha pegado aquela onda à custa de outro surfista. Existem infinitas histórias de surfistas que tomaram a vez do outro ao longo da história do surfe, e uma coisa é tão certa quanto um mar lotado em dia sem problemas: um surfista que entra na onda do outro habitual e despreocupadamente logo se torna um pária. Mesmo assim, tentei defender meu erro, gritando de volta: "Dá um tempo para a sua velha, Rocco. Nem o vi." Provavelmente não preciso dizer que minha resposta não atingiu nem uma nota de dignidade ou justificativa. Eu não estava, naquele momento, ensinando bem ao meu filho.

Ele é que me ensinava, para ser franca.

Não foi nem de longe a primeira vez que isso aconteceu. Lembro-me de uma vez em que gritei com Gio quando ele tinha 8 ou 9 anos, terminando uma ladainha de ataque de frustração: "Você está agindo como uma criança!"

Ele respondeu certeiro: "Do que você está falando? Eu *sou* uma criança!"

LYTHCOTT-HAIMS FALOU sobre essa nuance em nossa animada conversa sobre ser péssimo em ser pai ou mãe. "Não podemos esperar que nossos filhos nos façam sentir melhor pelos nossos erros, e não podemos sobrecarregá-los com nossa carência. Assim, quando conseguimos fazer com que tudo dê errado, precisamos reconhecer isso e sair do caminho. Podemos ficar tão envolvidos pela nossa própria vergonha, que arrastamos nossos filhos para isso e pedimos que nos absolvam."

Uma boa regra geral sobre como devemos tratar a todos se aplica dez vezes mais em relação aos nossos filhos: não podemos fazer dos outros um conforto para nosso ego ferido. Quando pedimos para nossos filhos que preencham o buraco negro de nossas inseguranças, negamos a eles suas próprias reações e aniquilamos sua experiência. Nosso fracasso em fracassar bem diminui pela metade na mensagem errada.

O que é provavelmente mais difícil para muitos pais, no entanto, não é muito sobre fazer com que seus filhos os *vejam* se ferrar fazendo alguma coisa, mas, sim, observar *seus filhos* se ferrarem também. Isso nos leva a um segundo ponto: precisamos deixar que eles se esforcem até falhar. Sempre pensei na maternidade e na paternidade como sendo o para-choques da pista infantil de boliche: deixe-os rolar, jogar ou até quicar a bola pelo recuo como quiserem, porque, não importa como eles consigam derrubar os pinos, nós apenas queremos que mantenham a bola de boliche (eles!) longe da canaleta. A chave é ficar fora do caminho e evitar ficar falando de si mesmo como pai. Paradoxalmente, não ter medo do fracasso, tanto nosso quanto de nossos filhos, ajuda com que nos familiarizemos com o medo inútil de nossa vontade de dominar a situação ao se deparar com resultados frustrantes.

A parentalidade helicóptero é uma tendência bem familiar ilustrada de forma sucinta em uma charge de Bruce Eric Kaplan na *New Yorker*. Duas crianças vão até a porta da frente, e o pai de uma delas está sentado em uma poltrona. O filho diz ao amigo, referindo-se ao pai: "Ele é menos um pai e mais um cara que faz consertos."

Essa mania de os pais se intrometerem nos assuntos de seus filhos sempre leva a relação a um possível colapso, devido à ansiedade que produz. E isso é praticamente *tudo* o que produz. Pais tentando fazer do sucesso de seus filhos um jogo não funciona, em quase todas as formas. Cobranças excessivas em relação à escola, castigos, atividades extracurriculares excessivas, hipervigilância sobre a lição de casa — todos esses esforços visam dar à criança uma vantagem competitiva. Mas, em vez disso, parecem ajudar a formar uma geração atormentada pela insegurança e uma resiliência questionável. A cada ano aumenta o número de estudantes em idade universitária que procuram por ajuda devido a doenças mentais. Esse é o infeliz resultado de os pais insistirem em fazer e ser tudo para os filhos. Em vez de ajudar, os pais acabam passando a mensagem aos filhos de que eles são incapazes de se virar ou ter sucesso por conta própria. Com certeza, esse não é o resultado esperado pelos pais bem-intencionados que agem por amor. Mas esse amor pode ser comprometido pelo ego quando projetamos nossos próprios desejos e medos em nossa descendência. É um problema com muitas facetas, mas que deve fazer com que todos parem e reflitam sobre como estamos criando nossos filhos.

Lythcott-Haims passou anos como reitora de calouros da Universidade Stanford, e o que ela observou repetidas vezes em seu trabalho com estudantes universitários forneceu muitas evidências sobre como alguns pais se projetam em seus filhos. Ela explicou: "Pais vinculam seu próprio valor à realização de seus filhos, o que cria um esforço pela conquista que está estressando a nós e nossos filhos."

Como resultado, as crianças têm uma voz na cabeça que lhes diz que *sempre há alguém as julgando*. Não há espaço para experimentação ou falha, e isso não permite que elas sejam péssimas em alguma coisa. Mesmo quando as crianças realizam o que os pais pretendiam, podem se sentir vazias, como se tivessem somente cumprindo uma obrigação, fazendo uma apresentação, e ponto.

Não estou dizendo que a solução é fácil. É definitivamente um paradoxo de Cachinhos Dourados: precisamos dar-lhes muito apoio, mas *não muito*. Precisamos ser honestos e transparentes, mas não devemos compartilhar demais. Queremos demonstrar amor a eles sempre, mas às vezes é necessário ser duros, também por amor. Lythcott-Haims me disse: "O amor é nossa principal ferramenta; o que queremos ensinar a eles é amor também: como amar, ser amoroso. Mas existem linhas tênues. Requer muita prática e que se aproveitem as oportunidades para refinar o diálogo." E isso vem de uma mistura de amor, humildade e, se necessário, um pedido de desculpas. Então temos de seguir em frente. Erraremos, mas estaremos familiarizados com a ideia da prática — tanto a nossa quanto a de nossos filhos — de amar e ser péssimo em algo e estar bem com isso. Isso deve ser familiar para você neste ponto: a estética subjacente de ser péssimo em algo é proporcional. Cada coisa em seu lugar. Prestando atenção, mas não a desperdiçando. Deixe o mundo chegar como é, mas não pare de tentar surfar suas ondas.

Lythcott-Haims está familiarizada com os riscos decorrentes de tentativa e falha. Ela confidenciou sobre se sentir amada quando atingia o sucesso e não amada quando estava falhando. Isso a levou a gastar muito tempo "tentando ser boa em tudo para ser digna de amor". Mesmo que ela entenda que esse esforço é uma antiga "impressão de família" deixada nela quando criança, ela continua trabalhando para mudar essa resposta automática e tem algumas estratégias para ajudar pelo caminho.

Um campo de treinamento desafiador para ela são as palavras cruzadas do *New York Times*, que ela e o marido competem para completar. Quando começaram, ela não conseguia completar o quebra-cabeça, mas agora pode vencer duas de cada sete vezes. Ainda assim, perder na competição de palavras cruzadas em mais de 70% do tempo a força a lutar com a equação defeituosa de ser digna de amor apenas por vencer. Lythcott-Haims disse que está aprendendo. "Gosto da vitória, mas do que mais gosto é não odiar as derrotas. Quando cheguei à conclusão de que vencer significava que eu me sentiria amada, contei isso ao meu marido. Ele disse: 'Bem, ajudará se eu disser que te amo depois que eu vencer?' A resposta, que me surpreendeu, foi: 'Sim.'"

DEZOITO ANOS DEPOIS que deixei Rocco cair de cabeça, na praia em Nosara, perguntei a ele: "Onde você foi atingido?" Havia muito sangue nos olhos e na boca, mas eu não consegui imediatamente identificar a fonte do trauma.

"Onde você acha?", Rocco respondeu.

"Não sei, Rocco. Há tanto sangue, que não consigo identificar", respondi a ele, tentando não transparecer o pânico que senti e seguir os conselhos de meu velho amigo. Ele olhou para mim um pouco confuso. Entendi, então, que ele não tinha ideia de que ele era uma massa de sangue: ele ficou lá calmamente, sua prancha ainda debaixo do braço, como se ainda estivesse contemplando a possibilidade de dar outra remada. Enquanto isso, a reunião de estranhos estava crescendo, mas ninguém estava dizendo nada, o que pensei ser estranho. *Alguém não deveria dizer algo?* Pensei.

"Mãe, é um ferimento na cabeça. É por isso que está saindo muito sangue", ele me disse como se estivesse me explicando por que o oceano é azul. O sangue começou a borbulhar de sua boca enquanto falava, o que me pareceu engraçado. Na verdade, eu ri. Aquilo me pareceu estranho também.

Ele colocou a mão sobre o local da ferida e fez um círculo em volta para indicar onde a prancha o atingiu, e disse: "Aqui..."

Reparti seu cabelo, o que revelou uma ferida aberta de quase dez centímetros e que se parecia com uma boca ensanguentada. O corte foi tão profundo, que não havia como saber se era mesmo apenas um corte ou pior. Agarrei sua prancha para que ele a largasse e procurei algo com o qual pressionar a ferida. Olhei para meu próprio corpo para que eu pudesse tirar algo, mas a camiseta de manga comprida que eu estava vestindo era uma peça só. "Merda", disse inutilmente. "Rocco, tire sua roupa de mergulho para que possamos usar para pressionar sua ferida", falei.

"Não, isso é ridículo. Estou bem!"

Ele estava tremendo devido ao fluxo de adrenalina e à perda de sangue, então gritei com ele: "Tire sua roupa de mergulho *agora* e a dê para mim!"

Ele teve aquela pavorosa reação adolescente de revirar os olhos com esse surto de mãe, mas também teve o bom senso de finalmente me ouvir. Torci a água do mar daquela peça de roupa e, com ela, tentei estancar o sangramento. Como o vi perceber com surpresa a quantidade de sangue, inutilmente sorri com um *Ah, sim! Viu?* Enrolei a vestimenta e disse a ele que pressionasse contra a ferida.

A essa altura, um surfista local, saindo pela palapa do Harmony Hotel onde nos reunimos, veio para nos ajudar. Ele disse para Rocco pular na água, para limpar seu corpo do sangue. "A água vai limpá-lo e você se sentirá melhor", explicou. Respondendo entorpecido ao conselho, Rocco virou-se para voltar para a água. O garoto jorrava sangue por um buraco na cabeça, não tínhamos ideia de se seu crânio havia ou não rachado, e esse cara bem intencionado disse para ele pular de volta ao mar — que estava agora em maré alta e com ondas de quase dois metros quebrando na areia seca.

"Hum… não acho que seja uma boa ideia", eu disse a eles, tentando ser educada e também encobrindo o quanto eu estava irritada com a sugestão.

Para não se intimidar, o surfista pegou a garrafa d'água de uma gringa e a entregou para mim. "Ok, então aqui, pegue isso e lave um pouco esse sangue. Faz parecer pior do que é. É um ferimento na cabeça, sangra muito, mas ele ficará bem."

Rocco me deu aquele olhar de quem tem a razão. "Viu? Eu disse que não era nada de mais."

Surfistas, como mães, também fazem uma avaliação rápida. Se você não for perder um olho ou um membro, sangrar ou se afogar, tudo está em ordem, e você é basicamente ignorado, a menos que peça ajuda. Nunca vi um surfista perder a cabeça por se machucar. Talvez a gente acredite ser o preço a se pagar pela sensação mais maravilhosa do mundo.

"Ah, sim", o surfista me garantiu depois de analisar o machucado, "Ele está bem. Precisará levar alguns pontos, com certeza, mas ele está bem."

"Alguém tem um telefone aqui? Alguém poderia ligar para o Alejandro?" Não perguntei para ninguém em particular, mas os locais debaixo da sombra da palapa sabiam de quem eu estava falando. Não há salva-vidas de plantão, nem serviço de emergência para pedir um retorno rápido. A comunidade confia em si mesma para ajudar quando as pessoas têm problemas; e funciona notavelmente bem, considerando que o hospital mais próximo fica a uma hora e meia de distância.

Alejandro é o médico local, que administrava uma clínica na cidade. Ele já nos ajudou em várias ocasiões: lesões, dores de ouvido, picadas de insetos infeccionadas. Ele é um bom médico, e, quase tão importante, é um surfista. Ele estava pessoal e profissionalmente familiarizado com muitas lesões do surfe. Sua profissão dependia delas.

Agora todos se uniram para ajudar. O segurança local estava vigiando a palapa que levava ao Harmony Hotel, um ambiente descontraído, mas aconchegante e ecológico, somente a dois minutos a pé por um caminho na selva. Eu ajudei Rocco a caminhar pelo caminho até o hotel, onde alguém na recepção já havia contatado a clínica para nós. Disseram que Alejandro não estava disponível naquele dia, mas Leonel estaria esperando nossa chegada ao consultório. Eu não conhecia Leonel, mas ele ajudaria.

A entrada de Baker's Beach fica do outro lado de um pequeno riacho que vem da floresta em direção à areia. Andamos por aquele pequeno bosque para acessar a praia todos os dias, e enquanto observávamos onde estávamos pisando tínhamos visto apenas os caranguejos e lagartos roxos e alaranjados que habitam a vegetação rasteira de lá. Desta vez, no entanto, tive uma sensação de haver espinhos na parte de trás do meu pescoço. Parei quando subi no banco através das videiras e das árvores. Algo me disse que era tolice correr alegre e cegamente através daquele local familiar. Pensei nos jacarés que caçam na foz do rio e nos estuários da região e disse, *não, não aqui. Devo apenas estar apavorada por causa do que aconteceu com Rocco.* Ainda assim, ziguezagueei até meu carro, lembrando-me dos conselhos de que essa é a maneira de confundir um jacaré ou crocodilo se algum estiver te seguindo (sim, certo). Ri alto de quão ridículo era esse exercício de raciocínio, mas não pude deixar de pensar nisso, uma emboscada de crocodilos. Nosso paraíso parecia perigoso naquele momento. Entrei em meu carro e fui dirigindo até o hotel, para que eu pudesse pegar meu filho ferido e levá-lo para a clínica na cidade.

COISAS PODEM NÃO DAR CERTO
E NÃO TEM NADA A VER COM VOCÊ

Quando se trata de enfrentar tempos difíceis e desafios, uma das vantagens de se ter um hobby em que você é péssimo é que isso te lembra de como você realmente é pequeno e ineficaz. Isso pode parecer algo frio, mas igualmente o contrário também é verdadeiro: quando tudo dá errado, é bem melhor lembrar a si mesmo de que você não é a causa disso tudo. Você tem poderes limitados para ajustar o mundo. Quando *nada* dá certo, não é necessariamente sua culpa. E também não é necessariamente culpa dos outros. Você conhece aquela pessoa que culpa todos a seu redor por *tudo* que dá errado na vida? Talvez culpariam os outros com muito menos frequência se não sentissem secretamente que são o centro do Universo. Se ferrar é saber que todos somos apenas partes desastradas desse universo gloriosamente confuso.

A confusão marcou uma viagem de verão em particular a Nosara, um ano antes de Rocco levar uma na cabeça.

Quando eu estava voltando de outra surfada de julho, um surfista correu pela praia atravessando Baker e passou logo atrás de mim, pressionando a mão no olho. Atrás dele, outro surfista o seguia perguntando se ele estava bem e se precisava de carona para algum lugar. O primeiro respondeu: "Não, não estou bem. Por favor me siga." Soube depois que o homem era um fotógrafo local, e ele perdeu o olho naquele dia depois que o nariz de sua prancha o atingiu.

Toda aquela viagem nos educou sobre o lado inverso da realidade por trás de nosso paraíso. No início da semana, vimos dois adolescentes presos em uma vala, que os puxou centenas de metros para um oceano turbulento. Tentei remar, mas algo não estava certo sobre o movimento das águas, então continuei em águas abrigadas. O próprio Rocco foi puxado por trás de mim antes que eu pudesse chamá-lo de volta. Tive um mal pressentimento e pedi para que meu amigo Nick o seguisse e o chamasse de volta. Cinco minutos depois, Rocco estava ao meu lado na areia da praia, respirando com dificuldade. "Essa foi a primeira vez que tive medo", ele me disse.

Então, não conseguimos encontrar Nick. Um forte nadador e surfista por toda vida, e até Nick teve de se esforçar para voltar à costa. Quando ele finalmente conseguiu, ficamos apenas parados observando a água e falando sobre como era atípica aquela corrente e o swell. Foi quando vimos a prancha flutuando sem ninguém por perto.

"Uau! Isso não é bom", falei em voz alta. A preocupação de uma mãe é que todos estejam bem.

Uma prancha de surfe flutuando sem estar ligada ao dono é sinal de que algo não deu certo. A segunda pista foi o cachorro passeando nervosamente ao longo da costa. Olhávamos a praia de cima a baixo e examinávamos a água até a linha do horizonte, mas não conseguimos ver ninguém. Nick subiu em uma árvore para melhor visualização, e pensamos que ele estava brincando quando disse: "Eu os vejo, estão lá fora!" Quando rimos do que pensamos ser uma piada sem graça, ele gritou, agora visivelmente agitado: "Não, é sério." Então nós os vimos, *lá fora*, acenando com as mãos como se fosse um esquete de comédia. Pequenas e desesperadoras ondas em direção a costa: *Alguém nos ajude!*

Nenhum de nós era especializado o suficiente para nadar pela água, e várias ligações para a polícia não resultaram em nada. Rocco correu para conseguir ajuda de instrutores de surfe locais perto da entrada da praia. Quatro deles chegaram em um quadriciclo e, parecendo já sem paciência com aquilo — não era a primeira vez que eles são convocados a salvar alguém —, foram resgatar as crianças, que certamente teriam se afogado. Depois que todos chegaram em segurança à costa, quase vomitei de nervoso e alívio.

Mais tarde naquela semana, surfamos em uma praia 15 quilômetros ao norte de Guiones — ondas mais definidas, mas também mais pesadas que as de Guiones. As preferidas de Rocco. Era um dia perfeito, sem vento, com muitas ondas, e todos os nossos amigos estavam pegando várias delas, uma após a outra. Eu não conseguia passar pela rebentação. Toda vez que eu fazia algum progresso, uma onda externa arrebentava na minha frente e eu era empurrada de volta em direção à costa. Não há novidade nisso, mas naquele dia eu estava morrendo de vontade de me juntar a Rocco e nossa equipe. Entre eles estava meu amigo Mike Moore, que havia sido libertado recentemente após quase três anos sendo mantido refém por piratas somalis. Ele se juntou a nossa família naquela viagem como parte da recuperação de sua vida de volta ao surfe.

Finalmente, depois de duas horas tentando, passei da rebentação e me juntei aos outros. Estava orgulhosa de minha tenacidade e me sentei na parte de trás da rebentação (ou, pelo menos, era onde eu pensava estar) para recuperar o fôlego e um pouco de energia. Eu estava *pronta* para pegar uma onda. Acontece que eu não estava *tão* para fora da arrebentação, então, uma onda enorme rolou, e eu não conseguia remar rápido o suficiente para passar por cima ou por trás. Fui pega no lugar errado e fui puxada até no fundo do oceano, apenas para ressurgir e levar mais duas ondas na cabeça. Tentando, mas falhando em manter minha cabeça acima da espuma espessa das ondas que arrebentavam, aspirei um pouco de água. Estava exausta após o esforço para chegar lá e agora tossindo água salgada, não estava aguentando essa surra. Voltando aos trilhos com o resquício de energia que ainda tinha, deixei que o oceano me expelisse de volta à costa. Tonta e derrotada, sentei-me na praia. Nick e Mike gentilmente vieram até mim para ver se eu estava bem. Não querendo me afundar em frustração, dei um sorriso forçado e disse a eles: "Sim, claro. Tô bem." Quer dizer, o que é a rebentação do oceano em comparação com o que Mike sofreu? Perspectiva é tudo. Ainda assim, feliz por compartilhar aquela viagem com Nick e Mike, lembrei-me de que não havia como estar completamente segura em qualquer lugar. Nem mesmo no paraíso.

Mais tarde, no mesmo dia, oito de nós nos apertamos em nosso carro para os irregulares cinco quilômetros rumo ao nosso restaurante preferido para um jantar de celebração no final de viagem. Poucas horas depois, saciados por uma refeição suntuosa e um dia gasto no surfe, estávamos ansiosos para chegar em casa e dormir. Em vez disso, descobrimos que dois dos pneus do carro foram cortados no estacionamento do restaurante e, quando voltamos para nossa casa, descobrimos que alguém a havia invadido e cortado os fios de nosso sistema de segurança recém-instalado. Nosso cofre havia sido arrombado, e todos nossos pertences foram roubados — computadores, câmeras, telefones e muito mais. Sete de nós fizemos cada um seu próprio inventário de tecnologia roubada apenas para ter certeza de que os ladrões haviam feito um bom trabalho. O segurança pago para vigiar as casas do bairro não viu e nem ouviu nada. E a polícia só apareceu depois de ser chamada por uma amiga nossa que era uma moradora local.

Pois é, nosso paraíso estava começando a parecer um pouco infernal. Isso não aconteceu de uma só vez, mas as bases começaram a tremer após a lua de mel da construção de uma casa em um lugar distante, sobre o qual, até então, não sabíamos nada e onde tudo sempre parecia bem.

Cupins fizeram túneis sob o nosso teto, onde construíram ninhos; larvas e colmeias invadiram todos os orifícios e fendas que nem sabíamos que existiam — sob pias, atrás de paredes, sob os beirais, em batentes de janela. Havia escorpiões à espreita em cada almofada, e gigantescos gafanhotos voadores nos bombardeavam enquanto cozinhávamos. Acordei uma noite para fazer xixi e encontrei uma tarântula ao nível dos meus olhos na parede de nosso quarto. Eu disse "Com licença!" a ela no meu caminho para o banheiro.

Todo o lugar se tornou um ninho para alguma criatura não humana. Certa manhã, quando abri uma cortina, uma lagartixa caiu em meu rosto antes de rastejar pelo meu pescoço e meu braço, eventualmente pulando para o chão. Acordamos uma manhã para encontrar nosso armário branco, onde guardávamos roupas, completamente preto com uma colônia de formigas, que o dominou durante a noite enquanto dormíamos. Um sapo mudou-se para o banheiro, e em vez de expulsá-lo de sua casa adotiva, usamos o banheiro de fora por alguns dias. Nosso jardineiro encontrou uma jiboia tomando sol na pedra de nossa sala de estar. Não estou reclamando — quer dizer, o que mais poderíamos esperar depois de abrir caminho na mata e ali construir nossa casa?

Aprendemos a conviver com o caos e tentamos ao máximo impedir a natureza de assumir o controle completamente enquanto tentamos viver em harmonia com ela. Mas é isso o que acontece no paraíso. Embora não seja um inferno, pode ser algo muito longe de paradisíaco. Não é que não esperávamos que uma selva fosse uma selva, mas você não pega o jeito até que se estabeleça. Uma ou duas semanas no paraíso levam você a pensar: "Se eu pudesse ficar *aqui*, nunca mais teria um dia ruim." Como naquele período de lua de mel, você fica delirante, convencido de que a alegria será para sempre intocada — mesmo que você saiba que não é bem assim. Isso não quer dizer que depois que a lua de mel termina não haja algo maravilhoso que persista, como o perfume de alguém que você ama na camisa que ele usou.

Durante o tempo que passamos em Nosara, e sempre que eu estava na água, lembrei-me da elegância do yin e yang, originalmente destinados a descrever faces opostas de uma encosta, uma sob a luz do sol, e outra sob a sombra. Não há julgamento de valores ligado ao yin e yang. A colina ainda é a colina, seja na sombra ou na luz. Em vez disso, aponta-se para o conceito de unidade como dois lados combinados para formar um todo. E, apesar de às vezes precisarmos de luz e, outras vezes, de sombra, gostamos de pensar que é apenas uma questão de ajuste à vontade, como se pudéssemos simplesmente mudar de posição ou local para nos ajustar às nossas necessidades momentâneas. Mas às vezes *é* apenas isso: simplesmente *é*. Mais frequentemente, o ajuste vem na forma de aceitação, em vez de por meio de uma tentativa de mudança. Muitas vezes, mudar uma situação não é possível, e a única coisa que podemos fazer é mudar nossa resposta em relação a ela.

Isso é especialmente importante na maneira como ensinamos nossos filhos. Se nosso instinto é mantê-los longe das duras realidades que inevitavelmente aparecerão no caminho da vida, como eles podem entender que as coisas darem errado é algo tão normal quanto as coisas que acontecem do jeito que queremos?

Eu tenho ressaltado os benefícios de se ferrar durante todo este livro. Alguns imediatos, outros que demoram um pouco para aparecer. Há a emoção de tentar algo novo, e o sentimento de realização de fazer progresso aos poucos. Depois, há essas mudanças de atitude: o acolhimento da confusão e da incompletude.

Há algo mais. Um efeito no longo prazo de se ferrar que eu nunca poderia ter antecipado quando peguei uma prancha de surfe pela primeira vez no que parecia um voo de fantasia. É mais ou menos isto: tenhamos ou não consciência disso, todos somos péssimos em todos os tipos de atividades ao longo de nossa vida. Pelo menos, *deveríamos* ser. Entrar em contato com esse fato não funciona como algo radicalmente novo; é aprender a transformar essa verdade em sua cabeça, como uma boa surra de uma onda, e começar a rir. Nós nos superamos quando nos preparamos para nos dar mal e depois somos compensados de maneiras que demonstram nossa inércia, autocondicionamento e coisas piores. Somos obrigados a ser menos péssimos, mas não podemos fazer isso se, antes de qualquer coisa, não perdoarmos a nós mesmos por sermos péssimos. Quer dizer, isso vai acontecer, então por que não viver uma vida completa, cheia de ondas, com seus altos e baixos?

Se há algo em tudo isso para ensinar a meus filhos, é que você leve o bem com o mau. Que clichê, que banal, que *óbvio*. Por outro lado, é espetacular que exista algum bom senso nessa sabedoria eterna.

QUANDO ROCCO E EU chegamos à clínica, o novo médico — ele se apresentou como Leo — estava sozinho no consultório. Ele convidou Rocco a se deitar. Sua parte superior do corpo estava cheia de sangue coagulado, e sua parte inferior, coberta de areia, mas Rocco permaneceu irritantemente indiferente. Eu estava preocupada com a mistura de sangue e areia ainda saindo do machucado, mas a avaliação de Leo foi calmante. Ele era surfista também. "Ah, já vi bem, bem pior."

Leo começou a trabalhar na limpeza do ferimento, quando uma longa centopeia preta e amarela atravessou a sala de operações cheia de sangue pelo chão. Depois de sete injeções de anestesia local na ferida, Leo passou o dedo coberto pela luva cirúrgica pelo buraco na cabeça de Rocco, para sentir seu crânio.

"Ah, isso é bom…", ele me disse, "…muito bom, sem fratura. Você quer ver o crânio dele?", Leo perguntou. Senti em minha barriga cólicas de alívio e ansiedade, mas permaneci de pé.

"Claro!", disse, mais por brincadeira do que pelo que realmente desejava.

E lá estava. O crânio do meu filho.

Saí da sala para ligar para Joel e contar a ele o que acontecera, agora que tudo, de fato, estava em ordem.

Rocco levou nove pontos e foi informado de que não poderia surfar por uma semana ou mais. A pior parte já havia passado, e Leo repetiu o que estávamos pensando: que sorte aquilo ter acontecido no final de nossa viagem. Rocco sentiria falta dos dois últimos dias surfando em Nosara, mas em breve estaria de volta à água depois de voltarmos à nossa instável, frustrante e não costa-riquenha praia de Nova Jersey.

Quando voltamos para casa, compartilhamos as notícias e as fotos com amigos e família: Ei, vejam aqui o guerreiro do surfe!

BORBOLETAS E CAOS

Mas não consegui dormir nem por uma piscadela naquela noite. Em vez de estar exausta com os acontecimentos do dia e aliviada com o resultado, fiquei agitada e preocupada. Tudo ficaria bem. A provação já havia passado… mas, agora, pensamentos sombrios ocupavam minha cabeça. Meu maior medo, um que sempre tive dificuldades de admitir, é que um dia Rocco vá dar suas braçadas e não volte. Surfar é perigoso. Viver é perigoso. Mas no surfe há muitas coisas que podem dar errado, e elas dão errado, para os melhores surfistas e os maiores malucos. Na maioria das vezes, tudo dá certo. Mas surfar é perigoso. A maioria da literatura sobre o surfe é sobre o quase acidente: ficar preso sob três ondas, o entorpecente giro debaixo d'água, raspar em algo no auge da queda, uma quilha que entra na sua cabeça. Tudo isso se tornou histórias que contamos. Até que não possamos mais.

Meu próprio medo do oceano — o que não me obriga a ficar de fora da água, porque meu amor por ela é maior que meu medo — coloca coisas assustadoras na minha cabeça. Não temo mais por minha segurança, mas não posso desistir desse medo pelo meu filho, apesar de ele ser um nadador muito melhor que eu, e um surfista mais forte e mais sábio do que sua excêntrica e confusa mãe. Mãe Oceano e Mãe Amor, as maiores forças que conheço. Cada doação é uma alegria e um medo imensuráveis.

Não pude deixar de refletir naquela noite. Sabia o que estava fazendo: estava me enganando ao pensar que eu tinha mais controle sobre a situação do que sempre tive. A ilusão era forte, no entanto. Ela desbloqueou inúmeros "e se". E se eu tivesse ficado com Rocco no mar? Certamente ele não iria até aquela onda, ou talvez eu fosse capaz de chamá-lo de volta. E se eu não tivesse saído por causa de um pequeno corte no dedo? Meu garoto ficaria livre de várias lesões. Em vez disso, voltei à praia e deixei meu filho em perigo. Assisti como uma testemunha impotente enquanto minha própria mente percorria essa lógica inútil e defeituosa, consciente do absurdo de acreditar em resultados controlados sob eventos aleatórios, como um corte na cabeça. Mas o loop é poderoso e parece inevitável, como a atração de passar por cima das ondas quando você não consegue ultrapassar aquela mais alta. Quando Rocco nasceu e eu estava passando a ter sentimentos aterrorizantes, uma amiga, a autora Karen Karbo, disse-me algo que me desconstruiu: "A maternidade é uma sentença de prisão perpétua, sem liberdade condicional."

Não tenho certeza se ela me fez sentir melhor naquela época, mas, pelo menos, ela me fez rir. Repeti suas palavras muitas vezes como palavras ressignificadas de sabedoria, mas principalmente em um esforço para rir dos demônios da maternidade: palavras que nos desafiam a *não* viver em constante estado de preocupação. Mas nós não queremos que nossos filhos saibam que nos sentimos assim. Seria um fardo pesado demais para eles. Eles não estão aqui para que nos sintamos melhor em relação a nossa vulnerabilidade.

O consolo que busco nesses momentos malucos está na ideia de *contingência*. Uma palavra chique do campo da história que basicamente se resume nisto: o futuro não se desenrola em um caminho longo, direto e previsível; ele se curva em torno de obstáculos e encobre antigos caminhos. Isso responde, sempre, ao instante anterior, e, portanto, é sempre um processo de tornar a si mesmo. Minhas preocupações contêm todos os tipos de futuro possíveis — muitos deles são brilhantes e otimistas, mas outros são catastróficos e sombrios. E nenhum deles é mais ou menos provável do que o infinito de outros futuros que nem sou capaz de imaginar. É contingente. De todas as coisas possíveis de se ferrar, todos nos ferramos de maneira idêntica e igual a esta: já sabendo o que virá em seguida.

Às vezes, me ajuda lembrar a frase favorita do meu pai: "*Tinha* que ser assim." Ele costuma invocar essa frase enquanto olha para as dificuldades da vida de nove décadas, e em vez de se arrepender ele encontra consolo. Muitas vezes estamos sentados em nosso pequeno quintal na costa de Jersey, ele com um copo de uísque em uma mão e um charuto na outra, contando as bênçãos de seus filhos e netos. Com quase 90 anos, ele está resistindo à sua parcela de imprevisibilidade e chegou até aqui com a sabedoria de um homem que viu muito e ainda sabe como se divertir.

Há mais de 200 anos, o filósofo Johann Gottlieb Fichte praticamente disse a mesma coisa em seu ensaio sobre a dúvida em *The Vocation of Man* [*A Vocação do Homem*, em tradução livre]: "Se algumas coisas tivessem sido ligeiramente diferentes do momento anterior, então, no momento presente, algo também teria sido diferente. E o que fez com que o momento anterior fosse como foi? Isto: aquele momento que precedeu aquilo tudo como era então. E esse momento também dependeu daquele que *o* precedeu; e este último dependeu de *seu* antecessor, e assim por diante, indefinidamente, até o presente. Você não pode pensar na posição de um grão de areia sem ter que pensar no todo, no passado indefinidamente longo e no indefinidamente longo futuro que será diferente."

Como aconteceu com a regularidade satisfatória neste século, o que foi uma vez apenas a especulação agora parecia encontrar seu lugar nos fatos científicos. O que Fichte filosofou em 1800 ecoou em dados científicos de 1960 pelos resultados inesperados de um modelo meteorológico que provou o quanto pequenas mudanças podem gerar enormes resultados. A descoberta de Edward Lorenz, cientista do MIT, agora conhecida como "efeito borboleta", ajudou a reformular os modelos usados para prever resultados e mostrou inicialmente como e por que a previsão do tempo em longo prazo é difícil. O trabalho de Lorenz foi de alguma maneira uma explicação de como os meteorologistas conseguem se dar mal e serem péssimos na precisão da previsão do tempo. *É mais difícil do que você pensa.*

A meteorologia sempre será a ciência preferida de um surfista, mas o trabalho de Lorenz tornou-se famoso por seus ecos em outros campos, como a matemática e a física. Como resultado, em vez de um modelo científico teoricamente previsível, um novo ponto de vista surgiu como a teoria do caos, descrita por Lorenz como "quando o presente determina o futuro, mas o presente aproximado não determina aproximadamente o futuro". Então, o que importa no sentido é que ele determinará o futuro, mas qualquer mudança incremental também mudará o futuro. Bom senso, certo? Mas até a teoria do caos emergir prevaleceu um modelo determinístico linear, porque sistemas lineares são solucionáveis. E quem não gosta de um problema solucionável? As pessoas não são péssimas solucionando problemas lineares.

Lorenz voltou-se para a dinâmica dos fluidos como um caminho para a complexidade do enigma meteorológico. A dinâmica dos fluidos, não é surpresa, não é linear, e é uma droga para resolver. É também uma droga de *longa duração*. A infame equação de Navier-Stokes, que conecta velocidade, pressão, densidade e viscosidade dos fluidos, ainda não foi comprovada. Porém, se você tiver tempo (e cérebro), vale a pena tentar isto: a solução ilusória da equação, criada pela primeira vez no início do século XIX, é um dos sete prêmios do milênio, que paga US$1 milhão ao cientista que puder prová-la. Isso pagaria muitas viagens de surfe.

"Este é o problema mais belo em que já trabalhei", diz Stephen Montgomery-Smith, matemático da Universidade de Missouri, em

Columbia, que enfrenta a equação desde 1995. "Abriu meus olhos para apreciar aspectos do mundo real."

A teoria do caos e suas complexidades são lindamente ilustradas pela dificuldade de se prever o comportamento da água — e isso vale para o resto do "mundo real". Muito daquilo com o que temos de lidar no surfe está relacionado a essa imprevisibilidade — o clima e as ondas. O caos é a maldição de um surfista — e tão importante quanto a complexidade da dinâmica dos fluidos, também a imprevisibilidade torna tudo radiante quando o clima, as ondas e a boa sorte do surfista chegam no momento oportuno para permitir uma surfada memorável. Muitas das melhores vezes em que se surfa acontecem quando menos se espera, mas nós remamos de qualquer maneira, e às vezes experimentamos o melhor do que o caos nos traz. É claro, o oposto é verdadeiro, e às vezes somos vencidos, ou até pior. Coisas ruins acontecem de forma imprevisível, assim como as boas. O caos, embora não traga consolo, ajuda, no mínimo, na prática de aceitar qualquer porcaria que apareça pelo nosso caminho.

Dessa maneira, o surfe tem sido uma longa educação sobre como o mundo também é péssimo. Não de modo fatal e niilista, mas de um jeito familiar. É tão contingente, imprevisível e pouco confiável quanto nós mesmos o somos. Estar lá fora nas ondas e tentar torna-se uma terapia de exposição a esse fato da vida: linhas retas não funcionam. Se é fluido, flui, e as mentes brilhantes das melhores escolas ainda não têm ideia de como isso funciona. E tudo bem. Isso não significa que a pior coisa acontecerá. Significa apenas que *tudo pode* acontecer.

O fato de Rocco estar descansando em seu quarto a apenas dez metros de distância de mim, e não na UTI do Hospital San José, significava que, em meio ao caos do dia, tudo estava tão bem quanto eu poderia ter esperado. O caos se espalha e o caos de esvai. Nesse caso, *acertou* com a quilha na cabeça, mas *afastou* a possibilidade de traumatismo craniano grave: como podemos ver, fazer uma avaliação do todo é tudo.

Ainda assim, saber disso não me impediu de ficar acordada a noite toda, resistindo ao desejo de me levantar e ir para ao quarto de Rocco apenas para olhá-lo. *Ele tem 18 anos, pelo amor de Deus*, disse a mim mesma, *não 8, e ele está bem*. Naquela noite inquieta, não consegui superar a necessidade de estar ao lado dele, sentir sua respiração e vê-lo dormir. Mas não fui até ele. Lutei contra todas as moléculas de meu corpo que estavam se voltando para o meu filho e para seu corpo machucado. Em vez disso, olhei para o contorno escuro das árvores contra o céu incolor do amanhecer através das portas de vidro com vista para a selva.

No dia seguinte, Rocco me disse que, até as quatro da manhã, não havia conseguido dormir, e sorriu um sorriso de compreensão quando eu disse que estava deitada e acordada até o amanhecer, discutindo comigo mesma se eu deveria me levantar e verificar como ele estava. Desta vez não houve o revirar de olhos, apenas um aceno de reconhecimento quando ele disse: "Você me encontraria acordado."

Dois dias depois que voltamos para casa, Joel leu em um jornal local de Nosara que, alguns dias antes, um crocodilo de três metros havia se mudado para a entrada de praia de Baker. Provavelmente ele estava lá quando ziguezagueei para meu carro.

Outra contingência. Eu estava feliz por perder essa.

NÃO É SOBRE CONFORTO; é sobre DES-conforto.

ONDA 7

Surfe da Mente: Observando as Ondas da Praia

Regra #7

Você perderá algo pelo caminho.

Lição #7

Como o insignificante pode ser exatamente o oposto.

Benefício #7

Você encontrará a beleza onde menos espera.

Existem dois tipos de dores no mundo, não é?

Há a dor da onda assustadora de Rocco e a dor da minha própria ferida no surfe, mas essas feridas cicatrizam. Nosso corpo é frágil, mas resiliente. Os corpos de recuperam. Assim como nossa mente quando encontra contratempos. É disso que trata ser péssimo — exercitar a parte de sua pessoa que não *precisa* de sucesso consistente.

Mas há outro tipo de dor. Há tristeza.

A sabedoria de todo o mundo, da tradição religiosa e do senso comum, combina tristeza com o seu oposto. Parece que quase todos os nossos sentimentos mais profundos são entendidos como as duas faces de Jano: quantas vezes você já ouviu falar que não há alegria sem tristeza, nem prazer sem dor? Não há beleza sem evanescência? E o que é o céu sem um inferno para comparar?

Se você é como eu, essas palavras não são mais do que um tapinha nas costas. Esse equilíbrio entre o bem e o mal é fácil de divulgar em um slogan, mas bem mais difícil de se *viver* de verdade. Imaginamos experiências que não tivemos, vidas que não levamos, e pensamos que de algum modo pode haver um caminho somente de alegria, prazer e beleza.

É por isso que o lado da experimentação em ser péssimo é tão importante. Os mais difíceis e mais profundos momentos simplesmente não podem ser pensados. Lembro-me da famosa declaração sobre o complicado conceito de "não-eu" de Ajahn Chah, monge budista e professor da Tailândia: "Para entender o não-eu, você precisa meditar. Se você apenas intelectualiza, sua cabeça explodirá."

Nesse espírito, cunharemos nosso próprio ditado: se não for péssimo em algo, não há esperança.

Mas agora vamos viver isso. Eu vivi.

NÃO IMPORTA A ESTAÇÃO ou o clima, Rocco e eu andaríamos descalços para o mar a fim de dar uma conferida no surfe. Em alguns dias, realizamos esse ritual uma vez pela manhã, mas em outras ocasiões podem ser quatro ou cinco caminhadas dessas ao longo do dia, dependendo do que as condições e obrigações da vida permitissem.

No caminho de dois minutos e meio da nossa casa em Nova Jersey até a beira do oceano, ouvíamos o som das águas antes que pudéssemos ver e adivinhar o que se passava. Definitivamente, o silêncio não era bem-vindo, pois era o presságio de nenhuma onda. Até mesmo um *silenciar* não era bom, pois nos dizia que não haveria período de swell, somente a água constantemente indo em direção à costa. Quando um estalo, e então um *bum*!, preenchiam o ar, seguidos por uma momentânea pausa, ouvíamos isso como uma promessa de arrebentação das ondas. Uma promessa de tempo entre cada onda, o que significava tempo para pegar e surfar uma onda. Quando ouvíamos esse som específico, nós nos entreolhávamos e erguíamos nossas sobrancelhas: *Parece... alguma coisa!*

Naqueles momentos, pouco antes de a água alcançar nossa visão, sentíamos uma doce tensão antecipatória. Que humor do oceano encontraríamos? Se as condições fossem promissoras — e na costa de Nova Jersey elas frequentemente não são muito promissoras —, nossa conversa mudaria, para saber se remaríamos imediatamente, ou aguardaríamos a maré encher e vazar, ou se o vento mudaria de direção, aumentaria ou morreria. Nós imediatamente éramos pegos por aquelas pequeninas obsessões meteorológicas que sempre vêm com o surfe.

O melhor era quando as condições eram apropriadas e não havia necessidade de discussão: a praia iluminada, boas arrebentações na areia sobre um banco a uma distância descente da costa. Apenas olhávamos um para o outro e acenávamos com a cabeça, depois corríamos de volta para casa e vestíamos o macacão de neoprene (se necessário, o que acontece durante nove meses do ano em Nova Jersey). Passaríamos cera em nossas pranchas e voltaríamos à praia para surfar.

Essa rotina com Rocco tomou muito de meu tempo e energia, e me deu alegria ao longo da última década. Pegar e surfar ondas faz parte de toda esta louca jornada.

Por isso, quando ele foi embora, fiquei devastada.

DOR É INFORMAÇÃO, PARTE II

Na noite depois de deixar Rocco para seu primeiro ano de faculdade, fui para casa com um buraco no coração e uma mensagem de texto desejando boa noite para ele. Aquele refrão mentiroso se repetia na minha cabeça: *estou bem, estou bem.* Eu havia passado o ano anterior me preparando para isso. *Como poderia ser tão difícil?*

Dormi mal. Senti uma dor maçante, como se algo estivesse faltando, como um membro fantasma. Eu sabia exatamente o que era aquilo, mas não consegui me sentir confortável com a sensação. Quando acordei na manhã seguinte, a visão de nossos neoprenes molhados na haste da cortina do chuveiro do banheiro me encheu de tristeza. Nós os deixamos lá para secar após a última vez que surfamos juntos, no dia anterior a nossa viagem à Massachusetts.

Peguei uma xícara de café e fui até a praia sozinha para dar aquela olhada nas ondas. O furacão Hermione estava subindo a costa leste, e fiquei empolgada ao ver as condições que ele traria. Os surfistas esperam pelos swells do furacão, e eu sabia que Rocco não perderia esse. Mas agora ele estava sem o litoral, tendo optado por não estudar em uma universidade na costa oeste, onde ele poderia surfar todos os dias, para frequentar uma faculdade aqui mesmo, na costa leste, a três horas de distância de casa. Ainda assim, fiquei satisfeita com sua decisão de permanecer próximo de casa.

Planejei enviar fotos das ondas para ele — mesmo sabendo muito bem que ele já teria verificado a câmera de surfe local online. Mas ter essa tarefa autodesignada me acalmou. Então ouvi a reverberação do estrondo das águas e disse em voz alta para ninguém: "Tá rolando ondas!" Fingi uma leveza que não sentia de verdade, na esperança de me convencer de que tudo estava normal. Andei descalça com uma firmeza forçada no calçadão ao lado das dunas que me protegiam, mas eu era tudo, menos estável. As dunas ao lado do oceano bloquearam a vista para o mar, como em tantas outras centenas de vezes em que Rocco e eu caminhamos juntos. E, quando passei as dunas e vi o verde-azulado metálico do Atlântico e seu horizonte distante, a ausência de Rocco me atingiu como um golpe.

Tomei um breve fôlego para conter uma onda de emoção. *Você está bem*, disse para mim mesma. Saí do calçadão e enfiei meus pés na areia branca e fofa em direção ao mar. As ondas estavam revoltas e quebrando alto, não era possível surfar, mas o mar estava impressionante em sua agitação tempestuosa. Um vento de 20 nós soprava do norte, jogando areia contra meu corpo. Desta vez não houve como evitar: a visão do oceano encheu meu coração, e caí de joelhos de tristeza e me desmanchei em soluços, misericordiosamente abafados pelas ondas e pelo vento.

Sentia falta do meu garoto. Senti tanto a falta dele, que deixei de saber quem eu era naquele exato momento. Eu estava bem, mas não estava. Isso era mágoa. Não apenas dor.

Deixar Rocco na faculdade um dia antes prometia ser algo que me cortaria o coração, mas, surpreendentemente, fiquei calma. Nenhuma lágrima derramada. Mantive minha calma. Rocco, caracteristicamente estoico, traiu seus sentimentos de resignação com um sorriso, que compartilhei. Nenhum de nós queria tornar o momento dramático, então nos abraçamos — com apenas um momento de persistência —, e em seguida nos separamos. Meu coração disparou quando me despedi, embora meu primeiro pensamento tenha sido: *estamos tão intimamente conectados, que a distância física entre nós não poderá alterar isso.*

Joel, Gio e eu voltamos para casa, conversando muito pelo caminho. Sentiríamos a falta de Rocco profundamente quando nós quatro nos tornássemos três — pelo menos, no sentido de cotidiano. Nossa conversa nervosa e as tentativas de levantar o humor ecoaram para fora do poço de sentimentos sobre deixar nosso filho e irmão, uma fraca tentativa de manter esses sentimentos afastados. Estávamos rindo para colocar os demônios para fora.

Lembrei-me de uma cena maravilhosa do filme favorito da família, *Meu vizinho Totoro*, de Hayao Miyazaki. Um pai e suas duas filhas se mudam para uma nova casa para ficar mais perto de sua mãe, que está em um hospital nas proximidades se recuperando de uma doença possivelmente incurável. A casa, sem muita familiaridade e por falta de ocupação anterior, está cheia de criaturas maliciosas e provavelmente é assombrada. Durante o banho comunitário da família naquela noite, o pai e suas filhas riem alto para assustar o que pode ser assustador para eles. É uma linda cena, que tocou vários acordes em minha própria vida. Sei que eu estava rindo devido ao medo de ter câncer. Totoro falou comigo bem de perto.

Naquela manhã, entrei em colapso na praia poucas horas após termos chegado em casa depois de deixar Rocco. Deixei-me partir ao meio e abracei a areia branca e profunda. Observei a água se mover em várias direções, agitada e selvagem, como a batida do meu coração partido. Lágrimas escorriam pelo meu rosto, e engasguei ao respirar o ar salgado. Então eu ri. De nada, realmente. E desta vez a risada não se afastou de qualquer um de meus intensos sentimentos o tanto quanto foquei eles. Senti um velho e profundo *anseio*. Anseio — percebi naquele exato momento — que só foi conjurado na presença do oceano. Por quase duas décadas, esse sentimento esteve praticamente ausente.

Amadureci com essa dor, quando passava horas olhando para o oceano e caminhando por onde as ondas perdiam força ao atingir a areia. Como um adolescente que se torna adolescente, ou como um jovem adulto, nos seus vinte e poucos anos, aos 35, sempre que via o oceano e o horizonte, sentia algo visceral, um empurrão e um puxão dentro de mim, como a própria água na costa. Nunca soube a fonte desse sentimento, mas me acostumei a ele. Tornou-se parte do clima de minha vida. Eu o buscaria sempre que possível. Eu me sentia feliz, mas também melancólica, sempre que estava à beira do oceano.

Eventualmente, esses sentimentos ambivalentes coexistiam em confortável dissonância, fazendo-me sentir alternadamente que estava *à beira* de algo, ou que estava *faltando* algo essencial na minha vida. Eu teorizava. Talvez a extensão das águas abertas me ajudasse a entender tanto a vastidão de possibilidades quanto a pequena quantidade de tempo e espaço que ocupamos. Talvez eu estivesse sintonizando a natureza oposta de tudo e o desconhecimento ou incerteza que a acompanha.

Tive uma pista sobre a natureza dessas inquietações quando elas foram embora. Depois que tive meus filhos, esse anseio se foi. Em seu lugar havia outra coisa: amor. Não, algo maior que o amor. Era como se um peso em desequilíbrio no núcleo de meu ser tivesse se estabilizado, ou uma vibração tivesse se acalmado, uma necessidade que ao longo de minha vida foi sufocada. Aprendi a surfar e a ser péssima à sombra dessa firmeza. Mãe Oceano e Mãe Amor encontraram sua voz dentro de mim. Até que uma delas silenciou.

Eu sentiria falta de meu filho de maneiras insondáveis. Mas tínhamos compartilhado algo juntos, o que me preparou para isso. Sentada à beira da água tempestuosa no dia seguinte ao início da faculdade de Rocco, o antigo desejo estava de volta com força total, mas agora estava tingido com algo de novo. Havia uma beleza. Entendi na fúria das minhas lágrimas que esse antigo desejo não era nada mais do que o desejo por significado e propósito que encontrei em minha vida como mãe. Mais tarde, encontrei isso enquanto surfava, ou tentava surfar.

Ao longo das duas últimas décadas, aprendi a aceitar os perigos e os medos inerentes a ambos. Ainda assim, tanto tempo não tendo lutado com esse desejo me fez pensar que talvez ele tivesse desaparecido para sempre. Seu retorno me deixou fora do eixo, um despertar grosseiro que serviu como um lembrete de que, depois de todos esses anos, minha ligação com o propósito e seu significado poderia ser estendida até um limite desconfortável. Imaginei que voltaria com uma nova compreensão de meus papéis: como mãe de filhos que estão por conta própria, como uma surfista no oceano sem o filho. Nada permanece da mesma forma. É claro que não.

Mas, naquele momento de revolta, realmente senti a verdade daqueles antigos contrastes. Beleza e tristeza realmente se misturaram. Como se eu tocasse algo extremamente frio, mas sentisse arder, nem sempre é possível fazer distinção entre as informações imediatas que meu corpo recebe. E o mesmo vale para emoções fortes — nem sempre podemos identificá-las como uma coisa ou outra. Talvez seja por isso que às vezes choramos quando estamos felizes e rimos quando estamos assustados.

O QUE É BELEZA

John O'Donohue, poeta e filósofo irlandês, escreveu em seu livro *Beauty: The Invisible Embrace* [*Beleza: O Abraço Invisível*, em tradução livre]: "A beleza não pertence exclusivamente à região da luz e do amor, longe dos conflitos e conversas contrastantes. O vigor e a vitalidade da beleza derivam precisamente do cerne da diferença."

O'Donohue, um ex-padre e místico, cuja morte prematura em 2008 nos deixou sem uma das grandes mentes de nosso tempo, em sua última entrevista, enquanto falava sobre a paisagem interior da beleza, disse: "[É] uma plenitude emergente, um maior senso de graça e elegância, um sentido mais a fundo de profundidade e também uma espécie de regresso à casa para a memória enriquecida de seu desvelar da vida." Ultimamente, minha vida estava se desdobrando como um origami ao contrário. Mas foi naquele momento mais difícil de se desdobrar, quando Rocco saiu, que encontrei algo mais que simples tristeza. Havia beleza nas ondas daquele dia, e eu não estava cega para isso. O desdobramento se desenrolou em algo que eu não poderia ter previsto, mais complicado que apenas uma perda.

Já vi essa ideia contemplada antes, em um lugar igualmente austero e pensativo como a Irlanda Ocidental de O'Donohue.

Os japoneses passaram mil anos refinando conceitos de beleza que mantêm como centro o coração partido. *Mono inconsciente*, que pode ser traduzido como "tristeza pela evanescência", coloca essa ideia em palavras. A impermanência está muito no coração da estética japonesa, desde os tempos medievais. É o breve florescimento das cerejeiras, a flor da juventude, o amadurecimento de uma única onda quando pousa em terra após percorrer grandes distâncias pelo oceano. A impermanência é vista pelos japoneses como um tipo de prazer estimado por essa qualidade de ser momentânea.

O trabalho *Essays in Idleness* [*Ensaios sobre Ociosidade*, em tradução livre], do monge budista medieval japonês Yoshida Kenkō, fornece um registro inicial da estética japonesa que deu origem a essa cultura de reverência àquilo que não pode durar ou que não é perfeito. Na opinião dele, a beleza mais profunda não é encontrada no perfeito ou no simétrico ou no permanente, mas, sim, na antecipação, na imaginação, no inesperado e no impermanente. Kenkō escreve: "Devemos olhar para as flores da primavera apenas em plena floração, ou para a Lua somente sem nuvens e clara? Ansiar a Lua com a chuva diante de você, ou deitar-se em seu quarto de cortinas fechadas enquanto a primavera passa despercebida, é ainda mais pungente e profundamente comovente."

Alguns desses conceitos japoneses chegaram recentemente à periferia da consciência popular fora do Japão. *Sabi* representa a beleza imperfeita, incompleta ou solitária: uma Lua invisível pode ser a mais bonita de todas no desejo e na melancolia que a imaginação possa trazer. *Wabi* é a beleza que "espreita por dentro", o que de outra forma poderia parecer empobrecido ou áspero. Esses termos geralmente estão conectados, como em *wabi sabi*, e entendidos como uma apreciação pelo que *não* é belo, ou vendo a beleza na feiura. *Kintsugi* é encontrar beleza na cerâmica quebrada, não reparando-a perfeitamente para restaurá-la em seu estado original, mas usando laca em pó de ouro para acentuar os pedaços quebrados, criando um novo tipo de beleza. Passei a apreciar essa maneira de ver sempre que olhava para a minha parte superior do corpo no espelho depois de um banho. Meus seios, outrora lindos e funcionais, agora estavam riscados por cicatrizes, reconstruídos e deformados, mas aprendi a ver um tipo de beleza neles. É a beleza da resistência diante da fragilidade.

Lembro-me dessas versões da beleza sempre que considero minha insistência em fazer algo que é difícil para mim. Se pudermos reconhecer a beleza de ser péssimo em algo, então os esforços para melhorar, embora sejam estranhos na superfície, incorporarão uma espécie de beleza da intenção. Quando lutamos ao fazer algo, acabamos parecendo com esses pedaços de cerâmica quebrada. E, quando finalmente alcançamos um momento de graça, é como se estivéssemos selando nossos pedaços quebrados com laca dourada.

Até mesmo para os reverenciados *shokunin* japoneses, os mestres artesãos que dedicam a vida a uma busca — podemos dizer, fazer uma lâmina de espada perfeita, ou sushi de arroz, ou um pedaço de cerâmica –, o processo é tudo. Isso conecta as tradições do passado às ações do presente em direção a uma promessa futura de transcendência.

Meu amigo, o fotógrafo Mike Magers, passou muito tempo no Japão e vem trabalhando em um projeto fotográfico sobre os *shokunin* há anos. Quando perguntei a ele como esses artesãos gastam uma vida inteira com um foco tão inabalável, ele imediatamente chegou ao cerne de como ser péssimo em algo é difícil, colocando em termos contrastantes.

"A razão pela qual não dominamos bem uma arte no Ocidente é porque a distância entre sucesso e fracasso é tão definida que as pessoas param antes mesmo de começar", explica Mike. "Aqui no Ocidente, queremos que tudo seja fácil. O talento inato é esperado. Para o shokunin, trata-se de refinamento, não de domínio. Trata-se de tornar o que você fez ontem um pouco melhor amanhã."

Um ceramista que estava trabalhando com Mike lhe disse: "Demorou dez anos para dominar a técnica, mas tenho o resto da minha vida para conectar minha alma às minhas mãos." Os shokunins são considerados mestres pelos outros, mas, pela perspectiva deles, estão sempre aprendendo. Se mestres da arte podem aceitar sua imperfeição, certamente aqueles de nós que procuram expandir nossas experiências podem aprender a aceitar o processo, não importa para onde ele leve. Se pudermos encontrar beleza e significado em nossos esforços, então abriremos nosso coração a muitas oportunidades que a vida oferece. E, enquanto às vezes corações se partam, a laca que o cura é a alegria que um coração aberto atrai.

Esse senso de complementaridade é alto e claro nas artes. Da celebração japonesa da imperfeição para o desenvolvimento do claro-escuro do Renascentismo Ocidental, que emparelha a luz com a escuridão, parece que o que criamos quer conter ambas as experiências. Como o yin e yang que exploramos antes — precisamos que ambos os lados estejam completos para refletir uma condição humana subjacente, ou talvez uma condição que se estenda até além de nós, algo no próprio universo.

Frank Wilczek, físico vencedor do prêmio Nobel, encontra questões difíceis de mensurar, então ele pergunta: "O mundo incorpora belas ideias?" Em sua busca por equações que possam ajudar a esclarecer o Universo, ele encontra beleza na complementaridade: a ideia de que algo pode incorporar duas ideias muito diferentes, não necessariamente ao mesmo tempo, e cada uma ajuda a elucidar a outra. Na física de partículas, por exemplo, isso se aplica às qualidades da luz, que às vezes se comporta como uma onda, e outras vezes como uma partícula. Cada maneira de ver isso nos ajuda a ter uma compreensão mais profunda da luz, e de como você não pode aplicar as diferentes teorias ao mesmo tempo.

Wilczek explica: "A complementaridade é uma característica da realidade física e uma lição de sabedoria… Você tem que ver o mundo de diferentes maneiras para ser justo com ele, e essas diferentes maneiras podem ser muito enriquecedoras, podem ser consistentes internamente, cada uma pode ter sua própria linguagem e regras, mas podem ser mutuamente incompatíveis e, para fazer justiça à realidade, você deve levar as duas em consideração." A estrutura de Wilczek se aplica lindamente ao rigor da física para essa sublimidade misteriosa.

Sou prática em relação a essa ideia. Não quero apenas saber que complementaridade existe; quero fazer uso disso. Isso é o que sempre me atraiu na famosa citação de F. Scott Fitzgerald: "O teste de inteligência de primeira classe é a capacidade de manter em mente duas ideias opostas ao mesmo tempo, e ainda ter habilidade para funcionar." Ele poderia estar se referindo às habilidades das quais ele — e todo romancista — dependia. Sem essa habilidade, personagens, histórias e suas narrativas rapidamente ficariam tediosas. Essa dissonância não é fácil para a maioria de nós. Em vez disso, é instintivo procurar respostas simples e superfícies lisas. A união é agradável, porque a unidade é confortável. Tendemos a preferir o absurdo à possibilidade de ter de conter pensamentos conflitantes em nossa mente. Você verá isso frequentemente no mundo do surfe. Isso vem na forma de malucos superestimando suas habilidades. Afinal, se eles não são bons em surfar... por que estão lá fora surfando?

Bem, eu sei. E você sabe. Porque ser péssimo faz parte da vida. E uma grande parte. Podemos realmente fazer e falhar ao mesmo tempo.

Ser péssima no surfe, para mim, foi um longo caminho para me ajudar a aceitar as ideias supostamente opostas de prazer e desconforto. Mas, quando me vi em turbulência emocional e o surfe não era uma opção imediata, tomei uma medida mais drástica para externalizar meu desconforto interior.

DOR ALIVIA DOR

A agulha atingiu a base da minha coluna. Ondas de choque dispararam no centro de minhas costas até que aterrissassem e circulassem em torno de uma única vértebra cervical, bem embaixo da minha cabeça. Não ousei mexer um músculo. O truque era permanecer imóvel naqueles momentos de sensação aguda de dor. Minha respiração veio devagar, profunda e firme, para não elevar a minha caixa torácica, o que tornaria mais difícil para Angela concluir seu trabalho sem erros. Meus braços estavam enrolados em um travesseiro colocado contra uma posição vertical de 45 graus acima do banco, enquanto eu pressionava meu rosto desajeitadamente nele. Led Zeppelin tocou através dos alto-falantes, e sob o sexy lamento de Robert Plant, um zumbido suave, mas persistente, de agulhas cobriu o silêncio sinistro. Parte do ato de tatuar é uma tolerância comum a dor. Mesmo se você estiver sozinho com o artista, vocês dois sabem que dói à beça, principalmente quando o desenho atravessa a base de sua coluna.

O design começou por um pequeno desenho adornando a dianteira de meu ombro, mas havia uma incompletude, como se a dor na superfície que eu suportaria não fosse o suficiente para representar a dor que eu estava sentindo por dentro. Eu precisava me comprometer mais, e isso veio fazendo a tatuagem nas costas. Uma representação permanente da impermanência é o cúmulo do ridículo, mitigado apenas pela dura e fria verdade de que a tatuagem da flor de sakura desaparecerá com o resto de mim no devido tempo. Mas eu queria carregá-los enquanto eu estivesse por aqui. Muita coisa estava mudando na minha vida, e eu estava carente. Então, para honrar minha tristeza e me distrair momentaneamente do tumulto emocional que eu sentia, procurei a dor física e o desconforto da máquina de tatuar.

Gio foi aceito na faculdade por antecipação, e embora tivéssemos mais oito meses antes que ele nos deixasse, o fim do jogo estava chegando. Pelo menos, quando Rocco partiu, Gio ainda enfeitava nossa vida todos os dias. Eu gostaria de poder aproveitar a oportunidade de estar livre das necessidades do cotidiano, mas não senti nada disso.

Junto essa perda iminente, vendemos nossa amada casa em Nosara. A multiplicidade de razões que levaram a essa decisão é outra história, mas não nego que duas matrículas na faculdade tenham desempenhado um papel significativo. Se alguma vez manifestei fisicamente a alegria que ser péssimo pode trazer, a casa que construímos desde a base em Guiones — onde eu podia ir e ser péssima até o fundo do coração — foi isso. Era simples, humilde, e atraía todos os tipos de criaturas da selva. Era o paraíso mesmo quando infernal.

O florescer das sakuras sendo gravado em minha pele foi inspirado em nossa casa, que, por sua vez, encontrou inspiração na Villa Katsura do século XVII nos arredores de Kyoto. Uma obra de modernismo extraordinário de mais de 400 anos atrás. Eu me apaixonei pela ideia da vila como expressão máxima da simplicidade estrutural e a sensação maravilhosa da conexão com o ambiente. Sonhei com uma casa que refletisse essas qualidades e tomei algumas características do design para a minha própria casa.

A Villa Katsura era a casa do príncipe Toshihito — que passou a vida estudando *O Conto de Genji*, a obra-prima do período Heian, de Lady Murasaki Shikibu, que resume o conceito de *mono inconsciente*. Não fiz essas conexões até depois que construí a casa. Mantivemos a casa, as paredes vazias, com exceção de um pergaminho requintado, o *kakejiku*, que encontramos em Kyoto e penduramos na parede sobre uma prateleira na sala de estar. Ao lado, pendurava um pequeno vaso torto que encontramos em um pequeno ateliê de cerâmica durante nossa visita ao Japão.

O design, a estrutura e o processo de construção dessa casa estavam ligados a minha educação estética, tanto quanto à resolução do desafio cósmico que coloquei em prática quando decidimos construí-la. Eu sabia que ter apego a qualquer objeto físico é a lição número um de como não ser iluminado, mas sempre me senti mais diferente naquela casa do que em qualquer lugar do mundo. Há uma razão pela qual frequentemente mudamos de casa em nossos sonhos — eles simbolizam nossas vidas interiores, ou aquelas que desejamos ter. A casa em Nosara representava a vida pela qual eu ansiava — calma, clara, elegante, compacta, conectada à natureza e próxima a um point de surfe. Casa de Las Rosas, inspirada na Villa Katsura, refletia a paisagem interior da minha alma. Não era toda alegria e Sol, como você sabe pelo último capítulo, mas fiz as pazes com essa parte. Não era um lar de gerações que tinha história por suas paredes, mas a intensidade de nosso tempo gasto lá com a família e os amigos emprestava potência ao lugar. E ter criado meus meninos por lá nos últimos anos fez com que deixar isso para trás não fosse tão fácil.

Engasguei com soluços durante a venda da casa no escritório do advogado em Guiones quando ele se levantou para parabenizar a nós e aos novos proprietários pela transação. Um pouco como a onda de emoção que senti na beira do oceano quando Rocco partiu para a faculdade, foi um momento que me puxou para várias direções. Foi triste ver a casa e ter de ir embora, mas também foi um momento de imensa gratidão.

Ao ter de me separar de nossa casa e de tudo o que ela simbolizava, encontrei conforto na tradição e na história japonesas das quais ela nasceu. Kenkō escreve em *Essays of Idleness*: "Este mundo é mutável como as profundezas e águas rasas do Rio Asuka — o tempo passa, o que foi aqui se foi, alegria e tristeza visitam em seus turnos... e até a mesma casa de antigamente agora abriga pessoas diferentes." Amém, irmão. Mesmo com uma vasta diferença cultural e 700 anos nos separando, as palavras de Kenkō me ajudaram a seguir em frente.

A GENTILEZA DE ESTRANHOS

A impermanência não se aplica aos atos de bondade que encontramos ao longo do caminho, mas a beleza certamente o faz. Embora momentâneas, gentilezas — tanto as doadas quanto as recebidas — podem durar em nossa memória emocional e, assim, conceder outras. Comunidade e conexão sobrevivem a todos nós.

Em um determinado dia de julho, durante nossa primeira viagem de volta a Guiones, depois de vender a casa, as ondas estavam as mais perfeitas possíveis para mim. Acima do ombro, suaves, mas com força e longas o suficiente para uma boa deslizada. Poucas ondas rolavam, e eram distantes entre si, então havia competição entre os surfistas por cada uma delas. Uma boa onda veio no meu caminho, e um jovem local sentado ao meu lado cedeu aquela beleza para mim.

"Essa é para você! Vá para a esquerda… reme agora, reme com força, vai, vai, vai!" Remei e cavei com toda a força que meus braços permitiram, mas ele podia notar que não era o suficiente para eu pegar a onda. Sem uma palavra, meu companheiro de onda veio atrás de mim e me deu um empurrão pela rabeta (a parte de trás da prancha), para me dar o impulso extra que eu precisava para entrar na onda. Então ele gritou: "Vai, fica de pé agora!" Aquela voz com fé mais uma vez, incentivando-me a *ir*, mais suave por ser de um estranho. Senti a energia de conexão com a onda, fiquei em pé facilmente, droppei a onda e virei à esquerda logo em seguida. Passei por algumas outras ondas para conseguir deslizar por ela até a costa, depois me joguei de costas quando a onda quebrou na rebentação. O raro sentimento de alegria veio, como sempre acontece quando pego uma onda, mas desta vez foi ainda melhor.

Eu sabia imediatamente o porquê: na maioria das vezes, quando as pessoas me veem na água, presumem, muitas vezes com razão, que perderei uma onda boa que se aproxima, então elas ficam com essa boa onda para si. É um rito de passagem para os surfistas péssimos — pegar a onda ou abrir caminho para quem pode. Mas esse cara local, que não tinha absolutamente nenhuma razão para ajudar esta gringa coroa e atrapalhada, não desistiu apenas de pegar a onda, mas se esforçou muito para me ajudar a fazer com que a sua generosidade fosse *tão boa quanto* a viagem. Melhor ainda.

Eu estava pensando muito em nossas bênçãos durante a primeira viagem de volta a Nosara desde que vendemos a casa. Sem o santuário da nossa casa lá, encontramo-nos pulando por diferentes residências, tentando encontrar nosso espaço. Tive de me lembrar de que estava lá pelas ondas, pela selva, pela comunidade da qual nos tornamos parte. Essas foram as bênçãos que Nosara nos concedeu. Não tinha nada a ver com possuir um pedaço de lá. Todos somos visitantes neste mundo, independentemente das circunstâncias. Mas essa bênção de um local desconhecido me dando assistência nas ondas ajudou com que eu me sentisse ainda mais conectada.

Se eu não fosse péssima no surfe, não teria gostado tanto da gentileza, porque não precisaria da ajuda dele. Pedir ajuda nem sempre é fácil, mas recebê-la sem questionar é uma das coisas mais unificadoras que podemos fazer pelo outro. (Não quero dizer que devemos ter pressa em pensar que todo mundo é péssimo em tudo e se fazer de bobo ao interferir.) Será que comunidades surgiriam se todo mundo fosse o primeiro colocado em tudo? Alguém não *precisaria* de algo do outro? Talvez seja a hora de uma nova teoria sobre o desenvolvimento humano. Talvez tenham sido as nossas deficiências o tempo todo que nos uniram como uma espécie, como uma civilização, como uma família.

Lembro-me do poema de Naomi Shihab Nye chamado "Gentileza":

Antes que você perceba a gentileza mais profunda por dentro,

Você deve perceber a tristeza como algo ainda mais profundo.

Deve despertar com tristeza.

Deve falar sobre isso até sua voz

Agarrar-se ao fio de todas as tristezas

E você ver o tamanho do tecido.

Então somente a gentileza fará qualquer sentido,

Somente a gentileza amarra seus sapatos

E manda você fora para o dia de enviar cartas e comprar pão,

Somente a gentileza que levanta sua cabeça

Da multidão do mundo para dizer
Sou eu quem você está procurando,
E depois o acompanha por todo lugar
Como uma sombra ou um amigo.

Estava me sentindo um pouco perdida quando chegamos a Nosara e não tínhamos um lar nosso, mas essa gentileza de uma pessoa que eu nunca vira antes e que provavelmente não voltarei a ver mudou tudo isso em um instante.

Quando voltei para a água, meu anjo surfista estava 30 metros ao sul de mim. Quando o vi do outro lado da água, ele mandou um *hang loose* para mim e fez uma comemoração de punho fechado para a frente — o movimento bem brega que é um gesto universal no surfe equivalente a um "Uhuuu!" Mandei um hang loose de volta e gritei, "*¡Muchas gracias, señor!*"

Lembrei-me de que a beleza está em toda parte se abrirmos nossos olhos e nosso coração para recebê-la. Se o fizermos, descobriremos que, em nossa maior necessidade, estaremos abertos à "gentileza que levanta sua cabeça da multidão do mundo". Há riscos, com certeza. Como Elizabeth Lesser diz: "Você não pode escolher o que seu coração sentirá quando o abrir."

Lesser, autora do best-seller *Broken Open* [*Quebrado*, em tradução livre], passou sua vida como uma pesquisadora. Seu trabalho como cofundadora do Omega Institute de Rhinebeck, em Nova York, colocou-a próxima de líderes espirituais e pensadores do mundo sobre o assunto. Sua perspectiva ampla e profunda vem de insights sobre grandes questões de uma prática multidisciplinar. Elizabeth me levou até um de seus principais professores, o budista tibetano Chögyam Trungpa, cujas palavras foram vividas por ela e que me ajudou a ter em mente outro lado da sabedoria convencional sobre o medo que nos afasta da beleza de um coração aberto.

Trungpa Rinpoche escreveu: "Convencionalmente, ser destemido significa que você não tem medo, ou que, se alguém bater em você, você o golpeará de volta. No entanto, não estamos falando sobre esse nível de destemor de um lutador de rua. O real destemor é produto da ternura. Vem de deixar que o mundo faça cócegas em seu coração, em seu coração cru e belo. Você está disposto a se abrir, sem resistência ou timidez, e enfrentar o mundo. Você está disposto a compartilhar seu coração com os outros." Se nos mantivermos abertos a nossa experiência, sua energia nos toca em ambas direções, e nos conectamos com a verdadeira beleza.

A prática, então, é manter o coração aberto, com a compreensão de que sentirá tanto dor quanto amor, tanto tristeza quanto beleza. Como um resultado, podemos sentir medo do que um coração aberto possa deixar entrar. Você não pode ser péssimo em algo sem correr esse risco, e a beleza que virá em troca não virá sem isso. Meu amor pelos meus filhos reverbera por todas as células do meu ser, então meu desgosto ao vê-los partir é um privilégio que eu não trocaria por nada no mundo.

Agora que Rocco e Gio chegaram à vida adulta, em que suas experiências de vida acontecerão sem mim — como deve ser —, devo recalibrar a cadência e o propósito de meus dias. É claro, eles sempre estarão comigo, mas não estarão comigo no sentido profundamente físico de quando eram pequenas crianças em casa.

Os últimos 20 anos de significado e propósito mudarão de foco, mas ainda não tenho certeza sobre para onde esse foco irá. Aprendi a deixar a beleza entrar naqueles momentos de tristeza, não lutar contra o desconforto, mas vivê-lo por dentro. Como Lesser pergunta: "Por que achamos que o encerramento é uma boa ideia? Por que fechamos nosso coração para o sentimento?"

ENQUANTO ESCREVIA o capítulo final deste livro, tive meus melhores dias de surfe em 17 anos de tentativa. Uma semana antes, aquele surfista local havia me dado um empurrão pela rabeta até uma impressionante onda. Peguei algumas ondas pequenas e fiquei feliz por tê-las surfado, talvez não exatamente com estilo e graça, mas com um pouco de controle e confiança duramente conquistada.

O resto da semana foi um fracasso. Em Guiones, um grande swell trouxe pancadas de ondas que acabaram comigo de cima a baixo. Agora você já conhece a história: passei a semana inteira sendo martelada e inevitavelmente me machucando, pegando poucas ondas que reapareciam pelo meu caminho, mas eu não gostava mais desses apuros. Avancei o suficiente para realmente surfar, então voltar à rotina de iniciante não me dava mais prazer. Em vez disso, eu me sentava na areia e surfava em minha mente enquanto Rocco desaparecia pelo mar. Até quando você melhora em algo em que é péssimo, sempre há outro nível no seu horizonte. Outro nível em que você será péssimo, até conseguir passar para o próximo nível. E, como o Buda do surfe, Gerry Lopez, disse: "Nunca acaba."

Aqui está o que talvez eu não tenha deixado bem claro: quando você trabalha duro em algo que é péssimo, você *melhora* nisso. Meu nível de habilidade no surfe ainda é rudimentar, mas posso surfar, o que me faz querer surfar *melhor*. Quer dizer, não sou masoquista. Como meu amigo, agora falecido, Tony Bourdain dizia: "Trata-se de ser menos péssimo." *Quero* ser um pouco menos péssima. Você vai querer ser menos péssimo também. Sei que continuarei tentando, não importa o quê.

Talvez o universo estivesse tentando me dizer algo, ou talvez estivesse somente pregando uma peça em mim, mas apenas algumas semanas antes de voltarmos a Nova York e apenas algumas semanas antes de eu entregar este livro para meu editor, o swell havia diminuído, e o oceano estava se comportando (incomum) ao meu gosto: água da cintura até os ombros, às vezes um pouco acima da cabeça. Um período de 17 segundos sem vento, limpo. Eu poderia remar sem molhar meu cabelo. Peguei uma onda e deslizei bem. Remei para fora e peguei outra. Depois outra, e outra. Peguei sete ondas — sete ondas em uma surfada espetacular. (Meu amigo perguntou mais tarde: "Você *contou*?" Poxa vida! É claro!) Rocco pegou 25 naquele dia, só para manter a perspectiva, mas, ainda assim, fui bem em cada onda, deslizei com estilo e sem aquele medo que faz o coração bater mais forte. Em vez de lutar contra a onda, eu me fundi a elas. Embora eu tenha escrito sobre isso antes, desta vez aconteceu repetidas vezes — como se eu soubesse o que estava fazendo. Porque, se você for péssimo em algo por tempo suficiente, será um pouco menos péssimo nisso.

Sete ondas para sete capítulos? Prometo, tentei mais. Depois da sétima onda, queria uma oitava. Mas sete foram todas que consegui. Então, talvez depois de todas estas páginas tentando convencê-lo a ser péssimo em alguma coisa, finalmente me convenci de que não há problema em não ser excepcional em algo que amo fazer, e relaxei o suficiente para saber o que estou fazendo lá fora. Pegar a onda importa, é claro que sim. Mas não é o mais importante.

O tempo todo, esse negócio de ser péssimo acaba em algo bem maior do que uma onda. É sobre ritual e significado, beleza e dor, conexão e perda, e como tudo se une. Não ordenadamente, em um pequeno lacinho, mas em um nó-cego que lâmina alguma pode cortar. A vida não é algo o qual se descobrir. A vida é para *viver*. Para ter sucesso *e* ser péssimo em algo. E, apesar de estarmos propensos a buscar conforto, é certo que encontraremos o desconforto. Ser péssimo em algo acolhe esse desconforto e o transforma em algo belo.

Estou pensando em começar algo novo para ser péssima. Perguntei sobre aulas de canto, algo que eu possa fazer com Gio, que já canta melhor que eu. Minha fantasia de cantar em sua banda que ainda não se formou é provavelmente o mais ridículo que ele possa suportar, mas eu gostaria de tentar. Rocco me lembra que, embora eu surfe, sou péssima nadadora, então por que não começar um subconjunto de atividades em que já sou péssima, algo que possa me ajudar na meta de ser menos péssima no surfe? As possibilidades são infinitas. Agora sei que a jornada e aqueles que você encontra no caminho são o que realmente conta. Vamos começar algo novo e permitir que ser péssimo em algo seja o caminho para lugar nenhum.

Citações e Notas

Introdução

2. *Laureados pelo Nobel "eram significativamente mais propensos a se envolver em artes ou artesanatos como passatempo" do que meros membros da Academia Nacional de Ciências:* RootBernstein, Robert *et al.* "Arts Foster Scientific Success: Avocations of Nobel, National Academy, Royal Society, and Sigma Xi Members." *Journal of Psychology of Science and Technology*, vol. 1, n. 2 (janeiro de 2008), p. 51–63, doi:10.1891/1939–7054.1.2.51.

4. *Talvez essa força seja semelhante àquela que Joseph Pieper, filósofo alemão escrevendo logo após a Segunda Guerra Mundial, tinha em mente quando lançou seu clássico* Leisure: The Basis of Culture, *no qual ele disse que "a ideia de lazer é diametralmente oposta ao conceito totalitário do 'trabalhador'", celebrando a atividade humana desvinculada da tão chamada "utilidade social":* Pieper, Josef. *Josef Pieper: An Anthology.* São Francisco: Ignatius Press, 1989, p. 140.

5. *Há pouco tempo, o* New York Times *publicou um artigo que escrevi chamado, é claro,* É ótimo ser péssimo em algo. Rinaldi, Karen. "(It's Great to) Suck at Something" *New York Times* (28 de abril de 2017). Disponível em: <www.nytimes.com/2017/04/28/opinion/its-great-to-suck-at-surfing.html>.

ONDA 1: Minha Primeira Onda: Um Convite a Ser Péssimo

15. *A nostalgia foi considerada uma "doença neurológica de causa essencialmente demoníaca" no século XVII.* Beck, Julie. "When

Nostalgia Was a Disease." *The Atlantic* (14 de agosto de 2013). Disponível em: <www.theatlantic.com/health/archive/2013/08/when-nostalgia-was-a-disease/278648/>.

18. *Hannah Arendt chama a atenção para a importância do fato de que tomar uma atitude é "a única capacidade do homem que opera milagres":* Arendt, Hannah. *The Human Condition.* 2ª ed. Chicago: University of Chicago Press, 1998, p. 246.

21. *No dolorosamente belo romance* O Sentido de um Fim, *Julian Barnes escreve: "Aquilo de que você acaba se lembrando não é aquilo que realmente aconteceu".* Barnes, Julian. *The Sense of an Ending.* Nova York: Vintage Books, 2012, p. 1.

23. *Essa curiosidade, ou busca por novidade, também tem um efeito positivo na longevidade em humanos; ajuda a manter um sistema nervoso central saudável.* Swan, Gary E.; Dorit Carmelli. "Curiosity and Mortality in Aging Adults: A 5-Year Follow-up of the Western Collaborative Group Study." *Psychology and Aging,* vol. 11, n. 3 (setembro de 1996), p. 449–453. doi:10.1037//0882-7974.11.3.449.

23. *dopamina, o poderoso neurotransmissor que nos faz ter aquelas síncopes à medida que nos apaixonamos, alicerça nossos vícios, e segundo a neurocientista comportamental Bethany Brookshire, é o que faz de drogas, sexo e rock'n'roll algo tão radical:* Brookshire, Bethany. "Dopamine Is _____ Is it love? Gambling? Reward? Addiction?" *Slate* (3 de julho, 2013). Disponível em: <www.slate.com/articles/health_and_science/science/2013/07/what_is_dopamine_love_lust_sex_addiction_gambling_motivation_reward.html>.

28. *Estudos mostram que surfistas profissionais gastam 8% do tempo na água surfando:* "Surfers Only Spend 8% of the Time Riding Waves." *SurferToday.* Disponível em: <www.surfertoday.com/surfing/7653-surfers-only-spend-8-of-the-time-riding-waves>.

36. *Ele chamou esse esforço de "O desejo de baixo para cima que nunca cessa". A força motriz por trás de todos os esforços humanos, essa busca pela perfeição,*

é inata, "algo sem o qual a vida seria impensável", escreve Adler. Sem esse esforço, a humanidade nunca teria sobrevivido: Adler, Alfred. *The Individual Psychology of Alfred Adler.* Nova York: Harper Perennial, 2006, p. 103–104.

36. *Adler chama a isso de "a busca incansável pela verdade", e a vincula à ideia de perfeição: "A sempre insatisfeita busca de solução dos problemas da vida pertence a esse desejo de perfeição".* Ibid.

37. *A psicóloga adleriana Sophie Lazarsfeld explica a diferença entre "parecer alguém que busca a perfeição e o neurótico querendo ser perfeito". Ela afirma que, na psicoterapia, as pessoas "aprendem a enfrentar sua própria imperfeição... Elas adquirem a coragem de serem imperfeitas".* Lazarsfeld, Sophie. "The Courage for Imperfection." *American Journal of Individual Psychology*, vol. 22, n. 2 (1966), p. 163–165.

37. *Estudos recentes mostram que a depressão e baixa autoestima podem ser resultado da não aceitação da própria imperfeição.* Shinrigaku Kenkyu. "Relationship Between Two Aspects of Self-Oriented Perfectionism and Self Evaluative Depression: Using Coping Styles of Uncontrollable Events as Mediators." *Japanese Journal of Psychology*, vol. 75, n. 3 (agosto de 2004), p. 199–206.

37. *Rudolf Dreikurs, outro psiquiatra austríaco que trabalhou nos EUA e que desenvolveu um sistema para trabalhar com crianças problemáticas, advertiu, em um discurso, em 1957 na Universidade de Oregon, sobre o que estávamos nos tornando.* Dreikurs, Rudolf. *The Courage to Be Imperfect.* Eugene. OR: University of Oregon, 1957.

38. *Dreikurs não ficou desanimado, acreditando que "se aprendermos a trabalhar, a fazer o nosso melhor, independentemente do que seja; pelo prazer de fazer, podemos evoluir tão bem, ainda melhor do que se quiséssemos ser perfeitos.* Ibid., p. 289.

40. *Tennō Dōgo, mestre Zen do século VIII, disse a um monge iniciante: "Se você quiser ver, veja logo de uma vez. Quando você começar a pensar, perderá o sentido".* Suzuki, Daisetz T. *Zen and Japanese Culture.* Princeton, NJ: Princeton University Press, 2010, p. 13.

ONDA 2: Minha Onda Pura Vida
Buscando o Sonho e Afastando Demônios

45. *A monja budista e professora de meditação Pema Chödrön, em seu inesti-mável livro* When Things Fall Apart, *ensina: "Atingir nosso limite é como encontrar uma porta para a sanidade e a bondade incondicional da humani-dade, em vez de encontrar um obstáculo ou um castigo".* Chödrön, Pema. *When Things Fall Apart: Heart Advice for Difficult Times. Edição de 20º* aniversário. Boulder, CO: Shambhala, 2016, p. 16.

45. *"Encarar o que acontece conosco como obstáculo e inimigo ou como apren-dizado e amigo depende inteiramente da nossa percepção da realidade e do relacionamento que temos com nós mesmos".* Ibid., p. 65

51. *Na foto feita por LeRoy Grannis em 1968, Farrelly estava apoiado na ponta da prancha. Pés paralelos, joelhos levemente dobrados, os braços relaxados a sua frente, com as mãos pressionadas juntas e a cabeça inclinada, como se estivesse em oração.* Grannis, LeRoy. *Midget Farrelly Surfing Shore Break, Makaha, 1968.*

52. *Inspirado por conversas anteriores com Albert Einstein, Jung ficou interessado na condicionalidade psíquica do tempo e do espaço:* Jung, Carl Gustav; Richard Francis Carrington Hull. *Synchronicity: An Acausal Connecting Principle.* Princeton, NJ: Princeton University Press, 1973, p. xii.

52. *Jung acreditava que esses acontecimentos em sincronicidade provavam que "a psi-que não pode ser localizada no espaço, ou que o espaço é relativo à psique".* Ibid., p. 115.

52. *Jung acreditava que esses acontecimentos conectados que estão além da mera coincidência ou de circunstâncias causais "são tão improváveis, que devemos assumir que sejam baseados em algum tipo de princípio ou em alguma pro-priedade do mundo empírico".* Ibid., p. 115.

53. *Roth sugere que, quando podemos deixar de lado essa necessidade de estar em contato com essa cadeia de causalidade, tornamo-nos receptivos a oportunida-des que, de outro modo, não estariam disponíveis para nós.* Roth, Remo F.

"Introduction to Carl G. Jung's Principle of Synchronicity." Remo F. Roth, Ph.D, Homepage, 2002. Disponível em: <paulijungunus-mundus.eu/synw/synchronicity_jung.htm>. Acesso em: 1º dez. 2017.

58. *O século XVIII viu o grande Friedrich Schiller, poeta e filósofo, em seu livro* A Educação Estética do Homem, *advertir sobre ser movido unicamente pelo trabalho. Ele escreve: "O homem só se diverte quando alcança o sentido mais amplo da palavra ser humano, e ele só é totalmente humano quando se diverte".* Schiller, Friedrich et al. "Twenty-Third Letter." *On the Aesthetic Education of Man in a Series of Letters.* Oxford: Clarendon Press, 2005, p. 107.

59. *Em* The Play of Man, *Groos empresta bases científicas às máximas de Schiller. Depois de escrever seu primeiro estudo,* The Play of Animals, *ele concluiu que "entre os animais superiores, certos instintos, que estão presentes especialmente na juventude, mas também na maturidade, produzem atividades sem intenção séria e, assim, dão origem aos vários fenômenos que incluímos na palavra 'jogar'... [Além do mais], quando um ato é realizado apenas por causa do prazer que proporciona, aí está a brincadeira".* Groos, Karl. "Introduction." *The Play of Man.* Nova York: D. Appleton & Company, 1901, p. 2.

59. *"A sociedade humana atinge sua plenitude apenas entre individualidades bem formadas, uma vez que somente elas estão adequadamente preparadas para servir ao todo".* Ibid., p. 404.

60. *Em um de meus filmes sobre surfe favoritos de todos os tempos,* Step Into Liquid, *o surfista profissional e escritor Sam George, quando perguntado sobre qual o objetivo do surfe, responde: "Se eu sair da água com um humor bem diferente e melhor do que quando entro na água, e que de alguma forma se traduz em minha vida, como resultado, acabo sendo uma pessoa mais feliz e agradável, então acho que é possível argumentar que o surfe é bom para a sociedade".* Step Into Liquid, documentário, dirigido por Dana Brown (Artisan Entertainment, 2003), DVD.

60. *Konrad Lange, outro contemporâneo de Groos, escreve: "Nas várias ocupações da humanidade, como regra, um número limitado de poderes mentais é empregado, e isso não é tudo. Inúmeras fontes de sentimentos estão escondidas no peito humano, não testadas e nunca experimentadas".* Groos, ibid., p. 379.

62. *Quando perguntei o que Sartre acharia de ser péssimo em algo como uma maneira de combater a angústia existencial, Andy citou* O Ser e o Nada, *onde Sartre fala principalmente de esqui, e então se volta a uma consideração em especial sobre o deslizar sobre a água. "O que Sartre diz é que todos — quando surfam, esquiam ou seja lá o que for — estão tentando ser um filósofo socrático, ou seja, morrer, transcender e tornar-se divino. Superar a falibilidade humana. Então, quando estou esquiando, quero ser nada menos que o esquiador — de uma maneira semialegórica. Perfeito. Impecável. A maneira técnica de Sartre falar sobre isso é 'o por si só'. Todo mundo quer ser um deus. Mas aqui chegamos a um senso de fracasso dentro da própria consciência. Há uma inevitável assimetria entre o sonho e a experiência".* Andy Martin, entrevista realizada pela autora (15 de janeiro de 2018).

63. *Como diz Sartre, divertir-se é libertador.* Sartre, Jean-Paul. "Freedom: The First Condition of Action." *Being and Nothingness: An Essay on Phenomenological Ontology.* Tradução de Hazel E. Barnes. Nova York: Washington Square Press, 2012, p. 580–581.

64. *Josef Pieper nos lembra que é mais que isso. Ele escreve: "O lazer, isso deve ser claramente entendido, é uma atitude mental e espiritual — não é simplesmente o resultado de fatores externos, não é o inevitável resultado do tempo livre, férias, fim de semana ou feriado prolongado. É, em primeiro lugar, uma atitude da mente, uma condição da alma..."* Pieper, Josef. *Leisure: The Basis of Culture.* São Francisco: Ignatius Press, 2009, p. 46.

64. *O influente economista britânico John Maynard Keynes, em seu ensaio de 1931,* Possibilidades econômicas para nossos netos, *previu que até 2028, a economia global seria tão ampla e eficiente, que a semana de trabalho diminuiria para 15 horas. O problema, como ele previu, seria como as pessoas preencheriam todo seu tempo livre quando o tivessem. "Não devemos esperar... um colapso nervoso geral?", ele*

pergunta em seu ensaio. Keynes trai a falta de confiança na força de nossa atitude mental e espiritual à qual Pieper se refere quando escreve: "fomos treinados por muito tempo para nos esforçar e não curtir". Keynes, John Maynard. "Economic Possibilities for Our Grandchildren." *Revisiting Keynes*, editado por Lorenzo Pecchi e Gustavo Piga. Cambridge, MA: MIT Press, 2008, p. 22–23.

65. *Freeman escreve: "Os Estados Unidos são o contraexemplo mais impressionante da previsão de Keynes de que o aumento da riqueza produziria mais lazer". Ele continua explicando que "os norte-americanos estão tão comprometidos com o trabalho, que só tiram quatro dias de férias das duas semanas que recebem normalmente, enquanto os europeus tiram quase todas as suas férias de quatro a cinco semanas".* Ibid., p. 136.

66. *Em janeiro de 2017, a França implementou uma lei estabelecendo que os empregadores devem conceder o direito aos funcionários ignorarem os e-mails relacionados ao trabalho durante as horas de folga.* Close, Kerry. "France Just Gave Workers the 'Right to Disconnect' from Work Email." *Time* (3 de janeiro de 2017). Disponível em: <time. com/4620457/france-workers-disconnect-email/>.

66. *Essa política francesa parece algo extremamente antiamericano, mas as estatísticas mostram que os franceses trabalham 15% menos que os norte-americanos e que são igualmente produtivos.* "Average Annual Hours Actually Worked per Worker." *OECD.stat*, Organisation for Economic Co--Operation and Development, 2018. Disponível em: <stats.oecd. org/index.aspx?datasetcode=ANHRS#> e <https://data.oecd.org/ lprdty/gdp-per-hour-worked.htm; https://stats.oecd.org/index.as-px?DataSetCode=ANHRS>. Acesso em: 18 nov. 2018.

66. *Quanto à felicidade, acredito que depende de quais são as suas fontes de felicidade. Segundo Freeman, "muitas pessoas trabalharão por razões que vão além do dinheiro... Os locais de trabalho são configurações sociais nas quais as pessoas se encontram e interagem. De 40% a 60% dos trabalhadores norte-americanos já namoraram alguém do escritório".* Freeman, ibid., p. 140.

66. *Outro colaborador de* Revisiting Keynes, *Edmund S. Phelps, economista da Universidade de Columbia, argumenta que o trabalho oferece positivamente um lugar para as pessoas exercitarem a mente e desenvolverem novos talentos. Em um período de constante progresso técnico, ele postula: "um número crescente de empregos oferecerá a mudança e o desafio que apenas as economias capitalistas, graças ao seu dinamismo, podem gerar".* Phelps, Edmund S. "Corporatism and Keynes: His Philosophy of Growth." *Revisiting Keynes*, p. 102.

67. *Na popular TED Talk de Gopnik,* O que os bebês pensam?, *ela compara os processos de pensamento dos bebês aos dos adultos*: Gopnik, Alison. What Do Babies Think? TED Global, outubro de 2011. Disponível em: <www.ted.com/talks/alison_gopnik_what_do_babies_think>.

68. *O Centro de Controle de Prevenção de Doenças registra um aumento de cinco vezes no uso de remédios psicológicos para menores entre 1994 e 2010: Saúde, Estados Unidos, 2013: Com recurso especial para medicamentos prescritos.* Relatório nº 2014–1232. Hyattsville, MD: National Center for Health Statistics, 2014.

73. *Sartre escreveu longamente sobre esqui e ele acreditava que o modo ideal de deslizar (que é um termo usado regularmente no surfe) "é deslizar sem deixar vestígio", ou seja, deslizar sobre a água*: Martin, Andy. "Swimming and Skiing: Two Modes of Existential Consciousness." *Sports, Ethics and Philosophy*, vol. 4, n. 1 (11 de março de 2010), doi:10.1080/17511320903264206.

73. *Como Martin diz, "Sartre acumulou desprezo por todo aquele encantamento da praia"*: Andy Martin, entrevista para a autora, ibid.

73. *Ainda assim, Sartre sustenta que, em relação à água, "deslizar parece idêntico a uma criação contínua". Contínua, isto é, até a eliminação. E então voltamos a ser humanos demais*: Sartre, ibid., p. 746.

ONDA 3: Minha Pior Onda: Me Fazendo em Pedaços para Outra Pessoa

78. *Uma das histórias de sobrevivência mais brutais é aquela contada no livro de Susan Casey,* A Onda, *sobre a experiência de quase morte de Brett Lickle em uma onda de trinta metros, quando a quilha afiada de sua prancha reboque esfolou e abriu a parte de trás de sua panturrilha*: Casey, Susan. The Wave: In Pursuit of the Rogues, Freaks and Giants of the Ocean. Nova York: Anchor Canada, 2011, p. 282.

80. *Jaimal Yogis, por exemplo. Ele é o autor e produtor do filme* Saltwater Buddha *e do livro que veio logo em seguida,* All Our Waves Are Water, *duas incursões em sua busca ao longo da vida para atrelar a espiritualidade e o surfe para entender o mundo ao seu redor.* Jaimal Yogis, entrevista com a autora (15 de agosto de 2017).

81. *De acordo com o monge budista vietnamita Thich Nhat Hanh, nosso desejo original serve para nossa sobrevivência quando deixamos o ventre de nossa mãe. Os chineses e vietnamitas se referem ao útero como o palácio da criança.* Hanh, Thich Nhat. Fear. Nova York: HarperOne, 2012, p. 8.

82. *Mas, então, como Thich Nhat Hanh explica, "dizer que o desejo é a causa de todo o nosso sofrimento é algo muito simplista".* Hanh, Thich Nhat. The Heart of the Buddha's Teaching: Transforming Suffering into Peace, Joy, and Liberation. Nova York: Harmony, 1999, p. 23.

82. *Hanh escreve sobre o Sutra do Coração: "Se não pararmos de correr, sentiremos falta dos milagres da vida disponíveis dentro de nós e ao nosso redor... Praticando sem rumo, você não precisa correr atrás de mais nada".* Hanh, Thich Nhat. The OtherShore: A New Translation of the Heart Sutra. Berkeley, CA: Palm Leaves Press, 2017, p. 97.

82. *"Quando estamos em contato com as coisas por meio da mente do amor, não fugimos ou procuramos, e essa é a base da liberdade. A falta de objetivo toma o lugar da apreensão".* Hanh, Fear, p. 242.

82. *Abandonar essa necessidade de significado é o que pode trazer liberdade e felicidade, e "a liberdade é a única condição para a felicidade".* Hanh, *Fear*, p. 78–79.

83. *A neuroplasticidade é baseada na lei de que "neurônios disparam juntos em sinapses sincronizadas". Donald Hebb, conhecido como o pai da neuropsicologia, surgiu com o conceito em 1949 para explicar como a aprendizagem acontece e os hábitos se formam.* Cooper, S. J. "Donald O. Hebb's Synapse and Learning Rule: A History and Commentary." *Neuroscience and Biobehavioral Reviews*, vol. 28, n. 8 (janeiro de 2005). Disponível em: <www.ncbi.nlm.nih.gov/pubmed/15642626>.

84. *Kessler afirma que "podemos gradualmente remodelar nossa mente, até transformar nossa maneira de experimentar o mundo, embora superar uma forma de captura geralmente dependa de descobrir outra".* Kessler, David A. *Capture: Unraveling the Mystery of Mental Suffering.* Nova York: Harper Perennial, 2017, p. 267.

84. *Kessler escreve: "Ao longo da vida, cada um de nós cria um relato coerente do estado confuso e muitas vezes fragmentário da vida — a narrativa em constante evolução de nossa vidas... Sem histórias autocriadas, a trajetória de nossa vida pareceria uma dispersão constante de detalhes aleatórios... Uma questão essencial, então, é como nossas histórias são concebidas".* Kessler, ibid., p. 266.

85. *Narrativa. Joan Didion, uma mestre do ofício, enfatiza: "Contamos histórias para viver".* Didion, Joan. *We Tell Ourselves Stories in Order to Live: Collected Nonfiction.* Nova York: Everyman's Library, 2006.

85. *"Enquanto os escaneamentos são deslumbrantes e a tecnologia é uma maravilha sem igual", diz Sally Satel, coautora de* Brainwashed, *"sempre podemos manter nossa orientação lembrando que o cérebro e a mente são duas estruturas diferentes".* Satel, Sally. "Distinguishing Brain from Mind." *The Atlantic* (30 de maio de 2013). Disponível em: <www.theatlantic.com/health/archive/2013/05/distinguishing-brain-from-mind/276380/>.

86. *Lembro-me de Lucy Marsden, a mais velha viúva confederada do romance épico de Allan Gurganus, com 99 anos e tão atrevida como quando completou 16 anos. Sobre o conto sedutor de seu marido, capitão Marsden, ela diz: "Sabe de uma coisa, querida? Histórias acontecem apenas às pessoas que podem contá-las".* Gurganus, Allan. *Oldest Living Confederate Widow Tells All: A Novel.* Nova York: Ivy Books, 1990, p. 211.

92. *Finnegan escreveu sobre sua namorada adolescente: "Caryn não tinha interesse em aprender a surfar, o que acho sensato. Pessoas que tentam começar em uma idade já avançada, com mais de 14 anos, têm, pela minha experiência, quase nenhuma chance de se tornar proficiente e geralmente sofrem com dores e tristeza antes de desistirem".* Finnegan, William. *Barbarian Days: A Surfing Life.* Nova York: Penguin Books, 2016, p. 123.

93. *"O Sutra da Flecha é um mantra budista legal, com o qual aprendemos que existem dois tipos de dor: dor física, que é real, e dor psíquica, que é criada", diz Jaimal Yogis, deslizando confortavelmente, no jargão surfista, para desvendar os meandros de nossa alma. "Você precisa reconhecer as histórias que conta e perceber que elas foram criadas por você", ele me disse. "E embora você possa primeiro se castigar por tê-las criado, afastar-se dessas histórias torna tudo mais complicado".* Jaimal Yogis, ibid.

94. *Katty Kay, por exemplo, começou a praticar kitesurf aos 40 anos. E ela escreveu um livro sobre confiança, então eu esperava que ela pudesse esclarecer, por meio de suas pesquisas, sobre como ser péssimo em algo pode nos ajudar a ganhar confiança.* Kay, Katty; Claire Shipman. *The Confidence Code: The Science and Art of Self Assurance—What Women Should Know.* Nova York: HarperBusiness, 2018, p. 40.

94. *Mas, mesmo que haja diferentes nuances entre eles, confiança, otimismo e autoeficácia estão, segundo as autoras, todos "intimamente ligados a um senso de poder pessoal".* Ibid., p. 48.

94. *"Confiança é o que transforma pensamentos em ação", diz Richard Petty, professor de psicologia de Ohio e especialista no assunto.* Ibid., 50.

95. *"O elemento do desafio era atraente. Estava derrotando meus próprios demônios. Poucas mulheres praticavam kitesurf quando eu comecei treze anos atrás, e parte do apelo era conquistar um esporte predominantemente praticado por homens".* Katty Kay, entrevista com a autora (24 de agosto de 2017).

95. *Ela também lamentou: "Não posso pular. Disse a mim mesma que nunca dominaria esse esporte, e quase desisti".* Ibid.

96. *Hanh nos ensina: "Com compaixão em nosso coração, todo pensamento, palavra e ações podem gerar um milagre."* Hanh, *Fear*, p. 173.

97. *Jaimal Yogis compreende isso a partir de suas próprias práticas na vida: "A história em que acreditamos é a de que somos esses indivíduos separados de outros seres — sempre vamos nos dar mal, porque a grama do vizinho é sempre mais verde. Mas a iluminação não pode acontecer nesse ego construído".* Jaimal Yogis, ibid.

100. *"A força de vontade não é suficiente para sustentar a mudança", lembra Kessler. "O desafio é extrair forças de algo que não seja a mera autodisciplina — ou condenação. A mudança duradoura ocorre quando deixamos de lado essas pressões isolantes e nos permitimos sentir apoio e conexão, em vez de preocupação com nós mesmos".* Kessler, p. 267.

ONDA 4: Minha Melhor Onda
Surfando pela Quimio ou por qualquer
Porcaria que Vier pelo Caminho

109. *Brené Brown dedicou sua carreira a estudar como passamos a considerar a vulnerabilidade como uma patologia:* Brown, Brené. *The Power of Vulnerability*. TEDxHouston, junho de 2010. Disponível em: <www.ted.com/talks/brene_brown_on_vulnerability>.

110. *Brown afirma que a vulnerabilidade "é o berço do amor, do pertencimento, da alegria, da coragem, da empatia e da criatividade. É a fonte de esperança,*

empatia, responsabilidade e autenticidade". Brown, Brené. *Daring Greatly: How the Courage to Be Vulnerable Transforms the Way We Live, Love, Parent, and Lead.* Reimpressão. Nova York: Avery, 2015, p. 34.

111. *Na pesquisa de Brown que ela chama de "Defesa Contra as Artes das Trevas" da vergonha, ela escreve: "A vergonha deriva seu poder de ser inominável". E ela aconselha: "se falarmos em vergonha, ela começa a murchar... Não podemos abraçar a vulnerabilidade se a vergonha estiver sufocando nosso senso de valor e conexão".* Ibid., p. 67.

115. *Um dos livros mais bonitos já escritos sobre o assunto é* Gratidão, *do neurocientista Oliver Sacks, seu último livro, uma coleção de ensaios curtos, mas poderosos, que ele escreveu quando soube que estava prestes a morrer. Após saber das metástases que estavam acelerando seu fim, Dr. Sacks escreveu: "Não posso fingir que não tenho medo. Mas meu sentimento predominante é de gratidão".* Sacks, Oliver. *Gratitude.* Nova York: Knopf, 2015, p. 20.

116. *De acordo com um estudo sobre emoções após o 11 de setembro, um grupo de psicólogos descobriu que, além do medo, da raiva e da tristeza, havia sentimentos mais positivos de gratidão e compaixão.* Fredrickson, Barbara L. et al. "What Good Are Positive Emotions in Crises? A Prospective Study of Resilience and Emotions Following the Terrorist Attacks on the United States on September 11, 2001." *Journal of Personality and Social Psychology*, vol. 84, n. 2 (fevereiro de 2003). Disponível em: <www.ncbi.nlm.nih.gov/pmc/articles/PMC2755263/>.

116. *A conexão entre esses estados de emoções negativas e positivas é explorada na teoria da "ampliação e construção", da psicóloga Barbara Fredrickson, da Universidade de Michigan. Fredrickson defende que as emoções positivas "ampliam os repertórios momentâneos de ação do pensamento das pessoas e constroem seus recursos pessoais duradouros".* Fredrickson, Barbara L. "Broaden-And-Build Theory of Positive Emotions." *Philosophical Transactions of the Royal Society B*, vol. 359, n. 1449 (setembro de 2004), p. 1369, doi:10.1098/rstb.2004.1512.

117. *Um de meus hábitos favoritos de gratidão veio de — quem mais? — um surfista.* Dale Webster detém o título no Livro Guinness de Recordes Mundiais *por ter surfado por mais dias consecutivos*: "Most Consecutive Days of Surfing" *Guinness World Records*. Disponível em: <www.guinnessworldrecords.com/world-records/most-consecutive-days--surfing>. Acesso em: 4 mar. 2018.

119. *Passei a me basear também no trabalho de Andrew Zolli, cujo livro* Adapte-se *explorou o assunto amplamente e em detalhes*. Zolli, Andrew, e Ann Marie Healy. *Resilience: Why Things Bounce Back*. Reimpressão. Nova York: Simon & Schuster, 2013.

119. *Após 30 horas de cirurgia, Zolli entrou no que ele chama de "minha própria ilha particular dos ferrados como uma reação imediata a essa experiência". Ele se perguntou: "Quantas perturbações serão necessárias até você alcançar algum tipo de humildade? Em algum momento você aprende suas lições".* Andrew Zolli, entrevista com a autora (8 de março de 2018).

124. *"Ser legal é estar preparado, e se você estiver preparado, é mais difícil para o próximo malandro te derrubar." Esse é Norman Mailer em seu ensaio de 1957,* The White Negro. Mailer, Norman. *The White Negro*. São Francisco: City Lights Books, 1972, linhas 221–224.

124. *Em seu livro* The Origins of Cool in Post War America, *Joel Dinerstein explica como "ser legal" era um mecanismo de sobrevivência contra o racismo que os artistas negros continuamente enfrentavam. "Ser legal combina indiferença com vulnerabilidade reprimida", escreveu ele*: Dinerstein, Joel. *The Origins of Cool in Postwar America*. Chicago: University of Chicago Press, 2018, p. 24.

124. *Em sua palestra no TED Talk, Dinerstein conta a história do rei dos saxofonistas legais, Lester Young, que protestou contra o "Tio Tomming", ao se recusar a sorrir no palco*. Dinerstein, Joel. *Why Cool Matters*. TEDxNashville, 21 de março de 2015.

125. *"Simplificando?", ele disse. "Não sou legal. Nunca fui legal".* Anthony Bourdain, entrevista com a autora (14 de março de 2018).

ONDA 5: Minha Onda Divina: O Poder da Fé

133. *NOTA DE RODAPÉ: Confira no site da Inertia o artigo* 5 Goriest Wipeouts *para poder visualizar o rosto da surfista superstar Keala Kennelly depois de colidir com o fundo do recife em Teahupo'o (pronunciado* CHŌ- -poo, *"Chopes" para abreviar). Aviso prévio... Conteúdo delicado:* Haro, Alexander. "5 of the Goriest Wipeouts in Surfing's History." *The Inertia* (31 de outubro de 2014). Disponível em: <www.theinertia. com/surf/5-of-the-goriest-wipeouts-in-surfings-history/>.

134. *"A presença de outras pessoas que veem o que vemos e ouvem o que ouvimos nos assegura da realidade do mundo e de nós mesmos", conta a filósofa Hannah Arendt em sua discussão sobre os domínios público e privado em sua obra-prima* The Human Condition. Arendt, ibid., p. 50.

135. *Segundo Arendt, "o significado específico de cada ação pode estar apenas no desempenho em si, e não em sua motivação, nem em sua conquista".* Ibid., p. 206.

135. *Ela realmente está falando sobre o conceito de "um fim em si" — um resumo do que é ser péssimo (e surfar), se é que já houve algum.* Ibid., 206.

135. *O historiador do surfe Matt Warshaw disse que "O surfe... gera gargalhadas por sua própria sugestão, e isso ocorre porque não transforma uma habilidade em arte, mas um desejo inexplicável e inútil de um modo de vida revigorante".* "The Best Surfing Quotes of All Time." *SurferToday. Disponível em: <www.surfertoday.com/surfing/8267-the-best-surfing-quotes-of-all- -time>. Acesso em: 8 abr. 2018.*

136. *Hannah Arendt apontou em termos mais amplos a tensão entre público e privado: "Como nossa sensação de realidade depende inteiramente da aparência, com a existência de um domínio público, o que pode aparecer na escuridão da existência protegida, mesmo o crepúsculo que ilumina nossas vidas privada e íntima e privada, é, em última análise, derivado da luz muito mais rigorosa do domínio público. No entanto, existem muitas coisas que não podem suportar a luz implacável e brilhante da presença constante de outras pessoas na cena pública...":* Arendt, ibid., p. 51.

140. *O primeiro expressou o conceito como fonte de toda religião, algo que explicou como "a sensação simples e direta do Eterno (que poderia muito bem não ser eterna, mas simplesmente sem fronteiras perceptíveis, oceânicas)". Freud contestou qualquer significado místico, definindo como um sentimento de "unidade com o universo".* Saarinen, Jussi A. "A Conceptual Analysis of the Ocean Feeling." Jyväskylä, Finlândia: Jyväskylä University Printing House, 2015, p. 10.

141. *O autor Arthur Koestler esclarece belamente o sentimento: "Essa entidade superior, da qual me sinto parte, pela qual renuncio a própria identidade, pode ser a natureza, Deus, a anima mundi, a magia da forma ou o som do oceano".* Koestler, Arthur. "The Three Domains of Creativity." *Philosophy of History and Culture*. Michael Krausz *et al.*, vol. 28 (7 de junho de 2013), p. 251–266.

142. *Parece o tipo de ponto retratado por T. S. Eliot em seu poema "Burnt Norton": No ponto imóvel do mundo em transformação. Nem carne, nem corporeidade... E não posso dizer, quanto tempo, para isso, colocá-lo a tempo.* Eliot, T. S. "Burnt Norton." *Four Quartets*. Boston: Mariner Books, 1943.

142. *É a própria permanência da arte que cria uma conexão e estabilidade, como especula Arendt, "para que uma premonição da imortalidade, não a imortalidade da alma ou da vida, mas de algo imortal alcançado por mãos mortais, torne-se tangivelmente presente, a brilhar e ser visto, soar e ser ouvido, falar e ser lido".* Arendt, ibid., p. 168.

143. *O artista francês Jean Cocteau acreditava que todo trabalho artístico era o desenrolar e o desvelar de linhas para criar desenhos, poesia, filme.* Riding, Alan. "Art; Jean Cocteau, Before His Own Fabulousness Consumed Him." *New York Times* (5 de outubro de 2003). Disponível em: <www.nytimes.com/2003/10/05/arts/art-jean-cocteau-before-his--own-fabulousness-consumed-him.html>.

143. *Anthony Storr, autor do clássico moderno* Solidão, *escreve: "Se a vida é para continuar, não se pode ficar para sempre em um estado de tranquilidade oceânica".* Storr, Anthony. *Solitude: A Return to the Self.* Nova York: Free Press, 2005, p. 197.

144. *Talvez Alexandre Pope não estivesse sendo pessimista quando disse: "Errar é humano..." — talvez seja o melhor sobre nós.* Pope, Alexander. *The Major Works.* Oxford: Oxford University Press, 2006, p. 33, linha 525.

146. *Quando contei essa história a Serene Jones, ministra, autora e presidente do Seminário Teológico da União, ela disse que se lembrava do maravilhoso ensaio de Zadie Smith na revista* The New Yorker, *intitulado* Some Notes on Attunement. Smith, Zadie. "Some Notes on Attunement." *New Yorker* (17 de dezembro de 2012). Disponível em: <www.newyorker.com/magazine/2012/12/17/some-notes-on-attunement>.

146. *Serene havia acertado em cheio. Minha onda Divina foi "uma sintonia repentina e inesperada".* Serene Jones, entrevista com a autora (26 de abril de 2018).

147. *Para James, "fé significa crer em algo sobre o qual a dúvida ainda é teoricamente possível; e como a prova de fé é o desejo de agir, pode-se dizer que a fé é a prontidão para agir na causa cuja resposta à questão não é garantida para nós com antecedência".* James, William. *The Will to Believe, Human Immortality, and Other Essays in Popular Philosophy.* Mineola, Nova York: Dover, 2017, p. 90.

147. *"Nisto", ele protesta, "para o bem ou para o mal, é tecida toda a crença em todo homem que fala por seus semelhantes. Um privilégio terrível, e uma responsabilidade terrível, de que devemos ajudar a criar o mundo em que a posteridade viverá".* Clifford, William K. "The Ethics of Belief." Disponível em: <people.brandeis.edu/~teuber/Clifford_ethics.pdf>, p. 3.

148. *Clifford tenta nos convencer de que "sempre dá errado, em todo lugar e para qualquer um, acreditar em algo com evidências insuficientes".* Ibid., p. 5.

148. *James, não contrário a Clifford, mas apoiando o caminho da ciência, escreve:* "Não podemos viver ou pensar sem algum grau de fé. Fé é sinônimo de trabalhar hipóteses. A única diferença é que, embora algumas hipóteses possam ser refutadas em cinco minutos, outras podem ser um desafio por eras". James, ibid., p. 95.

148. Na história, ele questiona valores que a falta de fé teria em uma situação hipotética de precariedade em que ele estaria enquanto escalasse e "da qual a única saída seria dar um salto terrível". Ibid., p. 97.

148. "No entanto, esperança e confiança em mim mesmo me garantem que não perderei meu objetivo e minha coragem para executar o que, sem essas emoções subjetivas, talvez fosse impossível", ele escreve. "Nesse caso (e é uma imensa lição), a parte da sabedoria é claramente acreditar no que se deseja; pois a crença é uma das condições preliminares indispensáveis para a realização de seu objetivo. Há casos em que a fé cria suas maneiras de verificação. Acredite, e estará certo, pois será salvo; duvide, e você estará novamente certo, pois perecerá. A única diferença é que acreditar é uma vantagem bem maior para você". Ibid., p. 97.

149. *Shermer até termina a parte 1 do livro com uma espécie de oração:* "Senhor, eu fiz o melhor que pude com as ferramentas que me concedeu... Tanto faz se a natureza de sua essência espiritual imortal e infinita é real, como um ser corporal finito e mortal, não posso entendê-lo, apesar de meus melhores esforços, e, portanto, faça comigo o que quiser". Shermer, Michael. "Part I: Journeys of Belief." *The Believing Brain*. Nova York: St. Martin's Griffin, 2012, p. 55.

150. *A conexão mente-corpo foi popularizada pelo Dr. John Sarno, cujo livro* Dor nas Costas *vendeu milhões, mesmo que nunca tenha sido abraçado — pior, ele costumava ser desprezado — pela comunidade médica convencional antes de sua morte aos 93 anos, em 2017:* Sarno, John E. *Healing Back Pain: The Mind-Body Connection.* Nova York: Grand Central Life & Style, 1991.

151. *No final, ela admite: "Existem forças evolucionárias poderosas que nos levam a acreditar em Deus, ou nos remédios de curadores empáticos, ou a acreditar que nossas perspectivas são mais positivas do que a realidade. A ironia é que, embora essas crenças possam ser falsas, às vezes funcionam: elas nos tornam melhores".* Marchant, Jo. Cure: *A Journey into the Science of Mind Over Body*. Nova York: Broadway Books, 2016, p. 256.

153. *O físico teórico italiano e escritor iluminista Carlo Rovelli explica, em um tipo de lógica Jamesiana, como essa vontade de imaginar o que pode não ser verdade pode ser a própria base da descoberta científica. "A beleza do empreendimento científico", explica ele, "é que estamos em contato com o desconhecido e tentamos dar passos em direção a isso. Funciona fora da beleza, da intuição, da imaginação, mas, portanto, tem uma maneira muito sólida de ser verificado. Mas isso significa também que muitas ideias bonitas se mostram erradas".* Tippett, Krista; Carlo Rovelli. "On Being with Krista Tippett: Carlo Rovelli—All Reality Is Interaction." *The On Being Project* (10 de maio de 2017). Disponível em: <www.youtube.com/watch?v=jXFbtDR7IF4>.

155. *O icônico e deliciosamente irreverente Greg "Da Bull" Noll, — o pioneiro do surfe em altas ondas dos anos 1960 — disse a Laird: "Cara, essa onda é impossível. Não faça isso".* Haro, Alexander. "Laird Hamilton's Millennium Wave Reshapes How the World Looks at Surfing." *The Inertia*, 13 de junho de 2014, Disponível em: <www.theinertia.com/surf/laird-hamiltons-millennium-wave-reshapes-how-the-world-looks-at-surfing/>.

155. *Laird chorou depois de pegar aquela onda. Isso o acalmou. "Faz parte", Hamilton disse à Surfline no aniversário de dez anos da viagem ouvida no mundo todo. "Surfar o insurfável... foi também um momento de uma ruptura de barreiras. Mostrou a mim e aos outros que ondas como essa podem ser surfadas — e elas têm sido surfadas por muitas pessoas desde então. Você tem que acreditar no inacreditável... Era tudo sobre fé. Acreditar que eu conseguiria".* "This Day In Surfing — 17 de agosto, 2000." *Surfline* (17 de agosto de 2010). Disponível em: <www.surfline.com/surf-news/this-day-in-surfing—august-17th-2000-laird-hamiltons-millennium-wave-at-teahupoo_46530/>.

ONDA 6: A Assustadora Onda de Rocco: Tomando na Cabeça

164. *Julie Lythcott-Haims, autora do best-seller* Como Criar um Adulto, *evidenciou um ponto importante quando falei com ela sobre o assunto: "Somos seus maiores modelos — se seremos os melhores depende de nós".* Julie Lythcott-Haims, entrevista com a autora (8 de junho de 2018).

166. *A parentalidade helicóptero é uma tendência bem familiar ilustrada de forma sucinta em uma charge de Bruce Eric Kaplan na* New Yorker. *Duas crianças vão até a porta da frente, e o pai de uma delas está sentado em uma poltrona. O filho diz ao amigo, referindo-se ao pai: "Ele é menos pai e mais um cara que faz consertos".* Kaplan, Bruce Eric. *New Yorker* (20 de agosto de 2018).

178. *Há mais de 200 anos, o filósofo Johann Gottlieb Fichte disse praticamente a mesma coisa em seu ensaio sobre a dúvida em* The Vocation of Man: *"Se algumas coisas tivessem sido ligeiramente diferentes do momento anterior, então, no momento presente, algo também teria sido diferente. E o que fez com o momento anterior fosse como foi? Isto: aquele momento que precedeu aquilo tudo como era então. E esse momento também dependeu daquele que o precedeu; e este último dependeu de seu antecessor; e assim por diante, indefinidamente, até o presente. Você não pode pensar na posição de um grão de areia sem ter que pensar no todo, no passado indefinidamente longo e no indefinidamente longo futuro que será diferente".* Fichte, Johann Gottlieb. *The Vocation of Man.* Nova ed. Tradução de Peter Preuss. Indianapolis: Hackett Publishing, 1987, p. 6.

179. *A descoberta de Edward Lorenz, cientista do MIT, agora conhecida como "efeito borboleta", ajudou a reformular os modelos usados para prever resultados e mostrou inicialmente como e por que a previsão do tempo em longo prazo era difícil.* Gleick, James. "The Butterfly Effect." *Chaos: Making a New Science.* Nova York: Penguin Books, 2008, p. 9–32.

179. *Como resultado, em vez de um modelo científico teoricamente previsível, um novo ponto de vista surgiu como a teoria do caos, descrita por Lorenz como "quando o presente determina o futuro, mas o presente aproximado não determina aproximadamente o futuro".* Lorenz, Edward N. "Deterministic Nonperiodic Flow," *Journal of Atmospheric Sciences*, vol. 20, n. 2 (7 de janeiro de 1963). Disponível em: <https://journals.ametsoc.org/doi/pdf/10.1175/1520-0469%281963%29020%3C0130%3AD-NF%3E2.0.CO%3B2>.

179. *A infame equação de Navier-Stokes, que conecta velocidade, pressão, densidade e viscosidade de fluidos, ainda não foi comprovada. Porém se você tiver tempo (e cérebro), vale a pena tentar isto: a solução ilusória da equação, criada pela primeira vez no início do século XIX, é um dos sete prêmios do milênio, que paga US$1 milhão ao cientista que puder comprová-la:* Moskvitch, Katia. "Fiendish Million-Dollar Proof Eludes Mathematicians." *Nature: International Weekly Journal of Science* (5 de agosto de 2014). Disponível em: <www.nature.com/news/fiendish-million-dollar-proof-eludes-mathematicians-1.15659>.

179. *"Este é o problema mais belo em que já trabalhei", diz Stephen Montgomery-Smith, matemático da Universidade de Missouri, em Columbia, que enfrenta a equação desde 1995. "Abriu meus olhos para apreciar aspectos do mundo real".* Ibid.

ONDA 7: Surfe da Mente: Observando as Onda da Praia

184. *Lembro-me da famosa declaração sobre o complicado conceito de "não-eu" de Ajahn Chah, monge budista e professor da Tailândia: "Para entender o não-eu, você precisa meditar. Se você apenas intelectualiza, sua cabeça explodirá".* Achaan Chah et al. *A Still Forest Pool: The Insight Meditation of Achaan Chah.* Wheaton, IL: Quest Books, 2004, p. 173.

189. *John O'Donohue, poeta e filósofo irlandês escreveu em seu livro* Beauty: The Invisible Embrace: *"A beleza não pertence exclusivamente à região da luz e do amor, longe dos conflito e conversas contrastantes. O vigor e a vitalidade da beleza derivam precisamente do cerne da diferença".* O'Donohue, John. *Beauty: The Invisible Embrace: Rediscovering the True Sources of Compassion, Serenity, and Hope.* Nova York: HarperCollins, 2004, p. 40.

189. *O'Donohue, um ex-padre e místico, cuja morte prematura em 2008 nos deixou sem uma das grandes mentes de nosso tempo, em sua última entrevista, enquanto falava sobre a paisagem interior da beleza, disse: "[É] uma plenitude emergente, um maior senso de graça e elegância, um sentido mais fundo de profundidade e também uma espécie de regresso à casa para a memória enriquecida de seu desvelar da vida".* Tippett, Krista; John O'Donohue. "John O'Donohue—The Inner Landscape of Beauty." *The On Being Project* (31 de agosto de 2017). Disponível em: <onbeing.org/programs/john-odonohue-the-inner-landscape-of-beauty>.

189. *Kenkō escreve: "Devemos olhar para as flores da primavera apenas em plena floração, ou para a lua somente sem nuvens e clara? Ansiar a lua com a chuva diante de você, ou deitar-se em seu quarto de cortinas fechadas enquanto a primavera passa despercebida, é ainda mais pungente e profundamente comovente".* Kenkō, Yoshida. *Essays in Idleness and Hōjoki.* Tradução de Meredith McKinley. Londres: Penguin Classics, 2014.

191. *"A razão pela qual não dominamos bem uma arte no Ocidente é porque a distância entre sucesso e fracasso é tão definida, que as pessoas param antes mesmo de começar", explica Mike. "Aqui no Ocidente, queremos que tudo seja fácil. O talento inato é esperado. Para o shokunin, trata-se de refinamento, não de domínio. Trata-se de tornar o que você fez ontem um pouco melhor amanhã".* Mike Magers, entrevista com a autora (6 de setembro de 2017).

191. *Frank Wilczek, físico vencedor do Prêmio Nobel, encontra questões difíceis de mensurar, então ele pergunta: "O mundo incorpora belas ideias?".* Tippett, Krista; Frank Wilczek. "Why Is the World So Beautiful?" *The On Being Project* (28 de abril de 2016). Disponível em: <onbeing.org/programs/frank-wilczek-why-is-the-world-so-beautiful/>.

194. *Kenkō escreve em* Essays in Idleness: *"Este mundo é mutável como as profundezas e águas rasas do Rio Asuka — o tempo passa, o que foi aqui se foi, alegria e tristeza visitam em seus turnos… e até a mesma casa de antigamente agora abriga pessoas diferentes".* Kenkō, ibid., p. 33.

196. *Lembro-me do poema de Naomi Shihab Nye, chamado "Gentileza": "Antes que você perceba a gentileza mais profunda por dentro… como uma sombra ou um amigo".* Nye, Naomi Shihab. "Kindness." *Different Ways to Pray.* Portland, OR: Breitenbush Books, 1980.

197. *Se o fizermos, descobriremos que, em nossa maior necessidade, estaremos abertos à "gentileza que levanta a cabeça da multidão do mundo". Há riscos, com certeza. Como Elizabeth Lesser diz: "Você não pode escolher o que seu coração sentirá quando o abrir".* Elizabeth Lesser, entrevista com a autora (10 de agosto de 2018).

197. *Trungpa Rinpoche escreveu: "Convencionalmente, ser destemido significa que você não tem medo, ou que, se alguém bater em você, você o golpeará de volta. No entanto, não estamos falando sobre esse nível de destemor de um lutador de rua. O real destemor é produto da ternura. Vem de deixar que o mundo faça cócegas em seu coração, em seu coração cru e belo. Você está disposto a se abrir, sem resistência ou timidez, e enfrentar o mundo. Você está disposto a compartilhar seu coração com os outros".* Trungpa, Chögyam. "The Genuine Heart of Sadness." *The Sun Magazine* (julho de 2014). Disponível em: <www.thesunmagazine.org/issues/463/the-genuine-heart-of-sadness>.

199. Como meu amigo, agora falecido, Tony Bourdain dizia: "Trata-se de ser um pouco menos péssimo". Anthony Bourdain, ibid.

Bibliografia

Adler, Alfred. *The Individual Psychology of Alfred Adler.* Ansbacher, Heinz L.; Rowena R. *et al.* Nova York: Harper Perennial, 2006, p. 103–104.

Arendt, Hannah. *The Human Condition.* 2ª ed. Chicago: University of Chicago Press, 1998, p. 246.

Barnes, Julian. *The Sense of an Ending.* Nova York: Vintage Books, 2012, p. 1.

Beck, Julie. "When Nostalgia Was a Disease." *The Atlantic* (14 de agosto de 2013). Disponível em: <www.theatlantic.com/health/archive/2013/08/when-nostalgia-was-a-disease/278648/>.

Beckwith, Christopher I. *Greek Buddha.* Princeton, NJ: Princeton University Press, 2017.

Blake, Tom. *Hawaiian Surfriders, 1935.* Redondo Beach, CA: Mountain & Sea Publishing, 1983.

_____. *A Surfer's Philosophy.* Walnut, CA: Mount San Antonio College Philosophy Group, 2016.

Bourdain, Anthony. Entrevista com a autora (14 de março de 2018).

Brookshire, Bethany. "Dopamine Is ___ Is it love? Gambling? Reward? Addiction?" *Slate Magazine* (3 de julho de 2013). Disponível em: <www.slate.com/articles/health_and_science/science/2013/07/what_is_dopamine_love_lust_sex_addiction_gambling_motivation_reward.html>.

Brown, Brené. *Daring Greatly: How the Courage to Be Vulnerable Transforms the Way We Live, Love, Parent, and Lead.* Nova York: Avery, 2015.

_____.*The Power of Vulnerability.* TEDxHouston (junho de 2010). Disponível em: <www.ted.com/talks/brene_brown_on_vulnerability>.

Casey, Susan. *The Wave: In Pursuit of the Rogues, Freaks and Giants of the Ocean.* Toronto: Anchor Canada, 2011, p. 229.

Chah, Achaan *et al. A Still Forest Pool: The Insight Meditation of Achaan Chah.* Wheaton, IL: Quest Books, 2004, p. 173.

Chödrön Pema. *When Things Fall Apart: Heart Advice for Difficult Times.* Boulder, CO: Shambhala, 2017.

Clifford, William K. "The Ethics of Belief." Disponível em: <people.brandeis.edu/~teuber/Clifford_ethics.pdf>, p. 3.

Close, Kerry. "France Just Gave Workers the 'Right to Disconnect' from Work Email." *Time* (3 de janeiro de 2017). Disponível em: <time.com/4620457/france-workers-disconnect-email/>.

Cooper, S. J. "Donald O. Hebb's Synapse and Learning Rule: A History and Commentary." *Neuroscience and Biobehavioral Reviews,* vol. 28, n. 8 (janeiro de 2005). Disponível em: <www.ncbi.nlm.nih.gov/pubmed/15642626>.

Didion, Joan. *We Tell Ourselves Stories in Order to Live: Collected Nonfiction.* Nova York: Everyman's Library, 2006.

Dinerstein, Joel. *The Origins of Cool in Postwar America.* Chicago: University of Chicago Press, 2018, p. 24.

_____. *Why Cool Matters.* TEDxNashville (21 de março de 2015).

Dreikurs, Rudolf. "The Courage to Be Imperfect." Eugene: University of Oregon, 1970.

Eich, Eric *et al. Cognition and Emotion.* Oxford: Oxford University Press, 2000.

Eliot, T. S. "Burnt Norton." *Four Quartets*. Boston: Mariner Books, 1943.

Epictetus. *The Handbook (The Encheiridion)*. Tradução de Nicholas P. White. Indianápolis: Hackett Publishing, 1983.

Fichte, Johann Gottlieb. *The Vocation of Man*. Nova ed. Tradução de Peter Preuss. Indianápolis: Hackett Publishing, 1987, p. 6.

Finnegan, William. *Barbarian Days: A Surfing Life*. Nova York: Penguin Books, 2016, p. 123.

Frank, Thomas C. *The Conquest of Cool: Business Culture, Counterculture, and the Rise of Hip Consumerism*. Chicago: University of Chicago Press, 1998.

Fredrickson, Barbara L. "Broaden-And-Build Theory of Positive Emotions." *Philosophical Transactions of the Royal Society B*, vol. 359, n. 1449, setembro de 2004, p. 1367–1378, doi:10.4135/9781412956253. n75.

Fredrickson, Barbara L. *et al*. "What Good Are Positive Emotions in Crises? A Prospective Study of Resilience and Emotions Following the Terrorist Attacks on the United States on September 11, 2001." *Journal of Personality and Social Psychology*, vol. 84, n. 2 (fevereiro de 2003). Disponível em: <www.ncbi.nlm.nih.gov/pmc/articles/PMC2755263/>.

Freeman, Richard B. "Why Do We Work More Than Keynes Expected?" *Revisiting Keynes*. Lorenzo Pecchi; Gustavo Piga (eds.). Cambridge, MA: MIT Press, 2008, p. 137.

Gleick, James. "The Butterfly Effect." *Chaos: Making a New Science*. Nova York: Penguin Books, 2008, p. 9–32.

Gopnik, Alison. *What Do Babies Think?* TED Global (outubro de 2011). Disponível em: <www.ted.com/talks/alison_gopnik_what_do_babies_think>.

Gopnik, Alison *et al*. *The Scientist in the Crib: What Early Learning Tells Us about the Mind*. Nova York: Harper Perennial, 2001.

Grannis, LeRoy. *Midget Farrelly Surfing Shore Break*. Makaha, 1968.

Groos, Karl. "Introduction." *The Play of Man*. Nova York: D. Appleton & Company, 1901, p. 2.

Gurganus, Allan. *Oldest Living Confederate Widow Tells All: A Novel*. Nova York: Ivy Books, 1990, p. 211.

_____. *The Heart of the Buddha's Teaching: Transforming Suffering into Peace, Joy, and Liberation*. Nova York: Harmony, 1999.

Hanh, Thich Nhat. *The Other Shore: A New Translation of the Heart Sutra*. Berkeley, CA: Palm Leaves Press, 2017.

Haro, Alexander. "5 of the Goriest Wipeouts in Surfing's History." *The Inertia* (31 de outubro de 2014). Disponível em: <www.theinertia. com/surf/5-of-the-goriest-wipeouts-in-surfings-history/>.

_____. "Laird Hamilton's Millennium Wave Reshapes How the World Looks at Surfing." *The Inertia* (13 de junho de 2014). Disponível em: <www.theinertia.com/surf/laird-hamiltons-millennium-wa-ve-reshapes-how-the-world-looks-at-surfing/>.

Harris, Sam. *Waking Up: A Guide to Spirituality without Religion*. Nova York: Simon & Schuster, 2014.

Herrigel, Eugen. *Zen in the Art of Archery*. Nova York: Vintage Books, 1999.

Hume, Nancy G. (ed.). *Japanese Aesthetics and Culture: A Reader*. Albany, NY: State University of New York Press, 1996.

James, William. *The Will to Believe, Human Immortality, and Other Essays in Popular Philosophy*. Mineola, NY: Dover, 2017, p. 90.

Jones, Serene. *Feminist Theory and Christian Theology: Cartographies of Grace*. Mineápolis: Augsburg Fortress, 2010.

_____. Entrevista com a autora (26 de abril de 2018).

_____. *Trauma and Grace: Theology in a Ruptured World*. Louisville, KY: Westminster John Knox, 2009.

Jung, Carl Gustav; Richard Francis Carrington Hull. *Synchronicity: An Acausal Connecting Principle*. Princeton, NJ: Princeton University Press, 1973, p. 115.

Jung, Carl Gustav; Anthony Storr. *The Essential Jung*. Princeton, NJ: Princeton University Press, 1983.

Kahneman, Daniel. *Thinking, Fast and Slow*. 1ª ed. Nova York: Farrar, Straus and Giroux, 2011.

Kay, Katty. Entrevista com a autora (24 de agosto de 2017).

Kay, Katty; Claire Shipman. *The Confidence Code: The Science and Art of Self-Assurance—What Women Should Know*. Nova York: HarperBusiness, 2018, p. 40.

Kenkō, Yoshida. *Essays in Idleness and Hōjoki*. Tradução de Meredith McKinley. Londres: Penguin Classics, 2014.

Kessler, David A. *Capture: Unraveling the Mystery of Mental Suffering*. Nova York: Harper Perennial, 2017, p. 267.

Keynes, John Maynard. "Economic Possibilities for Our Grandchildren." *Revisiting Keynes*, ibid., p. 22–23.

Koestler, Arthur. "The Three Domains of Creativity." *Philosophy of History and Culture*. Michael Krausz *et al.* (eds.), vol. 28 (7 de junho de 2013), p. 251–266.

Lazarsfeld, Sophie. "The Courage for Imperfection." *American Journal of Individual Psychology*, vol. 22, n. 2 (1966), p. 163–165.

Lesser, Elizabeth. Entrevista com a autora (10 de agosto de 2018).

Lynch, Gary *et al. Tom Blake: The Uncommon Journey of a Pioneer Waterman*. William K. Hoopes (ed.). Newport Beach, CA: Croul Publications, 2013.

Lythcott-Haims, Julie. *How to Raise an Adult: Break Free of the Overparenting Trap and Prepare Your Kid for Success*. Nova York: St. Martin's Griffin, 2016.

_____. Entrevista com a autora (8 de junho de 2018).

Magers, Mike. Entrevista com a autora (6 de setembro de 2017).

Mailer, Norman. *The White Negro*. São Francisco: City Lights Books, 1972, linhas 221–224.

Marchant, Jo. *Cure: A Journey into the Science of Mind Over Body*. Nova York: Broadway Books, 2016.

Martin, Andy. Entrevista com a autora (15 de janeiro de 2018).

_____. "Swimming and Skiing: Two Modes of Existential Consciousness." *Sports, Ethics and Philosophy*, vol. 4, n. 1 (11 de março de 2010), doi:10.1080/17511320903264206.

Moskvitch, Katia. "Fiendish Million-Dollar Proof Eludes Mathematicians." *Nature: International Weekly Journal of Science* (5 de agosto de 2014). Disponível em: <www.nature.com/news/fiendish-million-dollar-proof-eludes-mathematicians-1.15659>.

Neff, Kristin. *Self-Compassion: The Proven Power of Being Kind to Yourself.* Nova York: William Morrow, 2015.

Nichols, Wallace J.; Celine Cousteau. *Blue Mind: The Surprising Science That Shows How Being Near, In, On, or Under Water Can Make You Happier, Healthier, More Connected, and Better at What You Do*. Nova York: Little, Brown and Company, 2014.

Nietzsche, Friedrich Wilhelm. *On the Genealogy of Morals and Ecce Homo.* Edição e tradução de Walter Kaufmann. Nova York: Vintage, 1989.

Nye, Naomi Shihab. "Kindness." *Words Under the Words: Selected Poems.* Portland, OR: Eighth Mountain Press, 1995.

O'Donohue, John. *Beauty: The Invisible Embrace: Rediscovering the True Sources of Compassion, Serenity, and Hope.* Nova York: HarperCollins, 2004, p. 40.

Pauli, Wolfgang; C. G. Jung. *Atom and Archetype: The Pauli/Jung Letters, 1932–1958.* C. A. Meier (ed.). Tradução de David Roscoe. Princeton, NJ: Princeton University Press, 2014.

Phelps, Edmund S. "Corporatism and Keynes: His Philosophy of Growth." *Revisiting Keynes,* Ibid., p. 102.

Pieper, Josef. *Leisure: The Basis of Culture.* São Francisco: Ignatius Press, 2009.

Pope, Alexander. "An Essay on Criticism, Part II." 1711.

Riding, Alan. "Art; Jean Cocteau, Before His Own Fabulousness Consumed Him." *New York Times* (5 de outubro de 2003). Disponível em: <www.nytimes.com/2003/10/05/arts/art-jean-cocteau--before-his-own-fabulousness-consumed-him.html>.

Rinaldi, Karen. "(It's Great to) Suck at Something." *The New York Times* (28 de abril de 2017). Disponível em: <www.nytimes.com/2017/04/28/opinion/its-great-to-suck-at-surfing.html>.

Root-Bernstein, Robert *et al.* "Arts Foster Scientific Success: Avocations of Nobel, National Academy, Royal Society, and Sigma Xi Members." *Journal of Psychology of Science and Technology,* vol. 1, n. 2 (janeiro de 2008), p. 51–63, doi:10.1891/1939-7054.1.2.51.

Roth, Remo F. "Introduction to Carl G. Jung's Principle of Synchronicity." Remo F. Roth, Ph.D., HomePage, 2002, <paulijungunusmundus.eu/synw/synchronicity_jung.htm> (1º de dezembro de 2017).

Saarinen, Jussi A. "A Conceptual Analysis of the Ocean Feeling." Jyväskylä, Finlândia: Jyväskylä University Printing House, 2015, p. 10.

Sacks, Oliver. *Gratitude*. Nova York: Knopf, 2015, p. 20.

Sarno, John E. *Healing Back Pain: The Mind-Body Connection*. Nova York: Grand Central Life & Style, 1991.

Sartre, Jean-Paul. *Being and Nothingness: An Essay on Phenomenological Ontology*. Tradução de Hazel E. Barnes. Nova York: Washington Square Press, 2012.

Satel, Sally. "Distinguishing Brain from Mind." *The Atlantic* (30 de maio de 2013). Disponível em: <www.theatlantic.com/health/archive/2013/05/distinguishing-brain-from-mind/276380/>.

Schiller, Friedrich *et al.* "Twenty-Third Letter." *On the Aesthetic Education of Man: In a Series of Letters*. Oxford: Clarendon Press, 2005, p. 107.

Shermer, Michael. "Part I: Journeys of Belief." *The Believing Brain: From Ghosts and God to Politics and Conspiracies—How We Construct Beliefs and Reinforce Them as Truths*. Nova York: St. Martin's Griffin, 2012, p. 55.

Shinrigaku Kenkyu. "Relationship Between Two Aspects of Self-Oriented Perfectionism and Self-Evaluative Depression: Using Coping Styles of Uncontrollable Events as Mediators." *Japanese Journal of Psychology*, vol. 75, n. 3 (agosto de 2004), p. 199–206.

Smith, Zadie. "Some Notes on Attunement." *New Yorker*, 12 de dezembro de 2017. Disponível em: <www.newyorker.com/magazine/2012/12/17/some-notes-on-attunement>.

Stearns, Peter N. *American Cool: Constructing a Twentieth-Century Emotional Style*. Nova York: New York University Press, 1994.

Storr, Anthony. *Solitude: A Return to the Self*. Nova York: Free Press, 2005, p.197.

Suzuki, Daisetz Teitaro. *Zen and Japanese Culture*. Princeton, NJ: Princeton University Press, 2010.

Swan, Gary E.; Dorit Carmelli. "Curiosity and Mortality in Aging Adults: A 5-Year Follow-up of the Western Collaborative Group Study." *Psychology and Aging*, vol. 11, n. 3 (setembro de 1996), p. 449–453. doi:10.1037//0882-7974.11.3.449.

Tippett, Krista; John O'Donohue. "John O'Donohue—The Inner Landscape of Beauty." *The On Being Project* (6 de agosto de 2015). Disponível em: <onbeing.org/programs/john-odonohue-the-inner-landscape-of-beauty/>.

Tippett, Krista; Carlo Rovelli. "On Being with Krista Tippett: Carlo Rovelli—All Reality Is Interaction." *The On Being Project* (10 de maio de 2017). Disponível em: <www.youtube.com/watch?v=jXFbtDR7IF4>.

Tippett, Krista; Frank Wilczek. "Why Is the World So Beautiful?" *The On Being Project* (28 de abril de 2016). Disponível em: <onbeing.org/programs/frank-wilczek-why-is-the-world-so-beautiful/>.

Tovote, Philip; Andreas Lüthi. "Curbing Fear by Axonal Oxytocin Release in the Amygdala." *Neuron*, vol. 73, n. 3 (9 de fevereiro de 2012), p. 407–410, doi:10.1016/j.neuron.2012.01.016.

Trungpa, Chögyam. "The Genuine Heart of Sadness." *The Sun Magazine* (julho de 2014). Disponível em: <www.thesunmagazine.org/issues/463/the-genuine-heart-of-sadness>.

Wilczek, Frank. *A Beautiful Question: Finding Nature's Deep Design*. Nova York: Penguin Books, 2016.

Yogis, Jaimal. Entrevista com a autora (15 de agosto de 2017).

Zolli, Andrew. Entrevista com a autora (8 de março de 2018).

Zolli, Andrew; Ann Marie Healy. *Resilience: Why Things Bounce Back*. Simon & Schuster, 2013.

Este livro foi impresso nas oficinas gráficas da Editora Vozes Ltda.,
Rua Frei Luís, 100 – Petrópolis, RJ.